CHIARA SANTOIANNI

Manuale pratico di Counseling Sistemico-Relazionale

A Patty, amica straordinaria,
insegnante competente e motivata,
psicoterapeuta accogliente e generosa,
che nella vita ha messo al di sopra di tutto
il donare, e la cura amorevole degli altri.

Sommario

Il counseling professionale

Origini del counseling

Il termine "counseling" venne usato per la prima volta nel 1908, negli Stati Uniti, dal 'padre' dell'orientamento professionale Frank Parsons (1854-1908), per indicare l'attività di chi si occupava di problemi psicologici e sociali. Tuttavia il *counseling* – detto anche *counselling* – nacque soltanto in seguito, negli anni Trenta, con lo scopo di fornire una professionalità a tutti coloro che, pur non essendo psicologi né psicoterapeuti, desideravano impegnarsi in un'attività di aiuto che richiedesse una buona conoscenza della personalità umana. La definizione è dello psicologo esistenzialista[1] Rollo R. May (1909-1994) che, con lo psicoterapeuta Carl R. Rogers (1902-1987) – autore di *Counseling and Psychotherapy* (1942) e creatore a Chicago del primo *counseling center* (1944) – viene considerato uno dei padri fondatori del counseling.

Nel 1946, l'American Psychological Association (APA) dette vita alla Division of Counseling & Guidance, che nel 1951 prese il nome di Division of Counseling Psychology; nello stesso anno nacque l'American Personnel and Guidance Association, che nel 1952 diventò American Association of Counseling and Development. Il counseling statunitense delle origini aveva le proprie basi teoriche nei movimenti di pensiero che l'avevano preceduto e fu impiegato inizialmente in attività di assistenza sociale e infermieristica, di orientamento per gli studenti al termine delle scuole superiori e di orientamento professionale per gli ex lavoratori che necessitavano di una nuova collocazione, come pure per i reduci di guerra, che occorreva reinserire nella vita quotidiana e lavorativa.

---

[1] La psicologia esistenziale è un'analisi filosofica dell'esistenza che nasce dall'opera *Essere e tempo* di Martin Heidegger (1927). Si veda https://it.wikipedia.org/wiki/Psicologia_esistenziale.

A partire dagli anni Settanta, il counseling si diffuse in Gran Bretagna e da lì nel resto dell'Europa, come servizio di orientamento pedagogico e come strumento di supporto nell'ambito del sociale e del volontariato. Nel 1977, sulla base delle attività della Standing Conference for the Advancement of Counseling (un insieme di organizzazioni nato nel 1970 su idea del National Council for Voluntary Organisations), con una sovvenzione dell'Home Office Voluntary Service Unit prese vita a Londra la British Association for Counselling (BAC), che nel 2000, includendo soci psicoterapeuti, cambiò il suo nome in British Association for Counselling and Psychotherapy (BACP); sempre in Gran Bretagna, nel 1991, nacque la European Association for Counselling (EAC).

In Italia si incominciò a parlare di counseling vero e proprio solo negli anni Ottanta-Novanta, anche se già prima, dagli anni Settanta, erano sorte scuole e centri di formazione in grado di preparare professionisti con competenze di counseling. Nel 1993 fu costituita la Società Italiana di Counseling (SICo), con lo scopo di riunire in un solo organismo i counselor e le associazioni di counseling; nel maggio 2002 nacque il Coordinamento Nazionale Counselor Professionisti (CNCP), che promuoveva il counselor professionale a livello nazionale e internazionale.

Cos'è il counseling professionale

Il counseling professionale è un'attività il cui obiettivo è il miglioramento della qualità di vita del cliente, sostenendo i suoi punti di forza e le sue capacità di autodeterminazione. Il counseling offre uno spazio di ascolto e di riflessione, nel quale esplorare difficoltà relative a processi evolutivi, fasi di transizione e stati di crisi e rinforzare capacità di scelta o di cambiamento. È un intervento che utilizza varie metodologie mutuate da diversi orientamenti teorici. Si rivolge al singolo, alle famiglie, a gruppi e istituzioni. Il counseling può essere erogato in vari ambiti, quali privato, sociale, scolastico, sanitario, aziendale (AssoCounseling, 2011).

Con queste parole il Comitato Scientifico di AssoCounseling, la più importante associazione di categoria di counseling in Italia, su richiesta del suo Consiglio di Presidenza Nazionale ha formulato la definizione ufficiale di counseling, poi approvata all'unanimità dall'Assemblea dei soci il 2 aprile del 2011.

Anche il CNCP, il Coordinamento Nazionale dei Counsellor Professionisti (la più grande associazione di counselor in Italia: conta oggi oltre 4000 professionisti associati), ha inserito nel suo statuto una definizione di counseling:

> Il Counselor è la figura professionale che aiuta a cercare soluzioni di specifici problemi di natura non psicopatologica, e, in tale ambito, a prendere decisioni, a gestire crisi, a migliorare relazioni, a sviluppare risorse, a promuovere e sviluppare la consapevolezza personale su specifici temi. L'obiettivo del Counseling è fornire ai clienti opportunità e sostegno per sviluppare le loro risorse e promuovere il loro benessere come individui e come membri della società affrontando specifiche difficoltà o momenti di crisi (CNCP, 2015).

Lo psicoterapeuta statunitense Carl R. Rogers, introducendo in maniera implicita il concetto di valorizzazione reciproca tra counselor e cliente, definisce il counseling come

> una relazione in cui almeno uno dei protagonisti ha lo scopo di promuovere nell'altro la crescita, lo sviluppo, la maturità e il raggiungimento di un modo di agire più adeguato e integrato. L'altro, in questo senso, può essere un individuo o un gruppo. In altre parole, una relazione di aiuto potrebbe essere definita come una situazione in cui uno dei partecipanti cerca di favorire, in una o in

ambedue le parti, una valorizzazione maggiore delle risorse personali del soggetto e una maggiore possibilità di espressione (Rogers, 1970, p. 68).

Volendo usare una definizione più sintetica, potremmo rifarci a quella di Marchino e Mizrahil:

il counseling è una relazione di aiuto il cui obiettivo è offrire sostegno a chi si trova in una fase di difficoltà o disagio, accompagnandolo verso la soluzione della crisi (Marchino e Mizrahil, 2007, p. 4).

Il counseling[2] è dunque una relazione professionale d'aiuto che, lavorando sugli aspetti cognitivi della persona, mira a facilitare i processi di cambiamento e a migliorare la qualità della vita e le relazioni interpersonali; esso consiste in un percorso di orientamento in cui un professionista – il counselor – accompagna un cliente (individuo, coppia, famiglia, gruppo, azienda, istituzione…) in un processo di autodeterminazione[3], sostenendolo e aiutandolo a scoprire le *risorse* personali, familiari, sociali, di cui può disporre e a sviluppare le sue potenzialità. Durante tale processo, detto di *empowerment* (potenziamento), il cliente viene aiutato a prendere decisioni, a gestire momenti e situazioni di crisi, a migliorare le sue relazioni familiari, sociali e lavorative, a sviluppare le sue risorse interiori e a scoprire quelle nel suo ambiente; in generale, a essere più consapevole di sé e della propria vita. Il counseling non è soltanto un intervento "di primo livello",

---

[2] La parola *counseling* deriva dal verbo latino *consŭlo* (paradigma: *consŭlo, consŭlis, consului, consultum, consŭlĕre)*, che in senso transitivo significa "consultare", "domandare un consiglio a"; in senso intransitivo "avere cura di", "darsi pensiero per", "venire in aiuto di", "provvedere a", "curare" (*Dizionario Latino* a cura di Enrico Olivetti, 2014, www.dizionario-latino.com/dizionario-latino-italiano.php).

[3] Il concetto di autodeterminazione, nel counseling, deriva dalle teorie della psicologia umanistica sull'importanza della libera scelta e del potenziale umano.

effettuato nei casi di disagio: in molti casi può costituire un percorso di prevenzione, per evitare l'insorgere di problemi.

Durante un counseling, il professionista rimane sempre consapevole delle caratteristiche personali e culturali del cliente e gli riconosce la libertà e il diritto di *autodeterminarsi*: gli obiettivi per lo sviluppo e per il benessere del cliente verranno quindi sempre concordati insieme a lui.

Cosa *non è* il counseling: counselor vs psicoterapeuta

In quanto professione ancora non diffusamente conosciuta, il counseling potrebbe essere confuso da alcuni con un tipo di psicoterapia. Ma il counseling *non è* una forma di psicoterapia: anche se può avvalersi di strumenti e situazioni tipici della professione dello psicologo (test, uso del joining, transfert e controtransfert...), ha obiettivi, modi di attuazione, linguaggio, tempi e metodi diversi da quelli psicologici.

Se, nella psicoterapia, la preoccupazione principale è guidare il paziente attraverso un'esperienza che abbia come effetto una *ristrutturazione* delle sue relazioni, delle sue convinzioni e del suo mondo *intrapsichico*, nel counseling l'obiettivo è rendere il cliente capace di gestire al meglio la propria vita in maniera autonoma, attraverso processi di *empowerment* (potenziamento), che gli consentano di *trovare intorno a sé le risorse* vantaggiose nella sua situazione. A questo scopo, il counselor può intervenire, se necessario, in maniera 'pratica', suggerendo ad esempio al cliente di rivolgersi a un professionista che possa aiutarlo in qualche fase di snodo della sua vita, cosa che invece non potrà fare lo psicoterapeuta, la cui etica inibisce il "passaggio all'azione".

Il counselor non può dunque essere paragonato[4] a uno *psicologo*, qualifica che si ottiene solo dopo aver conseguito una

---

[4] Nonostante i counselor, per la loro formazione, abbiano ben chiaro che non possono e non devono sostituirsi alla figura dello psicologo o dello psicoterapeuta, con cui piuttosto possono lavorare in team e a cui inviano i propri clienti con disturbi psicologici, il 18 ottobre 2018 l'Ordine degli Psicologi del Lazio, con nota n. 7153, ha segnalato al Ministero della Salute

laurea quinquennale in Psicologia, seguita da un anno di tirocinio pratico in una struttura pubblica o privata convenzionata con l'Università di provenienza, dall'abilitazione all'Esame di Stato e dall'iscrizione all'Albo professionale regionale dell'Ordine degli Psicologi, in base a quanto stabilito dalla legge 18 febbraio 1989, n. 56 "Ordinamento della professione di psicologo"[5] e successive modifiche. Né tantomeno a uno psicoterapeuta, che, dopo gli studi già citati, per poter iniziare a svolgere terapie per i disturbi psicologici deve conseguire una specializzazione *post lauream* di quattro o cinque anni in Psicoterapia presso un istituto universitario o una scuola di formazione privata riconosciuta dal Ministero dell'Istruzione, compiere un tirocinio pratico di almeno 400 ore in una struttura convenzionata e, quasi sempre, anche un percorso di analisi personale; al termine di tale iter formativo, si può iscrivere all'Ordine degli Psicoterapeuti. Nel corso della formazione, lo psicoterapeuta sviluppa anche competenze di counseling, che all'occorrenza può decidere di applicare durante le sedute con i suoi pazienti.

Per utilizzare uno strumento caro a noi counselor, la metafora, potremmo dire che il counselor può aiutare chi "è al buio" a "ritrovare l'interruttore della luce", ma soltanto lo psicoterapeuta potrà aiutarlo a "rifare l'impianto elettrico", cosa che richiederà senz'altro un lavoro più lungo e difficile.

---

che era in corso, a suo avviso impropriamente, l'adozione del progetto di norma UNI n. 1605227 sulla figura del counselor. A supporto, il Consiglio Nazionale dell'Ordine degli Psicologi (CNOP), nella newsletter del 10 dicembre 2018, ha sostenuto che non può esistere la professione autonoma di counselor, perché il counseling è attività di consulenza delle professioni regolamentate e, per le materie psicologiche, è riservato agli psicologi. Di conseguenza, il 18 gennaio 2019, il Ministero della Salute ha inviato una lettera alla Commissione Tecnica "Attività professionali non regolamentate" dell'Ente Italiano di Normazione UNI per chiedere di sospendere il progetto di norma UNI n. 1605227 sulla figura del counselor non psicologo (https://www.quotidianosanita.it/allegati/allegato6413795.pdf).
il 10 novembre 2021 l'UNI ha dunque chiuso il processo di normazione per il riconoscimento del titolo professionale di counselor (e di quello di coach).

[5] http://www.gazzettaufficiale.it/eli/id/1989/02/24/089G0090/sg.

Volendo riassumere in uno schema le principali differenze tra psicoterapia e counseling, potremmo rifarci allo schema di Giusti e Spalletta (2012):

PSICOTERAPIA	COUNSELING
Intensità in genere forte della relazione.	Intensità in genere moderata della relazione.
Coinvolgimento di terapeuta e paziente in una relazione forte e profonda, che può implicare una fase di dipendenza.	Coinvolgimento di counselor e cliente in una relazione lieve e operativa rivolta a un obiettivo condiviso.
Idealizzazione del terapeuta, che diventa figura di affidamento, accudimento e *maternage*.	Rapporto di empatia cognitiva in cui il counselor ha un ruolo di accettazione, comprensione, partecipazione, motivazione al cambiamento.

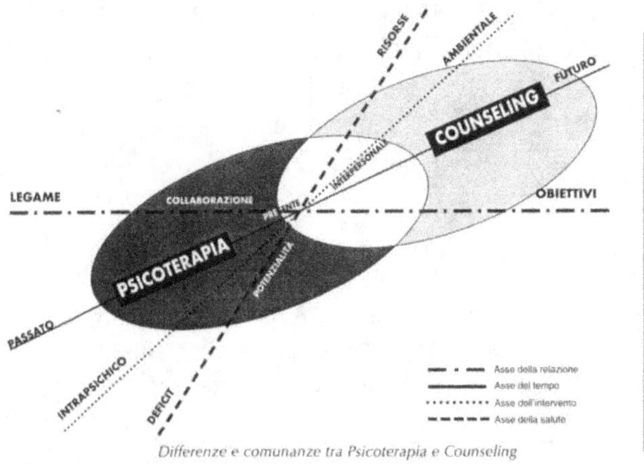

Differenze e comunanze tra Psicoterapia e Counseling

La figura di cui sopra è tratta dal volume di Edoardo Giusti ed Enrichetta Spalletta *Psicoterapia e counseling: comunanze e differenze*, "Psicoterapia e counseling", 2012, Sovera Edizioni, Roma, p. 27.

Per Marchino e Mizrahil (2007), un concetto fondamentale per differenziare l'attività del counselor dall'azione dello psicoterapeuta è quello di "fase":

> Aiutare il paziente a superare un "momento" o "fase" o "passaggio" non rientra infatti tra le finalità principali della psicoterapia. Essa si muove dal presupposto che le origini del malessere del paziente risiedano nella struttura stessa della sua personalità, sulla quale intende quindi agire, modificandola, per indurre un cambiamento. Il counselor, invece, non si propone di intervenire sulla struttura della personalità del cliente, ma gli mette a disposizione il proprio aiuto e la propria competenza soltanto per il tempo necessario a risolvere il problema che lui stesso ha identificato e "portato" in seduta in occasione del primo incontro: per esempio un passaggio esistenziale, come l'adolescenza o la menopausa, oppure un trauma, come un lutto, un abbandono, una perdita o una separazione, o ancora una scelta difficile, professionale o personale (Marchino e Mizrahil, 20017, p. 4).

Cosa *non fa* il counseling: counselor vs psichiatra

Secondo la definizione del CNCP, come abbiamo visto, l'ambito di azione del counseling è quello dei problemi di natura *non psicopatologica*[6]. Le patologie della mente, infatti – soprattutto

---

[6] "La psicopatologia è la branca della psichiatria e della psicologia clinica che si occupa genericamente dello studio dei disturbi mentali e delle patologie

quando si possono ricondurre a squilibri fisiologici e richiedono di essere trattate con l'impiego di farmaci – devono essere curate dallo psichiatra: un laureato in Medicina e Chirurgia che, dopo aver sostenuto l'Esame di Stato di Abilitazione all'esercizio della professione di Medico, dopo altri cinque anni di studi ha conseguito la laurea specialistica in Psichiatria, grazie alla quale cura i disturbi psichici: ansia, depressione, stress post-traumatico, disturbo bipolare, ciclotimico, distimico, disturbi dissociativi e psicotici, problemi del movimento indotti da farmaci e tanti altri. Se ha completato in aggiunta la formazione in Psicoterapia, può esercitare anche la professione di psicoterapeuta. Come sottolinea Rollo May,

> Il counselor, naturalmente, non deve neanche provare ad affrontare tali situazioni, ed è particolarmente importante che sia in grado di riconoscere uno stato psicotico così da indirizzare il malato alle cure specialistiche dello psichiatra (May, 1989, n. ed. 2014, p. 44).

Quando riconosce una patologia della mente – una psicosi, una nevrosi, una dipendenza, un disturbo della personalità[7]... – il counselor deve dunque valutare attentamente se effettuare subito l'*invio* del cliente al professionista più adatto (psichiatra,

---

connesse, usando criteri diagnostici e classificativi a sostegno della salute mentale" (Wikipedia, https://it.wikipedia.org/wiki/Psicopatologia, consult. 2023).

[7] Tra i disturbi di personalità che interessano più spesso i clienti dei counselor ci sono quelli del gruppo C, legati ai comportamenti ansiosi o inibiti: il disturbo evitante di personalità, il disturbo dipendente di personalità, il disturbo ossessivo-compulsivo di personalità. Non è sempre facile, per il counselor, riconoscere un soggetto con un disturbo di personalità, soprattutto quando manifesta un buon adattamento sociale e non si è ancora indagata la sfera cognitiva, affettiva, relazionale. In qualche caso, il disturbo è *egosintonico*: il cliente, in sintonia con il proprio quadro sintomatico, non riesce a riconoscere la propria sofferenza, né mostra segnali di distress. È in ogni caso fondamentale che il counselor riesca a individuare il disagio e a indirizzare il cliente dallo psichiatra, poiché non può assolutamente trattare questo genere di disturbi.

neuropsichiatra, psicoterapeuta) o sostenere prima qualche *colloquio di accompagnamento* della persona verso l'inevitabile decisione di affidarsi a uno specialista. Questa soluzione sembra essere la migliore nel caso in cui il cliente abbia mostrato fiducia nel counselor, ma reticenza ad affrontare il suo problema con altri; il counselor deve allora portarlo gradualmente a guardare il suo disagio da una diversa prospettiva, finché non sia pronto a essere curato dallo specialista competente.

Il counselor e gli altri professionisti delle relazioni di cura, infatti, non sono in concorrenza tra loro, ma, occupandosi di ambiti diversi in maniera diversa, devono *collaborare*. I convegni del CNCP, in questi ultimi anni, stanno cercando di rafforzare sempre di più "una cultura che delinei il counsellor come una figura professionale abile a rispondere alle diverse emergenze sociali, in collaborazione e non in competizione con altre figure che si occupano di relazioni di aiuto" (Mastromarino, 2016).

Sorge quindi la necessità che il counselor sappia distinguere tra individui 'sani' e portatori di disagio mentale e conosca, per grandi linee, le principali patologie della mente, in modo da effettuare invii mirati ed efficaci; potrà ricavare tali informazioni dalla lettura di un buon manuale di psicologia clinica e psicopatologia[8]. È bene che il counselor possegga almeno le nozioni di base sul disagio mentale, oggi sempre più diffuso e maggiormente riconosciuto e studiato rispetto al passato: se qualche decennio fa, negli Stati Uniti, la National Comorbidity Survey del 1994 rilevava un'incidenza dei disturbi psichiatrici del 48% nell'arco della vita, già molto alta, grazie all'impiego di migliori strumenti d'indagine questa percentuale, ai nostri giorni, è aumentata.

Quale potrà essere, dunque, l'approccio operativo del counselor sistemico-relazionale davanti a una patologia psichica, nel periodo

---

[8] Ad esempio, Hales Dianne e Hales Robert E. (1995), *Caring for the Mind. The Comprehensive Guide To Mental Health*, Bantam Book, New York (ed. ital. *La salute della mente*, "Uomo, cervello, ambiente", Longanesi, Milano, 1998).

di conoscenza del cliente che precede l'invio a uno psichiatra? Sarà innanzitutto globale: osserverà nel suo insieme il sistema di cui fa parte il singolo individuo, ben sapendo che il suo comportamento potrebbe essere la 'spia' di un problema più ampio; e baderà a non sottovalutare le manifestazioni fisiche del disagio, perché il malessere psichico potrebbe essersi trasferito sul lato fisico (spostamento del sintomo). Ridefinirà inoltre in positivo la situazione: se un cliente che manifesta segni di disagio mentale si rivolge al counselor, e coinvolge la sua famiglia, compie un importante passo per risolvere i nodi relazionali, proprio grazie al suo ruolo di "portatore del problema". Come vedremo più avanti, infine, il counselor sistemico-relazionale sa bene che i problemi non risolti possono trasmettersi da una generazione all'altra: affronterà quindi subito la cosiddetta "maledizione trigenerazionale", riconoscendone le manifestazioni (ipercriticismo e controllo, vicinanza eccessiva e intrusiva tra i membri della famiglia…) e cercando di risalire al "rapitore virtuale" che, in un passato di cui si è persa traccia, ha iniziato a tenere in pugno la famiglia[9], in un gioco senza vincitori né vinti.

Counseling clinico e non clinico

Il counseling professionale può essere di natura clinica (*curing*, dal verbo inglese *to cure* = "curare", "guarire") o non clinica (*caring*, da *to care* = "prendersi cura di"). Mentre il primo riguarda l'ambito medico – si veda la bibliografia sul *counseling sanitario* – il secondo può essere di supporto, oltre che agli individui e alle famiglie, negli ambienti scolastici, nelle comunità di minori a rischio, nei centri per bambini in attesa di adozione, nei centri antiviolenza e in tutte le situazioni in cui ci si debba "prendere cura" di qualcuno, senza curarlo dal punto di vista fisico e mentale.

---

[9] Gennaro Galdo, "La psicosi. Disturbi di personalità", seminario ISPPREF, Napoli, 20 gennaio 2016.

Chi è il counselor

> Compito del counselor è quello di assistere il cliente nella ricerca del suo vero sé e poi di aiutarlo a trovare il coraggio di essere quel sé.
> (Rollo R. May[10])

Il counselor è un professionista che, attraverso un numero limitato di consulenze, senza mai offrire consigli ma ponendo domande e creando spunti di riflessione, aiuta un cliente – portatore di un disagio *non psicopatologico* – a individuare e a riconoscere il suo problema, a (ri)scoprire le risorse già presenti dentro di sé e nel suo ambiente e a utilizzarle per giungere alla soluzione del problema attraverso la loro *riattivazione*, con un processo di stimolazione della capacità di scelta e degli atteggiamenti attivi e propositivi della persona che viene detto *empowerment* (potenziamento).

Secondo Rollo May, funzione centrale del counseling è proprio la riattivazione delle possibilità di scelta del cliente e quindi il guidarlo a raggiungere una maggiore libertà, che gli consente di essere se stesso.

> [...] il counselor che aiuta gli altri a superare una difficoltà di personalità li aiuta a diventare più liberi.
> [...] la funzione del counselor è quella di portare il cliente ad accettare la responsabilità della propria condotta e degli esiti della propria vita. Il counselor mostrerà al cliente quanto siano profonde le radici da cui nasce la decisione, quanto si debba tenere conto delle esperienze precedenti delle forze dell'inconscio, ma alla fine lo aiuterà a trovare e utilizzare le sue risorse di libertà (May, 1989, n. ed. 2014, p. 17). [...] La funzione del counselor è infatti

---

[10] Rollo Reece May (1989), *The Art of Counseling*, Gardner Press, New York (ed. ital. *L'arte del counseling. Il consiglio, la guida, la supervisione*, Astrolabio-Ubaldini, Roma, 1991, n. ed. 2014, p. 17).

quella di aiutare il cliente a diventare quello che era destinato a essere (May, 1989, n. ed. 2014, p. 18). [...] Il counselor deve mirare a liberare coloro che si rivolgono a lui, in modo che possano sviluppare il loro sé unico e autonomo e realizzare le proprie potenzialità inutilizzate (May, 1989, n. ed. 2014, p. 124).

È il concetto espresso dal cibernetico Heinz von Foerster[11], quando enuncia in ambito sistemico il suo Imperativo Etico Costruttivista "Agirò sempre in modo da accrescere il numero totale delle possibilità di scelta". Il counselor è dunque un *facilitatore*, che aumenta le possibilità dell'accadere; il vero protagonista della consulenza è il cliente.

Chi è il cliente

Il cliente è una persona (o una coppia, una famiglia, un gruppo, un'istituzione) che, in un momento di difficoltà del suo percorso di vita o di lavoro, si rivolge a un professionista affinché lo sostenga, lo supporti, lo aiuti ad affrontare i suoi problemi, consentendogli sia di superare il momento di crisi che di orientare la sua vita in nuove direzioni, che favoriscano la sua crescita personale.

La formazione del Counselor Professionista

Fino al 2019, per accedere a un corso di formazione in counseling bastava aver conseguito un diploma quinquennale di scuola secondaria di secondo grado. Federcounseling ha stabilito però che, a partire dal 2020, il titolo di studio minimo per iscriversi a un corso presso un ente che segua i *training standard* della federazione debba essere un diploma di laurea triennale, in modo da avvicinare il sistema formativo italiano a quello internazionale. Per tutti coloro che, pur non avendo conseguito una laurea, hanno già ottenuto il diploma di counselor, Federcounseling ha prescritto

---

[11] Heinz von Foerster, *Observing systems*, Intersystem publications, 1982 (ed. ital. *Sistemi che osservano*, Astrolabio-Ubaldini, Roma, 1987).

l'iscrizione a una delle sue associazioni professionali di categoria entro il 31 dicembre 2023; chi ne fa già parte e non è in possesso di laurea non vede comunque modificato il suo status di socio.

Un corso di counseling può essere frequentato da chiunque desideri intraprendere un'attività di aiuto e di supporto agli altri, ma è soprattutto utile a laureati in Psicologia e Psicopedagogia, in Scienze Umanistiche, in Medicina e in Infermieristica, come pure ad altri operatori della relazione di cura: educatori e insegnanti, nutrizionisti, assistenti sociali, operatori socio-assistenziali (OSA) sociali e di comunità, operatori socio-sanitari (OSS).

Attraverso una formazione triennale[12] – sia teorica che pratica – compiuta presso una delle scuole accreditate riconosciute dal MIUR, il counselor apprende le tecniche dei principali modelli di orientamento psicologico e acquisisce le competenze necessarie per svolgere la sua attività, che sarà comunque preceduta da un periodo di tirocinio, guidato da un supervisore (tutor).

Come sottolineano gli autori di *Counseling. Trasformare i problemi in soluzioni*, il counseling non è un'arte che si possa apprendere a tavolino. Anzi, se si perde l'esperienza vissuta, ci si lascia sfuggire la cosa più importante. (Marchino e Mizrahil, 2007, p. XI): per questo, nella formazione del counselor, ha grande importanza la componente esperienziale, che si concretizza in lezioni partecipative, in cui gli allievi condividono le proprie esperienze, si esercitano nelle tecniche e con gli strumenti del counselor e sperimentano le cosiddette *simulate* (rappresentazioni di colloqui di counseling).

I corsi per counselor comprendono generalmente alcune ore (80 o più all'anno) di *formazione di base in gruppo*, dedicate alla teoria e alle tecniche del counseling, a temi di psicologia e psicologia

---

[12] Fino a non molto tempo fa, una formazione biennale dava diritto al diploma di Counselor di Base, dopo il quale era possibile scegliere se frequentare anche un terzo anno per ottenere la qualifica di Counselor Professionista. La recente normativa ha reso invece obbligatorio per l'esercizio della professione il percorso triennale.

clinica e allo sviluppo delle abilità personali degli allievi. In alcuni casi, con il consenso del cliente o del paziente, è possibile assistere, attraverso uno specchio unidirezionale, a sedute di counseling o di psicoterapia reali. Il percorso comprende anche 40 ore o più all'anno di *seminari tematici* teorici e 20 ore o più all'anno di *seminari esperienziali*: full immersion in cui si affrontano le tecniche di counseling e si potenzia lo sviluppo personale.

Alla fine di ogni anno, 35 ore o più vengono dedicate al *tirocinio*: un percorso – guidato da un supervisore – in cui il counselor in formazione può mettere alla prova le sue capacità attraverso consulenze, individuali o di gruppo, effettuate gratuitamente presso scuole, organizzazioni non lucrative e istituzioni convenzionate, spesso nella formula dello "Sportello di ascolto". I colloqui sono svolti dapprima in affiancamento, accanto a un collega già esperto, e in un secondo momento, se possibile, da soli. Alcuni istituti di formazione offrono la possibilità di un tirocinio interno.

Il percorso didattico viene completato da 25-50 ore di *crediti liberi*, consistenti in attività integrative scelte dall'allievo e riconosciute dall'ente formativo: partecipazioni a convegni e a seminari, esperienze di tirocinio pregresse e altre attività formative.

Può essere inoltre molto utile (anche se attualmente non è obbligatorio) che il futuro counselor affronti un percorso di *psicoterapia*. Lo psicologo Rollo May ci spiega il perché.

> Senza dubbio, sarebbe auspicabile che il *counselor* fosse analizzato da uno psicoterapeuta professionista. Discutere la propria personalità con un altro fornisce una comprensione di sé che ha un valore incalcolabile, e di conseguenza aiuta enormemente a stabilire un'efficace *counseling* con gli altri (May, 1989, n. ed. 2014, p. 106).

Il percorso di formazione in counseling sistemico-relazionale si conclude con la produzione scritta e la discussione di una *tesi*, che può vertere su una tecnica relazionale usata con il cliente ("Uso della ridefinizione in positivo durante il colloquio di counseling"), su uno degli strumenti utilizzati dal counselor ("Il genogramma"; "Il

Duke Health Profile"...), su un argomento di storia del counseling o su altre tematiche generali ("Il colloquio di counseling", "Il linguaggio non-verbale"...).

Al termine del triennio, presentati all'ente formativo i documenti necessari (curriculum vitae, titoli di studio, attestazione delle ore effettuate, tesi e richiesta di iscrizione al CNCP) viene rilasciato, in forma di diploma, l'attestato di Counselor Professionista. Anche se l'obiettivo è ormai stato raggiunto, si può dire che il percorso di formazione non termini mai: il counselor professionista iscritto al CNCP ha l'obbligo della formazione continua e deve ottenere, in ogni triennio, un totale di 60 crediti formativi (minimo 10 e massimo 30 per ogni anno, recuperabili, se necessario, nell'anno successivo).

Il counseling sistemico-relazionale

Sistemico-relazionale: una definizione

Per capire cosa sia il counseling sistemico-relazionale e perché si chiami così dobbiamo innanzitutto analizzare le due parole che ne compongono il nome: "sistemico" e "relazionale".

Sappiamo tutti cosa sia, in psicologia, sociologia e antropologia, una *relazione*:

> L'espressione relazione interpersonale, o relazione sociale, si riferisce al rapporto che intercorre tra due o più individui. Queste relazioni si possono basare su sentimenti (come l'amore, la simpatia, l'amicizia) come anche su passioni condivise e/o su impegni sociali e/o professionali. Le relazioni sociali hanno luogo in ogni contesto umano: dai rapporti di amicizia, alla famiglia a qualsiasi forma di aggregazione umana. Parlando di relazioni di coppia ci si riferisce spesso ad un rapporto sentimentale e/o intimo tra due persone come ad esempio nella coppia di amanti, o nella coppia genitoriale o nel rapporto genitore-figlio (Wikipedia, consult. 2014).

Il counseling sistemico-relazionale analizza dunque le relazioni interpersonali che si formano sia tra i singoli individui che all'interno delle coppie e delle famiglie, ma anche dei gruppi e delle istituzioni. Relazioni, del resto, che la scienza ha dimostrato essere così importanti al punto da essere vitali: nella relazione si modella il cervello umano; senza relazioni non si riesce a vivere[13].

Più complesso è spiegare cosa sia un *sistema*. L'ingegnere elettrico Arthur D. Hall ne formulò negli anni Cinquanta una definizione insieme a Richard E. Fagen:

> Un sistema è un insieme di oggetti più le relazioni tra gli oggetti e tra i loro attributi. (Hall, A.D. & Fagen R.E., 1956, pp. 18-28) dove gli oggetti sono componenti o parti del sistema, gli attributi sono le proprietà degli oggetti e le relazioni tengono insieme il sistema (De Santis, 2010).

Un decennio dopo, il biologo austriaco Ludwig von Bertalanffy (1901-1972), che nel 1934 aveva formulato la "Teoria Generale dei Sistemi" e aveva sempre sostenuto – prima nel Circolo di Vienna e poi nel Circolo Cibernetico – il pensiero multidisciplinare, ribadì che "un sistema è un complesso di elementi che stanno in interazione" (von Bertalanffy, 1968, p. 54).

Per un altro biologo (e sociologo, filosofo, psicologo), il cileno Humberto Romesín Maturana (1928-2021), "Un sistema è un'entità composita che esiste simultaneamente sia come (*a*) insieme di componenti interconnessi in modo tale che se si agisce su uno di essi si agisce su tutti, sia (*b*) come entità singola che opera nel suo insieme in un mezzo o dominio di interazioni che la contiene e rende possibile il suo funzionamento o la sua esistenza come totalità" (Maturana, 2005[14]).

Semplificando, un sistema consiste in una serie di elementi in relazione e in interazione tra loro: sistemi sono le coppie, le famiglie,

---

[13] Si vedano gli studi dello psicoanalista austriaco René Spitz (1887-1974) sulla relazione madre-bambino.

[14] Traduzione dell'Autrice.

i gruppi e, in generale, la società. L'approccio sistemico-relazionale al counseling e alla psicoterapia rappresenta dunque il tentativo di superare l'ottica centrata esclusivamente sull'individuo tipica della psicologia tradizionale, per guardare la relazione di aiuto in una prospettiva più ampia, che coinvolga anche l'ambiente.

L'orientamento sistemico-relazionale

L'orientamento sistemico-relazionale nasce dall'interscambio culturale tra varie discipline; non a caso, l'interdisciplinarietà ha caratterizzato anche la vita dello studioso che viene ritenuto il 'padre' della terapia familiare sistemica: Gregory Bateson (1904-1980). Antropologo, sociologo e psicologo britannico, Bateson nella sua vita passò sempre con fluidità da un settore all'altro della conoscenza umana; nel 1939 si trasferì negli Stati Uniti, dove, qualche anno più tardi, venne in contatto con gli studiosi con i quali avrebbe fondato le basi della moderna psicoterapia.

In California, a Palo Alto, un gruppo di scienziati europei e americani di diversa origine disciplinare – tra cui l'economista Kenneth Boulding, il biomatematico Anatol Rapoport, il fisiologo Ralph Gerard e il biologo Ludwig von Bertalanffy – crearono nel 1954 la Society for General System Research, con lo scopo di sviluppare una teoria in grado di unire settori conoscitivi tradizionalmente separati, che avrebbero potuto essere messi in relazione tra loro proprio grazie al concetto di sistema.

Pochi anni dopo, nel settembre 1958, Donald deAvila Jackson (1920-1968) fondò il Mental Research Institute[15] (MRI), istituto di ricerca sulla famiglia e scuola di formazione legata alla Palo Alto Medical Research Fondation (PAMRF), un'organizzazione non lucrativa di cui Jackson faceva parte.

> Quando nacque l'MRI, a Jackson si aggiunsero Jules Riskin come vice direttore, Virginia Satir come direttrice della scuola di formazione in terapia

---

[15] Mental Research Institute, 555 Middlefield Road, Palo Alto, CA 94301, Stati Uniti, tel. +1-650-321-3055, www.mri.org/

familiare, e un segretario. L'MRI fu creato come una organizzazione indipendente, multidisciplinare, no-profit, dedicata alla ricerca, formazione, e servizio; specificatamente il suo scopo era, ed è ancora, «incoraggiare l'investigazione, la ricerca e la scoperta all'interno dell'ambito delle relazioni umane per il bene della comunità allargata.» I molteplici progetti dell'MRI coprirono vari ambiti, per esempio identificare e misurare le differenze dei pattern di comportamento all'interno della famiglia, chiarire le relazioni tra i pattern di interazione familiare e i disordini fisici o mentali, creare tecniche valide e terapie innovative sempre permeate da quella prospettiva interazionale che pervade tutti i lavori dell'MRI. La speciale particolarità del gruppo di Palo Alto è la multidisciplinarietà dei suoi componenti, i loro differenti retroterra che includono psichiatria, counseling per la famiglia e gli adolescenti, antropologia e comunicazione umana (De Santis, 2010).

Dall'incontro tra le rivoluzionarie teorie di Bateson – le cui ricerche sulla schizofrenia erano state finanziate da Rockfeller – e il gruppo di ricercatori del Mental Research Institute (poi chiamato Scuola di Palo Alto) nacquero nuove strategie e strumenti psicoterapeutici in grado di curare il disagio mentale in modo alternativo rispetto alla psicoanalisi tradizionale. In seguito, Bateson (che fino alla conclusione dei suoi progetti, nel 1961, aveva partecipato regolarmente alle attività dei gruppi di ricerca dell'MRI, condividendo spazi e collaboratori) si distaccò dal gruppo di Palo Alto, non approvando la rigida applicazione delle sue idee alla psicoterapia e la semplificazione dei suoi concetti in schemi riduttivi rispetto alla sua complessa ricerca.

Nel 1960, Nathan Ackerman, pioniere della nascente terapia familiare, fondò il centro The Family Institute – che alla sua scomparsa prese il nome di The Ackerman Institute for Family

Therapy – e, successivamente, con Don Jackson, la rivista "Family Process". Negli anni Sessanta, sotto la direzione di Virginia Satir[16], le ricerche pionieristiche di Don Jackson[17] al Mental Research Institute si concentrarono sui processi familiari e sulla terapia familiare congiunta, grazie alla collaborazione di altri importanti studiosi come John Weakland, Jay Douglas Haley[18], Paul Watzlawick[19], Antonio Ferreira, Richard Fisch, Janet Helmick Bevin-

---

[16] Virginia Satir (1916-1988), nota esponente della terapia esperienziale e sostenitrice della terapia familiare congiunta (il suo saggio *Conjoint Family Therapy* è del 1967) era convinta della profonda coerenza e interdipendenza tra corpo, mente e sensazioni esistente in ciascun individuo, orientato in maniera naturale verso il benessere proprio e degli altri. Il sintomo rappresenta quindi un blocco temporaneo delle risorse personali, oltre che un modo, per il sistema familiare, di mantenere l'omeostasi. Il terapeuta si affida all'istinto; non mira a suscitare il cambiamento nei pazienti, ma a farli sentire profondamente compresi: la terapia – che ripercorre con il genogramma gli eventi occorsi alle generazioni, per liberare l'individuo dalle pressioni imposte dal sistema familiare – si basa sull'incontro umano e a crescere sono sia il paziente che il terapeuta.

[17] Sebbene Jackson condividesse con la Satir l'idea che i sintomi di uno o più componenti della famiglia svolgessero una funzione di mantenimento dell'omeostasi, celando le difficoltà di altri membri, e indagasse anch'egli le ridondanze generazionali, il suo metodo – a differenza di quello della Satir – mira al cambiamento nelle modalità comunicative e relazionali e non all'aumento di consapevolezza, né è rivolto ai processi emotivi, ma a quelli cognitivi.

[18] Jay Haley (1923-2007) è considerato il principale esponente della terapia del problem-solving: il suo stile terapeutico, da lui illustrato nel volume *Problem-solving therapy* (1967), consiste nell'individuare i problemi da risolvere, gli obiettivi da raggiungere e le strategie per ottenerli. Haley descrive la famiglia come un sistema gerarchico, dove ciascuno lotta per imporre il suo potere di dettare regole nelle relazioni tra i membri, utilizzando strumentalmente i sintomi. Per riorganizzare le regole familiari, definire i confini tra le generazioni e riequilibrare la gerarchia, la sua terapia si serve di alcune tecniche: i *negoziati* (accordi tra i membri), i *rituali* (azioni a contenuto simbolico eseguite dal paziente o da tutta la famiglia) e la *prescrizione del sintomo* dettata dal terapeuta: se seguita, dimostra che il sintomo è gestibile, se disattesa porta alla sua scomparsa. Haley introduce inoltre l'uso sistematico dello specchio unidirezionale – e poi della videoregistrazione – per permettere all'equipe terapeutica di supervisionare l'operato del terapeuta.

[19] Paul Watzlawick (1921-2007), il più noto esponente della terapia breve strategica – un approccio terapeutico basato sulla risoluzione dei problemi

Bavelas[20], Art Bodin, Lynn Hoffman e Lynn Segal. Con Beavin-Bavelas e Watzlawick, Jackson scrisse il testo fondamentale dell'orientamento sistemico-relazionale, *Pragmatica della comunicazione umana* (1967), che enunciava la funzione pragmatica della comunicazione: la capacità del linguaggio – uno degli strumenti più importanti nel lavoro del counselor – di avere conseguenze sul piano comportamentale; in pratica, non esiste comunicazione che non inneschi un comportamento, o comportamento che non veicoli un significato.

Alla morte di Don Jackson, la sua opera fu portata avanti da Fisch, Weakland, Watzlawick e Bodin, che crearono uno dei più influenti modelli di terapia breve esistenti. Il loro Centro di Terapia Breve, diretto da Richard Fisch e co-diretto, per trent'anni, da John Weakland, dimostrò come si potesse trattare efficacemente, in tempi ridotti, una vasta gamma di disturbi della psiche.

Le proprietà dei sistemi viventi

In *Pragmatica della comunicazione umana*, testo cardine della teoria sistemica, Watzlawick, Beavin-Bavelas e Jackson (1967, pp. 108-128) affermano che le proprietà di un sistema aperto sono tre: la *totalità* – che comprende la *non sommatività* –, la *retroazione* e l'*equifinalità*. Come riassume Gabbriellini (2005),

---

attraverso strategie e protocolli di trattamento, evitando l'introspezione – focalizza il suo interesse sul presente, sul comportamento e sulle relazioni all'interno delle coppie e delle famiglie. Il suo metodo, direttivo e prescrittivo, usa tecniche come il paradosso, i rituali, la prescrizione del sintomo, condivise anche da Haley; la terapia dovrà portare alla rottura degli schemi ripetitivi di comportamento e quindi alla scomparsa del sintomo o alla sua cessazione come problema. Un esempio di prescrizione del sintomo è nel testo di Watzlawick *Guardarsi dentro rende ciechi* (TEA, 2022): "I coniugi intrappolati in infinite discussioni e a cui tutti hanno detto che dovrebbero litigare meno potrebbero trovare molto difficile obbedire alla prescrizione del loro terapeuta di avere un'ulteriore discussione programmata ogni sera tra le otto e le otto e venti esatte".

[20] Janet Helmick Beavin-Bavelas (1940-2022) ha lavorato presso il Dipartimento di Psicologia della University of Victoria in Canada, dedicandosi soprattutto alle ricerche sul dialogo *face-to-face*, come riporta la sua pagina web http://web.uvic.ca/psyc/bavelas/index.html.

Totalità. Questa proprietà implica che ogni parte del sistema sia in rapporto con il tutto: una modificazione del sistema influisce sulla parte, così come una modificazione della parte influisce sul tutto. Il sistema è un tutto inscindibile, non un semplice agglomerato di parti indipendenti. Il principio di totalità ha come corollario la non-sommatività: il risultato a livello di sistema dell'interazione delle parti non è semplicemente la somma del contributo parziale di ogni parte del sistema, ma è un qualcosa di più, qualcosa che implica l'emergenza di comportamenti a livello di sistema non predicibili dai comportamenti delle parti. Questa emergenza di proprietà inesistenti a livello delle parti è quello che fa di un sistema un sistema complesso (Gabbriellini, 2005).

In altre parole, per il principio di totalità, il comportamento di ogni parte di un sistema è collegato al comportamento di tutti gli altri elementi, e dipende da esso: ogni cambiamento in un componente del sistema avrà effetto anche sugli altri; per il principio di non sommatività, un insieme non equivale alla somma degli elementi che lo costituiscono, ma ha qualità sue proprie. Dalla teoria della cibernetica[21] proviene il principio di retroazione:

Retroazione. La retroazione è il fenomeno che lega insieme le parti e permette l'emergenza del sistema (Gabbriellini, 2005, p. 6).

---

[21] Il termine "cibernetica" fu coniato dal matematico statunitense Norman Wiener (1894-1964). "Dagli studi di Wiener nacque la cibernetica, scienza di orientamento interdisciplinare che si occupa non solo del controllo automatico dei macchinari mediante il computer e altri strumenti elettronici, ma anche dello studio del cervello umano, del sistema nervoso e del rapporto tra i due sistemi, artificiale e biologico, di comunicazione e di controllo." (Wikipedia, consult. 2023).

Come spiega Galdo (2015), a differenza di ciò che accade nei sistemi non viventi – in cui a ogni azione corrisponde una retroazione uguale e contraria – le retroazioni dei sistemi viventi sono imprevedibili. L'idea di non prevedibilità è collegata al concetto di equifinalità, per cui elementi diversi del sistema possono avere la stessa finalità; in altre parole, eventi diversi possono condurre a uno stesso esito. Per questo, nei sistemi viventi, partendo da determinate cause non è possibile prevedere quali effetti risulteranno dai processi che derivano dagli eventi iniziali:

> Equifinalità. I risultati a livello di sistema non sono predicibili conoscendo semplicemente le condizioni iniziali del sistema (Gabbriellini, 2005, p. 6).

Esso deriva dagli studi di biologia di von Bertalanffy:

> Dalla sua idea di totalità organismica, ove operano non causalità singole ma interi complessi causali interdipendenti, deriva infatti il cosiddetto principio di equifinalità, secondo il quale un sistema è in grado di raggiungere lo stesso stato finale di omeostasi, ovvero di equilibrio dinamico, a prescindere dall'intervento di singoli fattori causali (De Santis, 2010).

In pratica, nonostante la singolarità degli eventi (gli "input aleatori" provenienti dall'ambiente, che rendono complesso un sistema vivente), grazie all'interdipendenza tra le sue componenti, il sistema riuscirà comunque a raggiungere una condizione di equilibrio (omeostasi[22]), che ne garantirà la stabilità e la sopravvivenza. In ciò ha un ruolo anche il principio di *neghentropia*, o "entropia negativa": la tendenza a raggiungere l'ordine (che si oppone alla tendenza opposta, verso il disordine, dell'*entropia*), grazie alla quale tutti i sistemi viventi – fisici, umani e sociali – si autoriparano: ne parleremo a proposito della resilienza.

---

[22] Omeostasi: tendenza naturale al raggiungimento di una relativa stabilità (Wikipedia, consult. 2020).

La comunicazione nel processo di counseling

La comunicazione e i suoi aspetti relazionali

Il termine "comunicazione" (dal latino *communicatio*[23] = "comunicazione", "richiesta di parere", "scambio") indica l'azione di "trasmettere ad altri" e "rendere noto" un contenuto; ma anche il "rendere partecipe qualcuno" e la "relazione complessa tra persone [...] che istituisce tra di esse dipendenza, partecipazione e comprensione, unilaterali o reciproche"[24], in ciò riallacciandosi al concetto latino di scambio e alla prospettiva relazionale.

Secondo il linguista russo Rom n Ósipovič Jakobsòn (1896-1982), studioso della teoria della comunicazione, ogni processo comunicativo comporta sei elementi fondamentali:

1. Il *mittente* (o emittente/ parlante/ fonte di trasmissione): il soggetto – caratterizzato da propri interessi, linguaggi, risorse, esperienze e conoscenze – che produce la comunicazione.
2. Il *destinatario* (o ricevente): il soggetto – anch'egli caratterizzato da cultura, linguaggi, esperienze e strumenti propri – a cui è rivolto il messaggio.
3. Il *messaggio*: i contenuti e i significati che il mittente vuole trasmettere al destinatario.
4. Il *codice*: l'insieme di regole convenzionali usate per esprimere il messaggio, come la lingua madre, linguaggi gergali, alfabeti per sordomuti o ciechi.

---

[23] *Dizionario Latino* online a cura di Enrico Olivetti, 2014, www.dizionario-latino.com/.

[24] *Dizionario Italiano Treccani*, http://www.treccani.it/vocabolario/comunicazione/.

5. Il *canale*: il mezzo (voce, stampa, radio, Internet...) usato per trasmettere il messaggio.
6. Il *contesto* (o referente): l'insieme di informazioni e conoscenze situazionali, linguistiche e culturali comuni a mittente e ricevente, indispensabili affinché il messaggio venga compreso.

La comunicazione è dunque un processo in cui un soggetto emittente trasmette informazioni a un soggetto ricevente, ma nello stesso tempo ne può ricevere da lui, e in cui il reciproco scambio di notizie, ma anche di emozioni e sensazioni, provoca un cambiamento in entrambe le parti.

Secondo Watzlawick, Beavin-Bavelas e Jackson, autori di *Pragmatica della comunicazione umana. Studio dei modelli interattivi, delle patologie e dei paradossi* (1967),

> La comunicazione è uno scambio interattivo fra due o più partecipanti, dotato di intenzionalità reciproca e di un certo livello di consapevolezza, in grado di far condividere un determinato significato sulla base di sistemi simbolici e convenzionali di significazione e di segnalazione secondo la cultura di riferimento (Watzlawick, Beavin-Bavelas e Jackson, 1967).

Sulla base degli studi di Gregory Bateson (1972), Paul Watzlawick formulò i *Cinque assiomi della comunicazione*: principi, consapevoli o inconsapevoli, che, se violati, portano a una comunicazione disturbata. Il primo, e forse il più importante, è che non si può non comunicare. Persino quando rimaniamo in silenzio, infatti, 'diciamo' qualcosa al nostro interlocutore: se non altro, che non intendiamo parlare; e quando esprimiamo (a livello *verbale*) un contenuto, potremmo contraddirlo (a livello *non verbale*) con il 'linguaggio' del corpo, dando luogo al *doppio legame* o *doppio vincolo* già teorizzato da Bateson[25].

---

[25] "Il doppio legame indica una situazione in cui la comunicazione tra due individui, uniti da una relazione emotivamente rilevante, presenta una

[...] non si può non comunicare. L'attività o l'inattività, le parole o il silenzio hanno tutti valore di messaggio: influenzano gli altri e gli altri, a loro volta, non possono non rispondere a queste comunicazioni e in tal modo comunicano anche loro (Watzlawick, Beavin-Bavelas e Jackson, 1967, ed. ital., 1971, pp. 41-42).

L'aspetto relazionale della comunicazione è strettamente legato alla cura e alla sopravvivenza: si può infatti affermare, con il supporto di ricerche sul campo, che influisca così tanto sulla psicobiologia degli esseri umani che, se la relazione viene a mancare, la vita stessa sia messa a rischio. Lo psicologo austriaco René Spitz (1887-1974), nell'ambito dei suoi studi sul rapporto tra la madre e il bambino, dimostrò appunto la necessità del legame affettivo, al di là delle cure materiali ricevute.

Tra il 1945 e il 1946 Spitz mise a confronto due gruppi di bambini istituzionalizzati. Il primo era costituito da 220 elementi, figli di donne detenute in un carcere femminile, che avevano la possibilità di dedicarsi personalmente ai loro piccoli in un asilo nido annesso alla struttura. Il secondo comprendeva 91 infanti abbandonati e ricoverati in un brefotrofio. Spitz notò che in entrambi i casi i bambini venivano adeguatamente nutriti e curati dal punto di vista igienico, ma nel secondo gruppo,

---

incongruenza tra il livello del discorso esplicito (verbale, quello che viene detto a parole) e un altro livello non verbale, detto metacomunicativo (gesti, atteggiamenti, tono di voce ecc.), e la situazione sia tale per cui il ricevente del messaggio non abbia la possibilità di decidere quale dei due livelli sia valido (dal momento che si contraddicono) e nemmeno di far notare l'incongruenza a livello esplicito." (Wikipedia, consult. 2015). "[...] per parlare di *double bind* devono coesistere tre elementi: incongruenza tra due livelli di comunicazione, impossibilità/ divieto di metacomunicare ed impossibilità di lasciare il campo, cioè la relazione tra i "giocatori" deve essere significativa (Mellace 2014, consult. 2016).

malgrado la presenza di operatrici professioniste appositamente formate per l'assistenza ai lattanti, i bambini presentavano un quadro clinico preoccupante. Molti di essi non crescevano regolarmente: soffrivano di evidenti ritardi nello sviluppo cognitivo e motorio – con sintomi quali mancanza di risposta agli stimoli esterni, inespressività del volto, spasmi muscolari, crisi di pianto – nonché di un marcato abbassamento delle difese immunitarie. Il 37,3% di essi morì entro il secondo anno di vita (Grussu, consult. 2015).

La presenza o la mancanza di un'adeguata comunicazione, dunque, può fare una grande differenza nella vita delle persone, proprio in virtù dei suoi aspetti relazionali. Non a caso, quando parliamo di *relazione*, siamo ben consapevoli che questo processo empatico si attiva anche a livello organico, attraverso l'accelerazione del battito cardiaco, l'imitazione dell'altro (*rispecchiamento*), il gioco di sguardi e altri segnali corporei.

Per noi counselor è fondamentale imparare a decodificare il modo di comunicare dei clienti, usando l'empatia naturale (che sarà migliorata dalla formazione) insieme agli 'strumenti del mestiere'.

Non dobbiamo comunque dimenticare che le relazioni si co-costruiscono (costruiscono insieme), si arricchiscono del patrimonio interiore di ciascuno ed è impossibile controllarle in modo unilaterale, o pianificarle. La relazione counselor-cliente non fa eccezione: durante i colloqui, non vi è una figura predominante; si è entrambi 'attori coprotagonisti', in qualche caso insieme ad altri attori.

Il counselor: un facilitatore di comunicazione

Il counselor può essere definito un *facilitatore di comunicazione*: uno dei suoi compiti è agevolare le relazioni tra gli individui, decodificando i loro diversi linguaggi, rendendo esplicita la comunicazione implicita, creando contatti tra le persone, allo scopo di creare interazioni positive e costruttive. Naturalmente, il counselor deve entrare in relazione con il cliente: per far ciò utilizza tutte le 'armi' che ha a disposizione. Deve quindi conoscere molto bene il modo in cui si esercita la comunicazione umana.

I parametri della comunicazione umana

> *Ciò che tu sei parla a voce così alta che non riesco a sentire ciò che dici (Rollo R. May[26])*

Nella teoria sistemico-relazionale, i parametri più importanti della comunicazione umana sono otto, ed è facile ricordarli attraverso l'acronimo NON-LI-PA-CO-RE-CO-CON-CA, in cui ciascuna sillaba rimanda a un parametro:

NON non linguistico
LI   linguistico
PA   paralinguistico
CO   contesto
RE   relazione
CO   contenuto
CON congruità
CA   canali sensoriali

Ogni parametro, a sua volta, comprende diversi elementi, strettamente interconnessi.

NON LINGUISTICO Include tutto ciò che viene comunicato in maniera "analogica"[27] o *non verbale* (dal greco antico ανα + λοΥοσ = "senza parola"). È il parametro più importante[28], in quanto permette

---

[26] Rollo Reece May (1989), *The Art of Counseling*, Gardner Press, New York (ed. ital. *L'arte del counseling. Il consiglio, la guida, la supervisione*, Astrolabio-Ubaldini, Roma, 1991, n. ed. 2014, p. 63).

[27] Il concetto di comunicazione *analogica* e *digitale* viene spiegato da Paul Watzlavick nel capitolo 2.5 "Comunicazione numerica e analogica" di *Pragmatica della comunicazione umana* (nell'ed. ital. di Astrolabio-Ubaldini del 1971, alle pp. 53-59).

[28] Nel 1967, lo psicologo statunitense Albert Mehrabian (1939) affermò l'importanza degli elementi non verbali nella comunicazione *face-to-face* tra le persone. Secondo la sua teoria, il linguaggio non verbale influirebbe su chi

di ampliare notevolmente il significato della comunicazione "digitale" o verbale (quella che fa uso di segni di senso compiuto), aiutandoci a comprendere i nostri interlocutori grazie all'osservazione di dati esterni: la postura e i movimenti del corpo; la prossemica, ossia la reciproca disposizione dei corpi nello spazio; l'espressione del volto, la direzione dello sguardo; l'abbigliamento[29], il trucco, il profumo scelto, il livello di igiene personale... Ognuno di questi elementi contribuirà a rivelarci il tipo di persona, il suo umore, il suo status sociale, il suo stile di vita e molto altro ancora.[30]

LINGUISTICO Riguarda tutto ciò che concerne il linguaggio *verbale*: la struttura sintattica e grammaticale del discorso, la semantica (il significato delle parole), i fonemi, il lessico specifico scelto (gergo, lessico tecnico, neologismi, intercalari...). Sono elementi linguistici anche le *metafore*, la cui funzione è andare oltre il significato evidente delle parole, ampliandolo.

---

riceve un messaggio per il 55%, quello paraverbale per il 38% e il linguaggio verbale solo per il 7%.

[29] Ecco come Rollo May, citando Freud, spiega la funzione rivelatrice dei vestiti: "Non è vero che 'l'abito fa il monaco', ma è vero che certi particolari dell'abbigliamento rinviano segnali importanti sull'atteggiamento di chi li indossa. Freud spiega questo punto secondo un'ottica psicoterapeutica: "Così è significativo e degno dell'attenzione del medico tutto quello che uno fa con i suoi vestiti, spesso senza accorgersene. Ogni cambiamento nel modo abituale di vestirsi, ogni piccola trascuratezza (come per esempio un bottone non allacciato), ogni traccia di denudamento vuol significare qualcosa che il soggetto non intende dire direttamente e per lo più non sa nemmeno di dire".

[30] Innumerevoli manuali sul linguaggio del corpo spiegano il significato che si cela dietro ai gesti più comuni che compiamo in presenza di altre persone. Qualche esempio, utile al counselor? Segnali di tensione: deglutire forzatamente, raschiarsi la gola, grattarsi il naso o la bocca, tamburellare con le dita... Segnali di rifiuto: toccarsi il naso, spazzolarsi una parte del corpo, passarsi le dita dietro al collo, massaggiarsi la fronte, incrociare gambe e braccia, allontanarsi con il busto, fare un passo indietro... Segnali di gradimento: atteggiare la bocca a bacio (bacio analogico), mordicchiarsi il labbro, premere con la lingua l'interno delle guance, inumidirsi le labbra, accarezzarsi il dorso della mano, i capelli, il collo, il mento, le labbra, giocare con un anello, allentarsi la cravatta, togliersi la giacca o gli occhiali, sciogliersi i capelli...

PARALINGUISTICO Comprende tutti i fattori strutturalmente collegati al linguaggio: il tono, il ritmo e il volume della voce, la velocità dell'eloquio, le pause nel discorso, il modo di gesticolare. Fa parte del paralinguistico (o *paraverbale*) anche il *coping* o *rispecchiamento*, che consiste nell'adattare il proprio ritmo nel parlare a quello dell'interlocutore.

CONTESTO Si definisce come l'insieme di elementi che, all'interno di confini stabiliti, condiziona le relazioni esistenti. Nell'ambito di un counseling, il contesto è la situazione in cui è inserito il cliente, e che lo influenza, oltre che il rapporto che si viene a creare, nel setting, con il counselor stesso.

RELAZIONE La relazione (il legame tra due o più persone) è un fattore da cui non si può prescindere per comprendere la natura di un messaggio, indipendentemente dal suo contenuto.

Nel modello sistemico, esistono quattro principali tipi di relazione: *simmetrica o conflittuale* (rappresentata graficamente da una linea irregolare: /\/\/\/\/\/\), *complementare* (rappresentata da una linea dritta: _____________), *di distanza* (rappresentata da una linea spezzata: – – – – – – – –), *di indifferenza o di disconferma* (rappresentata da una linea puntiforme: ....).

La relazione tra il counselor e il cliente è un elemento chiave nel processo di counseling: una relazione positiva costituirà il motore del cambiamento; una relazione carente si limiterà invece a rinforzare solo i contenuti del colloquio, dunque la parte meno importante (più di quel che diciamo, conta il modo in cui lo esprimiamo).

CONTENUTO È costituito dalle informazioni – che Bateson[31] considerava "notizia di una differenza" – trasmesse dall'emittente al ricevente durante la comunicazione. In un colloquio di counseling,

---

[31] Per produrre notizia di una differenza, cioè "informazione", occorrono due entità (reali o immaginarie) tali che la differenza tra di esse possa essere immanente alla loro relazione reciproca; e il tutto deve essere tale che la notizia della loro differenza sia rappresentabile come differenza all'interno di una qualche entità elaboratrice di informazioni, ad esempio un cervello, o forse un calcolatore. [...] (Bateson,1979, ed. ital. 1984).

il contenuto è rappresentato dalle tematiche e dalle notizie di cui il cliente parla con il counselor.

CONGRUITÀ Comunicare in maniera congrua significa inviare segnali linguistici e non linguistici in armonia tra loro, evitando la situazione del "doppio legame". Al contrario, rilevare contraddizioni o contrasto tra contenuti e modo di esprimerli causa una spiacevole sensazione di dissonanza.

CANALI SENSORIALI Il canale sensoriale privilegiato di ogni individuo è costituito da quello dei cinque sensi che usa più di frequente durante le sue attività; in questo caso, durante la comunicazione. Si parla dunque di persone "uditive", "visive" o "cinestesiche". Vediamo chi sono.

I canali sensoriali

> Ciascuno di noi è dotato di un mix unico di intelligenze, o modi di capire il mondo – intelligenza linguistica, logica, matematica, spaziale, musicale, fisica (l'uso del corpo per risolvere problemi o costruire cose), gli altri e se stesso. Ciascuno di noi ha anche un suo stile personale di apprendimento. Alcuni reagiscono meglio all'informazione visiva, altri alla lingua (conferenze, letture), altri ancora per trovare un senso alle cose devono toccarle con mano, o comunque tirare in ballo il mondo fisico. Una volta capito questo, diventa sbagliato trattare i ragazzi come se le loro teste fossero tutte uguali. (Howard Gardner)[32]

---

[32] Howard Gardner (1992), What parents can do to help their kids learn better: An interview with Dr. Howard Gardner, in "Bottom Line/ Personal", 30 giugno 1992, pp. 9-10.

Ogni essere umano sperimenta la realtà attraverso i cinque sensi. Non siamo però tutti uguali: ciascuno usa i suoi sensi in proporzioni diverse dagli altri. I canali sensoriali che entrano in gioco nella comunicazione sono principalmente tre: il canale *visivo*, il canale *uditivo* e il canale *cinestesico* o cinestetico (dal greco antico κίνησις, "movimento"); quest'ultimo include, a sua volta, i canali tattile, olfattivo, gustativo. Quanti di noi sono visivi, quanti uditivi e quanti cinestesici?

> In occidente le persone adulte sono circa così assortite per tipo:
>
> 55% visivo o visuale (Visual)
> 20% uditivo (Auditory)
> 25% cinestesico o cinestetico (Kinesthetic)
>
> (Baldassar, 2015)[33]

Come indica Baldassar, la maggioranza degli esseri umani usa il canale visivo.

Benché non sia raro che una persona usi alternatamente due o tre canali sensoriali, ciascuno ha un *canale sensoriale prevalente*, caratterizzato da precisi segnali che ci permettono di riconoscerlo. Per il counselor è importante osservarli, per individuare il canale primario del cliente e per imparare a sfruttare personalmente tutti i canali come attivatori di risonanza. Usare il canale 'sbagliato' può rendere meno facile la comunicazione; se ad esempio, chiediamo a un uditivo di visualizzare una scena, o di immaginare l'effetto di un quadro su una parete, probabilmente sarà in difficoltà; come lo sarà un visivo a cui chiediamo di spiegare a voce un percorso, impedendogli di disegnarlo su una mappa o di descriverlo a gesti. In tali casi, il counselor capirà e userà il canale appropriato.

Una volta capito se si trova di fronte a una persona visiva, uditiva o cinestesica, il counselor potrà servirsi di questa

---

[33] Roberto Baldassar (consult. 2015), http://roberto.baldassar.net/visivo-uditivo-cinestesico-cinestetico/.

informazione in più modi: 1. Per creare empatia ed entrare a poco a poco in sintonia con il cliente attraverso tecniche di joining, come il parlare di argomenti di interesse comune. 2. Per attuare il rispecchiamento, imitando la gestualità, il tipo di parole scelte, il ritmo nel parlare del cliente. 3. Per individuare le risorse più utili alla soluzione dei suoi problemi. 4. Per portare il cliente a comprendere gli elementi di affinità o di eventuale incompatibilità con il partner.

Come scopriamo il canale sensoriale privilegiato dei nostri clienti? Un sistema rapido è domandargli come passino il tempo libero e se pratichino degli hobby: la risposta è in genere rivelatrice. Oppure, possiamo chiedere loro di raccontare un'esperienza vissuta, un evento, un viaggio: chi si soffermerà su paesaggi e colori è visivo; chi descriverà azioni e spostamenti, il tempo atmosferico, gli odori sentiti è cinestesico; chi ricorderà una musica, suoni, rumori è uditivo. Durante il colloquio, inoltre, ci possono aiutare gli aggettivi e i verbi usati dal cliente, il tono di voce e la direzione dello sguardo. Ogni canale sensoriale ha infatti le proprie modalità di comunicazione.

Il canale visivo (V)

Le persone in cui prevale il canale visivo esplorano il mondo attraverso gli occhi. Usano aggettivi come attraente, chiaro, colorato, limpido, luminoso, scuro, vivido; sostantivi come apparenza, grafico, idea, immagine, lampo, luce, mirino, occhiata, occhio, prospettiva, prospetto, scintilla, sguardo, splendore, superficie, velo, visione, vista; verbi come accorgersi, ammirare, apparire, avvistare, distinguere, esaminare, fissare, guardare, individuare, intravedere, notare, osservare, perlustrare, prevedere, riconoscere, rivolgere lo sguardo, scoprire, scorgere, scrutare, spiare, svelare, vedere. Amano le locuzioni visive: "guardarsi negli occhi", "offrire una prospettiva", "prevedere tempi bui", "ridere con gli occhi", "vederla allo stesso modo", "vedere la luce". Quando espongono le loro idee, usano frasi come "ci ho ragionato su", "credo che...", "è evidente che...", "in vista di...", "sono convinto che...". Poiché elaborano facilmente immagini mentali, riescono a raccontare fatti, trame di libri e film e avvenimenti in maniera dettagliata, facendoli visualizzare all'interlocutore. Nel salutare un amico, dicono "ci vediamo". Parlano velocemente e ad alta voce, mantenendo una postura dritta, respirando con il torace e gesticolando verso l'esterno. Se interpellati, i visivi rivolgono gli occhi verso l'alto per richiamare alla mente la risposta; se indugiano a sinistra (dal punto di vista del counselor), stanno ricostruendo con sforzo una versione dei fatti, che potrebbe non essere vera; se guardano a destra e rispondono rapidamente si può esser certi della loro sincerità. Tra i loro passatempi preferiti ci sarà di certo andare al cinema o guardare la televisione. In particolare, un soggetto visivo[34] potrà:

- trascorrere serate intere davanti al televisore, anche se non vi sono trasmissioni interessanti;
- passare molte ore al pc, non solo per lavorare, ma anche indugiando a cercare notizie;
- andare a cinema con regolarità;
- nel raccontare una situazione, descriverne il paesaggio, i panorami, i colori;
- nelle relazioni, dare importanza al senso della vista.

Il canale uditivo (A)

Le persone in cui è preminente il canale uditivo[35] notano gli aspetti sonori della realtà. Usano aggettivi come rumoroso, silenzioso, sonoro, zitto; sostantivi come annuncio, grida, musica, rumore, suono, urla; verbi come ascoltare, avvertire, descrivere, discutere, mormorare, percepire, piangere, recitare, sentire,

---

[34] Una testimonianza sui soggetti visivi è quella di Temple Grandin (2022), *Visual Thinking: The Hidden Gifts of People Who Think in Pictures, Patterns, and Abstractions*, Riverhead Books, New York.

[35] Oltre ai tre canali visivo, uditivo e cinestesico, nella Programmazione Neuro-Linguistica (PNL) si considera un ulteriore canale sensoriale (o "sistema rappresentazionale"): l'auditivo digitale (AD), il sistema che processa in modo logico e coerente i pensieri elaborati grazie agli altri canali. Gli auditivi digitali si muovono lentamente, sono riflessivi; usano spesso i sostantivi esperienza e senso e si rivolgono agli altri con locuzioni come "considera che", "dai un senso", "lasciati dire", "non conta", "parola per parola", "presta attenzione". (Roberta Pizzuto, lezione di counseling, ISPPREF, Napoli, 2016).

sospirare, udire. Scelgono locuzioni uditive: "essere in sintonia", "essere tutt'orecchi", "modo di parlare", "prestare attenzione". Agli amici dicono spesso "ci sentiamo". Pensano a lungo prima di parlare, elaborando un discorso interiore che poi esporranno con attenzione. Parlano con un tono di voce non troppo alto, melodico e ritmato, ascoltandosi, come a valutarne il suono; guardano dritto negli occhi l'interlocutore, respirano a ritmo normale e accompagnano alle parole gesti ampi come quelli di un direttore d'orchestra. Siedono in posizioni che gli permettono di tendere l'orecchio verso i suoni; se sentono una musica, senza accorgersene iniziano a battere il tempo con i piedi o a tamburellare con le mani, o si dondolano sulla sedia. Quando gli si pone una domanda, mentre pensano alla risposta dirigono lo sguardo lateralmente: a sinistra per ricostruire (o costruire, dunque inventare) un evento, a destra per ricordarlo così come si è svolto. Tra i loro hobby c'è senz'altro l'ascoltare musica; per informarsi, non accendono la tv ma la radio; per intrattenersi, gradiscono podcast e audiolibri. E dotano casa e smartphone di assistenti vocali. In particolare, un soggetto uditivo potrà:

- trascorrere ore con la cuffia audio nelle orecchie, isolandosi dal mondo, soprattutto nell'adolescenza;
- studiare e/o lavorare con la musica in sottofondo, senza esserne distratto;
- usare la televisione come compagnia, ascoltandola a distanza senza guardarla;
- frequentare raduni e festival musicali, concerti di massa, spettacoli teatrali musicali;
- assistere con piacere a musical dal vivo, al cinema o in tv;
- cantare, suonare o far parte di una band musicale;
- scegliere una professione nel settore musicale: disc-jockey, tecnico del suono, presentatore…;
- essere molto infastidito dai rumori molesti, dalle grida e dai suoni troppo alti;
- nel raccontare una situazione, descriverne i rumori, essere colpito dalla folla;
- avere bisogno di assoluto silenzio per riposare e dormire;

- essere attratto da partner e amici che abbiano un timbro di voce gradevole;
- evitare le persone la cui voce gli sembra troppo alta o sgradevole;
- nelle relazioni, dare importanza ai suoni.

Il canale tattile o cinestesico (K)

Le persone in cui prevale il canale cinestesico vivono la realtà attraverso il tatto, il gusto, l'odorato. Usano aggettivi come caldo, duro, freddo, profumato, marmoreo, morbido, scomodo, setoso; sostantivi come angolo, battito, forma, grappolo, odore, profumo, sapore, scivolone, spessore, tocco. Adoperano, anche in senso metaforico, verbi concreti e 'materiali' come abbracciare, accarezzare, affondare, appoggiare, avvertire, colpire, immergere, intingere, inzuppare, lambire, picchiare, pigiare, premere, saltare, schiacciare, sentire (fame, freddo, caldo...), sfiorare, sgretolarsi, solleticare, strapazzare, stringere, strofinare, toccare; verbi collegati al gusto come assaggiare, assaporare, degustare, dissetarsi, gustare, ingerire, ingoiare, ingozzarsi, mangiare, masticare, rinfrescarsi, saziarsi, sgranocchiare, succhiare, sorbire, sorseggiare; verbi riferiti all'olfatto come annusare, avvertire, fiutare, odorare, percepire. Usano locuzioni tattili: "battere il ferro finché è caldo", "mettere le carte in tavola", "sentirsi sotto pressione" "togliere un peso". Nel dare appuntamento agli amici (che salutano con strette di mano, baci e abbracci), usano termini 'fisici': "teniamoci in contatto", "incontriamoci". Parlano con calma, con un tono di voce basso, respirando lentamente. Indossano capi di abbigliamento comodi, senza fare molta attenzione all'abbinamento dei colori; sono sempre in movimento: giocherellano con un oggetto a portata di mano, si passano le dita tra i capelli, si infilano e sfilano ripetutamente un anello. Se interrogati, rivolgono lo sguardo in basso a sinistra o, per meglio riflettere, in basso a destra. Nel tempo libero amano uscire di casa per andare al ristorante, al bar, a incontrare gli amici o a fare sport; davanti a un buffet, sono i primi a farsi avanti. In particolare, un soggetto tattile potrà:

- non riuscire a restare completamente fermo, anche in situazioni formali;
- toccarsi continuamente il corpo e i capelli;
- giocherellare di frequente con dita, anelli, penne, piccoli oggetti a portata di mano;
- iscriversi regolarmente in palestra o frequentare un campo sportivo;
- scegliere una professione nel ramo dello sport: allenatore, sportivo;
- lavorare nel settore della cura del corpo: massaggiatrice, estetista, parrucchiera;
- viaggiare spesso;
- nel raccontare una situazione, descriverne le sensazioni fisiche, la temperatura riscontrata;
- nelle relazioni, dare importanza alle sensazioni corporee e al tatto;

Poiché è collegato al contatto fisico con le persone, con il mondo naturale e animale, con gli oggetti, con il cibo, il canale sensoriale tattile o cinestesico include anche i canali gustativo e olfattivo (c'è da sapere che quest'ultimo è connesso alla sessualità e riveste una funzione importante all'interno del rapporto di coppia: gli odori del partner costituiscono un segnale di comunicazione).

Il processo di counseling

Un percorso verso il cambiamento

Chi si rivolge a un counselor perché sta vivendo una fase di disagio è di solito 'chiuso' nella sua problematica, ripiegato su sé stesso; guarda dunque le cose da un'unica prospettiva: la propria. Il processo di counseling ha perciò la funzione di allargare la visione del cliente, portandolo pian piano verso una maggiore consapevolezza, finalizzata ai piccoli o grandi cambiamenti che miglioreranno la sua vita. Il counselor aiuta il cliente ad aprirsi a punti di vista diversi, mai fino a quel momento considerati, e a intravedere non una sola, ma molteplici soluzioni e direzioni per la sua vita.

Ottiene questo risultato attraverso un vero e proprio percorso a tappe, di cui la prima, e forse la più importante, è instaurare una relazione empatica con il cliente (processo di *accoglienza*). Usando le tecniche e gli strumenti di cui dispone, inizia poi a conoscerne l'ambiente e il mondo di relazioni (processo di *esplorazione*); una volta individuate le risorse personali, sociali e materiali su cui il cliente può contare, lo aiuta a imparare a usarle per sviluppare autonomi percorsi di cambiamento, in cui (ri)scoprire le proprie potenzialità (processo di *orientamento*). Rappresenta inoltre, durante il percorso e anche dopo la sua conclusione, un punto certo di riferimento (processo di *sostegno*).

Il counseling come 'viaggio' interculturale

Con una similitudine – tecnica, come vedremo, molto usata nel counseling – potremo paragonare il counselor a un'agente di viaggio, che organizza un itinerario per un cliente, attraverso varie fasi:

1.   conoscenza del cliente e delle sue esigenze;
2.   analisi del territorio e creazione di contatti locali;

3. raccolta di informazioni su possibili problematiche;
4. richieste specifiche per rendere l'ambiente adatto all'ospite;
5. consolidamento della relazione di fiducia con il cliente;
6. assunzione di responsabilità per risolvere eventuali problemi.

Allo stesso modo, in una relazione d'aiuto il counselor inizia con il conoscere il cliente e le esigenze che lo hanno portato a chiedere supporto, domandandogli con semplicità "Perché è qui?" (1). Passa poi a esplorare un fattore fondamentale: il suo contesto, evidenziandone le risorse disponibili (2), così come gli elementi critici (3), e aiutandolo a ideare soluzioni per affrontarli (4). Durante queste fasi, il counselor si sforza di adeguare il suo linguaggio a quello del cliente, per creare sintonia ed empatia e ridefinire in maniera chiara e condivisa i concetti che emergono dalla conversazione. Dopo aver ottenuto la piena fiducia del cliente (5), il counselor lo conduce, un passo alla volta, verso l'autodeterminazione, facendogli scoprire le risorse personali e sociali di cui può disporre e il modo migliore per utilizzarle.

Così come, durante il suo itinerario, un viaggiatore entra necessariamente in contatto con culture diverse, è facile che un counselor si trovi a svolgere colloqui con persone di nazionalità, religione e idee differenti dalle sue e/o da quelle del Paese in cui risiede. In questo caso, dovrà fare molta attenzione a rispettare, in ogni fase del percorso, la cultura e le scelte del cliente. E, così come un viaggiatore dev'esser libero di cambiare alloggio e località se lo desidera, è importante far sì che il cliente si senta sempre libero di interrompere la relazione d'aiuto nel momento in cui non desidera più continuarla (6).

Il processo di esplorazione: il BASIC ID

Nella prima fase di conoscenza di un cliente, il counselor gli rivolge domande utili a esplorare ogni aspetto della sua vita: le sue relazioni, i suoi processi mentali, il suo rapporto con la salute. Può aiutarsi con il BASIC ID: l'acronimo coniato dallo psicologo sudafricano Arnold A. Lazarus, creatore della Terapia Multimodale[36] e pioniere della psicoterapia cognitivo-comportamentale.

Behaviour = *comportamento*. Cosa fa il cliente nelle varie circostanze?

Affectivity = *affettività*. Su quali relazioni affettive, amicali, parentali può contare? Su quali invece no?

Sensorial = *sensorialità*. Come sperimenta il mondo, qual è il suo canale sensoriale privilegiato?

Imagination = *immaginazione*. Quali sono i suoi sogni, le sue fantasie?

Cognitivity = *cognitività*. Quali sono le sue capacità e i suoi processi cognitivi?

Interpersonal = *interpersonale*. Su quali relazioni può contare (o non riesce a contare)?

Drugs = *droghe*. Cosa influenza la sua salute fisica? Pratica un'attività motoria? Soffre di dipendenze (da stupefacenti, farmaci, alcol, fumo ecc.)?

Anche Rollo May evidenzia l'importanza di informarsi sulla salute fisica del cliente:

> Il *counselor* deve conoscere le condizioni fisiche del cliente in modo da includere nel quadro clinico tutti i fattori organici di rilievo, tanto causali quanto derivati, e a questo scopo può spesso venire aiutato da un consulto con il medico di famiglia del cliente o, nel caso di studenti, con l'ufficiale sanitario dell'Università. Il *counselor* deve preoccuparsi dell'aspetto funzionale della difficoltà, vale a dire del risanamento degli atteggiamenti e dei modelli

---

[36] Arnold Allan Arnie Lazarus (1989), *The Practice of Multimodal Therapy: Systematic, Comprehensive, and Effective Psychotherapy*, Johns Hopkins University Press, Baltimore (ed. ital. *La terapia multimodale. Una psicoterapia sistematica, articolata ed efficace*, 1989, Astrolabio-Ubaldini, Roma).

di comportamento dell'individuo (May, 1989, n. ed. 2014, p. 45).

Il processo di orientamento: gli obiettivi SMART

Come accade in ogni relazione d'aiuto, anche nel counseling si lavora per *obiettivi*. Sono i traguardi che il cliente deve raggiungere, a piccoli passi, per uscire dalla situazione di disagio che lo ha spinto a cercare supporto e iniziano a essere concordati sin dal primo colloquio, in cui l'obiettivo minimo stabilito sarà il successivo incontro. Ma anche il counselor ha i suoi obiettivi, che, a differenza di quelli del cliente, sono già definiti e consistono nel portare il cliente a raggiungere i suoi. Per ottenere questo scopo, il counselor, nel suo ruolo di facilitatore, si impegna su più fronti. Da un lato aiuta il cliente a individuare le risorse e le possibilità di scelta più adatte a superare la crisi in atto, permettendogli di accrescere la sua consapevolezza; dall'altro, lo supporta e lo sostiene durante il processo di cambiamento, soprattutto quando è reso arduo da situazioni di conflitto e di disagio relazionale o da eventi traumatici o luttuosi, permettendogli di elaborare le emozioni.

Per far sì che gli obiettivi del processo di counseling vengano raggiunti durante il ciclo di colloqui, e cioè che il cambiamento possa realmente avvenire, il counselor deve mirare innanzitutto a costruire un rapporto di fiducia con il cliente, avvalendosi sin dall'inizio di tecniche di *joining* (le vedremo più avanti) e mostrando partecipazione emotiva alla sua situazione. Una volta evidenziato il problema centrale del cliente, deve ridefinirlo in positivo, nonostante l'ovvia difficoltà; individuata l'emozione principale che il cliente prova nella situazione di disagio, deve soffermarsi a lavorare sull'obiettivo collegato. Counselor e cliente devono dunque delineare insieme un progetto di lavoro realizzabile, stabilendo le varie tappe del processo e concordando l'obiettivo principale da raggiungere.

È importante che tale obiettivo sia davvero raggiungibile. Come rendersene conto? Ci viene in aiuto un modello, citato per la prima volta nel numero di novembre 1981 della "Management Review" da George T. Doran e descritto nel 2003 dall'imprenditore statunitense

Paul J. Meyer (fondatore della Success Motivation Inc.) in *What Would You do if You Knew You Couldn't Fail? Creating S.M.A.R.T. Goals: Attitude is Everything if You Want to Succeed Above and Beyond*, che – riassumendo in un acronimo le caratteristiche di un buon obiettivo – ci ricorda che dev'essere SMART[37], e cioè

S = *specifico, significativo*. È stato individuato un obiettivo ben preciso e importante?

M = *misurabile*. Il percorso per il raggiungimento dell'obiettivo si può verificare?

A = *accessibile* (cioè *raggiungibile, realizzabile*). L'obiettivo è alla portata del cliente (ma anche del counselor, o è meglio che invii il caso a un diverso professionista)?

R = *rilevante, realistico*. L'obiettivo è davvero importante per il cliente? È coerente con i risultati da raggiungere?

T = *traducibile nel tempo*, ossia *scadenzabile*. L'obiettivo può essere raggiunto attraverso passi successivi, può essere tradotto in realtà in tempi ragionevoli?

Anche altri modelli teorici si avvicinano al concetto deli obiettivi S.M.A.R.T., ad esempio la PNL (Programmazione Neuro Linguistica), con gli "obiettivi ben formati": Espresso in positivo, Valutabile sensorialmente, Sotto il controllo di chi lo definisce, Che preservi i vantaggi dello stato attuale, Ecologico[38].

---

[37] SMART è l'acronimo dei termini inglesi *specific, measurable, achievable* (o *attainable, accepted*), *relevant* (o *realistic*), *timely* (o *time based, time-bound, time related*).

[38] Paola Velati, Accademia Italiana di PNL, 18 aprile 2019, https://www.accademiapnl.com/programmazione-neuro-linguistica/obiettivo-ben-formato/, consult. 2023.

Il colloquio di counseling

Il ciclo di colloqui

Un cliente (che sia un singolo individuo, una coppia, una famiglia, un'azienda o un'istituzione) si è rivolto a un counselor perché lo aiuti ad affrontare una fase difficile della sua vita, personale o lavorativa. Sta per nascere un percorso di consapevolezza e di *empowerment* che – attraverso un numero definito di incontri in presenza, ma oggi facilmente anche online – porterà, se si instaura una relazione di fiducia e collaborazione tra counselor e cliente, alla risoluzione del disagio iniziale e alla scoperta di nuove risorse e potenzialità. Tutto questo avviene grazie al colloquio di counseling.

Ogni ciclo di colloqui inizia, o almeno dovrebbe iniziare, con una fase di accoglienza e di *joining* – le analizzeremo tra poco – in cui il counselor mira a creare una relazione positiva con il suo cliente. All'interno del percorso, però, i colloqui si differenziano, a seconda della loro finalità.

Il primo incontro (fase iniziale) ha la funzione di iniziare a conoscere il cliente, nell'ipotesi di prendere in carico il suo caso e di continuare con una serie di colloqui più approfonditi; ma può essere anche il passo per orientarsi verso l'invio a uno specialista più adatto. Gli incontri successivi (fase intermedia) hanno l'obiettivo di individuare il problema centrale del cliente, causa del suo problema, e di esplorare le sue risorse. Gli incontri di chiusura del ciclo (fase finale) permettono al cliente di superare il disagio e di ritrovare la motivazione nelle attività lavorative e quotidiane, nel rapporto di coppia, nelle relazioni.

Il codice professionale

Durante questo processo, il counselor deve rispettare le regole apprese nel percorso di formazione e specificate nel codice etico e deontologico dell'associazione di categoria a cui è iscritto, del quale ha preso visione prima di iniziare a esercitare l'attività. Il documento è in genere disponibile su Internet: il CNCP (Coordinamento Nazionale di Counsellor Professionisti), ad esempio, pubblica sul suo sito web il Codice di Etica e Deontologia Professionale[39]; Assocounseling linka in homepage il suo Codice deontologico[40]; l'AICO (Associazione Italiana di Counselling) pubblica nell'area Download il Codice Deontologico del Counsellor[41]. Non tutti i codici riportano esattamente le stesse regole; ecco quelle fondamentali.

Il cliente non è un "paziente"

A differenza del medico e dello psicoterapeuta, il counselor non ha "pazienti", ma *clienti*, e non effettua "terapie" o "sedute", ma *consulenze* (o *incontri*, o *colloqui*). La sostituzione del termine "paziente" con quello di "cliente" ha origine nel counseling centrato sulla persona[42] di Carl Rogers, che desiderava abbattere la barriera tra professionista e utente.

> Il termine cliente, insomma, suggerisce una relazione alla pari, in cui colui che sceglie di farsi aiutare non abdica alla propria responsabilità nella soluzione delle proprie difficoltà. Anzi, viene invitato ad assumerla pienamente nelle proprie

---

[39] Codice di Etica e Deontologia Professionale CNCP:
https://www.cncp.it/public/articoli/3777/All.%202%20-%20CODICE%20DI%20ETICA%20E%20DEONTOLOGIA%20PROFESSIONALE%20DEL%20CNCP.pdf.

[40] Codice deontologico Assocounseling:
https://www.assocounseling.it/attestazione/codice_deontologico.asp e https://www.assocounseling.it/docs/documenti/D03.pdf.

[41] Codice deontologico del Counsellor AICO:
https://www.aicounselling.it/res/download/pdf/11_it.pdf.

[42] L'approccio "centrato sulla persona" (detto anche "centrato sul cliente", "non direttivo" o "rogersiano") fu sviluppato dallo psicologo statunitense Carl Rogers, che lo applicò sia alla psicoterapia che al counseling. terapia centrata sul cliente, anche nota come terapia non direttiva o terapia rogersiana, è un approccio psicoterapeutico sviluppato da Carl Rogers

mani. Sul fronte opposto, la persona che è d'aiuto non ha un ruolo direttivo, non è il superesperto che, dall'alto del proprio sapere accademico e a partire dai propri schemi di riferimento, offre soluzioni, suggerimenti, diagnosi e interpretazioni, ma un compagno di viaggio del cliente (Marchino e Mizrahil, 2007, p. 27).

Le consulenze non sono mai lunghe

Il counseling è, per sua natura, un percorso breve, con un numero limitato di colloqui. Sin dall'inizio, il counselor chiarisce dunque che la consulenza potrà durare da un minimo di 4-5 incontri a un massimo di 10-12, a meno che il cliente non necessiti di un unico colloquio di orientamento, dopo il quale prendere ulteriori decisioni. Il percorso non dovrebbe durare più di un anno: se, nell'arco di questo tempo, il cliente non avrà risolto i suoi problemi, sarà lo stesso counselor a suggerire di chiudere la consulenza, per indirizzarlo da un diverso specialista.

Per i minori, serve il consenso dei genitori

Per poter effettuare colloqui di counseling con minori di 18 anni occorre ottenere il consenso dei genitori (o del tutore), che verrà espresso in una lettera, firmata da entrambi. Nei casi in cui non venga concesso, con il minore potrà aver luogo soltanto un incontro di conoscenza, ma non una consulenza. È importante anche informarsi sull'eventuale separazione o divorzio dei genitori e sulla conseguente situazione di affidamento del minore, come riporta l'art. 13 "Prestazioni professionali rivolte a minori" del Codice Deontologico di Assocounseling:

> 1. Le prestazioni professionali nei confronti di minori sono subordinate al consenso informato – debitamente documentato – che dovrà essere rilasciato da coloro che esercitano la responsabilità genitoriale o da chi ne fa le veci. 2. Il counselor è tenuto ad informarsi in merito ad eventuali

situazioni di contenzioso tra genitori e comunque alla situazione giuridica del minore.

Il counselor non offre consigli

Principio cardine del counseling è il non offrire consigli e soluzioni; il suo metodo si basa, piuttosto, sul fare scoprire al cliente le sue risorse e le sue opportunità di scelta. Il counselor non possiede la "verità", non sa per definizione cosa sia "giusto", non influenza il cliente con le sue convinzioni né cerca di proteggerlo; mostra invece un atteggiamento di ascolto e di apertura, con il quale stimola il cliente a esprimere i suoi reali bisogni e desideri. Si connette empaticamente con le sue necessità e – allargando lo scenario, tracciando nuove strade da esplorare, suscitando rappresentazioni mentali del futuro senza dare mai niente per scontato – aiuta a capire come aumentare lo spettro delle possibilità. Un counselor competente permette al cliente di arrivare da sé a comprendere le cause dei suoi problemi.

> *(Si tratta di un punto cruciale. Il cliente chiede consiglio. Se il counselor cede alla tentazione e alla sua implicita lusinga, e dà un consiglio o anche solo istruzioni specifiche, interromperà il processo e ostacolerà il reale riadattamento della personalità del cliente [...]. Al contrario, egli deve utilizzare la richiesta di consiglio come un mezzo per fare accettare al cliente un maggior senso di responsabilità personale)* (May, 1989, n. ed. 2014, p. 85, in corsivo e parentesi nel testo).

Come sottolinea Rollo May, il counseling è incompatibile con il dare consigli: sono due funzioni distinte, applicabili in ambiti completamente diversi.

> Il consiglio [...] è sempre superficiale; è l'indicazione di una direzione impartita dall'alto, un rapporto a senso unico. Il vero *counseling* opera in una sfera più profonda, e le sue conclusioni sono sempre il

risultato del lavoro congiunto di due personalità, che operano allo stesso livello. [...] Dare consigli non corrisponde a un'adeguata funzione di counseling, perché viola l'autonomia della personalità. [...] un consiglio dall'alto non potrà mai apportare alcun cambiamento reale della personalità dell'altro. Quell'idea non diventerà mai parte integrante del cliente, che la rifiuterà non appena gli farà comodo. Vale sempre il vecchio adagio: "il consiglio lo si può avere per niente, e vale altrettanto". Tuttavia, da un punto di vista pratico, il counselor è chiamato a dare consigli su questioni che non riguardano strettamente i problemi della personalità. In questo caso è possibile farlo, ma deve essere ben chiaro che in quel momento non si sta svolgendo la funzione di vero e proprio counseling (May, 1989, n. ed. 2014, p. 93-94).

Il counselor non giudica

In tutte le relazioni d'aiuto vige il principio della *sospensione del giudizio*. Come lo psicoterapeuta, il counselor non può esprimere una valutazione morale sulla condotta del cliente o sulle situazioni che gli racconta. Può non condividere le scelte del suo interlocutore, ma non ha alcun diritto – come non lo ha nessuno di noi – di condannarle: rispetta, ascolta e aiuta il cliente accettandolo senza condizioni, indipendentemente dagli eventi che l'abbiano coinvolto. Mantiene un atteggiamento di apertura e non approfitta del suo ruolo per modificare, indirizzare, 'normalizzare' i comportamenti dell'altro.

È chiaro, prima di tutto da un punto di vista etico, che nessuno ha il diritto di giudicare un altro essere umano; nell'ambito della morale il comandamento 'Non giudicare' è incontrovertibile. Neanche da un punto di vista psicoterapeutico è ammesso il giudizio: "E soprattutto", come dice Adler," non lasciamoci andare a formulare giudizi sul valore morale di un essere umano". [...] L'unica soluzione al problema è che il counselor impari a stimare e ad apprezzare gli altri senza condannarli: è la via della comprensione, dell''obiettività imparziale', la via dell'empatia (May, 1989, n. ed. 2014, p. 113).

Riconoscere l'altro, sospendendo il giudizio, significa riconoscere la legittimità del suo pensiero e del suo operato e aprirsi a quello che ne deriva (Romano, 2017[43]).

La sospensione del giudizio è essenziale non solo perché non è corretto esprimere valutazioni morali, ma anche perché il counselor possiede – benché si tenda a pensare il contrario – l'umano limite di non riuscire a comprendere in ogni circostanza il cliente. Quando i problemi emersi dal colloquio sono lontani dalla sua esperienza personale, piuttosto che annuire con un generico «La capisco!» senza provare reale empatia, il counselor dovrebbe ammettere i suoi limiti, spiegando al cliente che tuttavia può ugualmente aiutarlo.

Il counselor mantiene il segreto professionale

In ogni relazione d'aiuto – come in ogni relazione di cura, e nelle professioni che, per la loro stessa natura, hanno a che fare con dati 'sensibili' – vige l'obbligo del *segreto professionale*, ossia della massima riservatezza sulle informazioni di natura personale e privata che il cliente fornisce nel raccontarsi, o di cui si viene comunque a conoscenza. Anche il counselor, quindi, deve mantenere il segreto professionale su tutti i dati, sensibili e non, che riguardano i suoi clienti e le persone da loro citate nel corso delle consulenze, e sulle sue relazioni d'aiuto, persino dopo la morte dei clienti (lo dice esplicitamente l'art. 14 "Segreto professionale" del Codice Deontologico di Assocounseling) e anche se i colloqui sono

---

[43] Bruno Romano, "Help me! L'esperienza della relazione come apprendimento per favorirne il divenire", seminario ISPPREF, Napoli, 21 aprile 2017.

avvenuti in forma gratuita nella fase della formazione o del tirocinio.

Al segreto professionale c'è, tuttavia, un'eccezione: se un counselor, attraverso i colloqui con un cliente, viene a sapere che ha intenzione, o è potenzialmente in grado, di fare del male a se stesso o ad altri, o addirittura lo sta già facendo, il vincolo della privacy decade. Se viene a conoscenza di un reato, il counselor ha l'obbligo di denunciarlo; se pensa che un cliente possa togliersi la vita, deve intervenire affinché ciò non avvenga.

Le tappe del percorso di counseling

Fin dal primo incontro, il counselor chiarisce al cliente con concretezza come si lavorerà e illustra la durata e il costo del ciclo di colloqui. Un percorso di counseling consta in media di dieci incontri; in maniera ideale, si potrebbe sintetizzarne così le varie tappe:

1° incontro:

Preparazione del setting. Il counselor ha in precedenza organizzato l'ambiente (di solito, il suo studio); all'arrivo del cliente, lo invita a sedersi in un posto a sua scelta, o lo decide lui.

Accoglienza. Dopo le presentazioni, il counselor compila una scheda, o cartella anamnestica, in cui raccoglie le prime informazioni sul cliente.

Joining. Il counselor, mantenendo una corretta distanza professionale, rompe il ghiaccio, avviando la conversazione; usa una comunicazione empatica, sfruttando il canale sensoriale primario del cliente e rispecchiandone gesti, atteggiamenti e parole.

Esposizione del problema. Il cliente spiega il motivo che lo ha spinto a cercare supporto. In questa fase, il counselor deve sforzarsi di rendere la conversazione il più piacevole possibile, affinché il cliente riesca ad aprirsi e desideri ritornare; non si sofferma troppo sul problema, ma cercare di entrare in relazione con il cliente.

Ridefinizione della domanda. La fase finale di ogni colloquio prevede la ridefinizione in positivo degli argomenti affrontati: il counselor riformula con parole diverse, in maniera chiara e sintetica, i contenuti esposti dal cliente.

«Mi sembra di capire che la sua realizzazione in questo campo è ciò che in questo momento la renderebbe felice…»

Definizione dell'obiettivo minimo. Il primo obiettivo è quello di rivedersi, per approfondire il contenuto esposto dal cliente, per raccogliere maggiori informazioni e per stabilire insieme i risultati da raggiungere nel tempo. Il counselor prende l'agenda per fissare un nuovo appuntamento.

Pagamento. Al termine del colloquio, il cliente paga l'onorario in precedenza concordato con il counselor. L'importo va, di solito, da un minimo di 30 € o 40 € per un incontro individuale in studio a una cifra maggiore, se il colloquio è di coppia o familiare; le consulenze ad aziende e organizzazioni sul luogo di lavoro costano dai 60 € ai 110 €.

2°-3° incontro:

Accoglienza. Anche gli incontri successivi al primo prevedono una fase introduttiva, in cui il counselor si informa di eventuali novità avvenute dopo l'incontro precedente.

«Com'è andata in questi giorni, è successo qualcosa di particolare?»

«Ha fatto qualche riflessione su ciò che ci siamo detti la volta scorsa?»

Esplorazione. Il counselor raccoglie sul cliente importanti informazioni. Seguendo lo schema del BASIC ID, ne indaga gli aspetti comportamentali (Behavioural), il tono dell'umore e le relazioni affettive (Affectivity), il canale sensoriale privilegiato e gli aspetti sensoriali in genere (Sensoriality), la fantasia, l'immaginario (Imagination), il lato cognitivo (Cognitive), le relazioni interpersonali e sociali in famiglia, con gli amici, sul lavoro (Interpersonal), la salute fisica, le abitudini alimentari, l'attività sportive, la vita sessuale, l'assunzione di farmaci ed eventualmente di droghe (Drugs).

Diagnosi relazionale. Mentre ascolta il racconto del cliente, il counselor prende appunti e stende il *genogramma*, o la *mappa relazionale*: può così fare una prima diagnosi relazionale.

Definizione degli obiettivi. Dopo aver ridefinito verbalmente i concetti espressi dal cliente, il counselor concorda con lui gli obiettivi da raggiungere durante la consulenza: si inizia così a delineare un progetto di lavoro condiviso con un fine positivo, che entrambe le parti ritengono una meta raggiungibile. Il counselor può invitare il cliente ad attuare sin da subito qualche azione per realizzare il suo obiettivo; può chiedergli di immaginare il suo futuro.

«Per il prossimo incontro, potremmo porci come obiettivo di... »

«Cosa potrebbe fare, oggi, per realizzare il suo desiderio?»

«Come si vede tra cinque anni? E tra dieci?»

dal 4° all'8° incontro:

Empowerment. Il counselor guida il processo che mira a riattivare le risorse del cliente.

Negazione del miglioramento: Il cliente dichiara di aver risolto i suoi problemi. Può trattarsi in realtà di una fase temporanea, dovuta agli effetti di un primo cambiamento, che è intervenuto sulle cause dei problemi, ma non sul modo di affrontarli: occorre attendere che il miglioramento sia più sostanziale. Se il cliente insiste sulla sua guarigione, è possibile però che sia avvenuta.

Slittamento del sintomo. In alcuni casi, il counselor nota che cliente sta spostando la sua attenzione dai sintomi fisici a quelli psichici, o segnala nuovi malesseri fisici.

Slittamento della designazione. Il cliente può raccontare che è avvenuta una modifica del suo ruolo all'interno della famiglia.

dal 9° all'10° incontro:

Verifica. Il percorso sta per concludersi. Il counselor pone al cliente una domanda di verifica: gli chiede cosa dovrebbe fare per tornare alle stesse condizioni in cui era quando ha chiesto aiuto. Possibili risposte sono il trascurarsi fisicamente, l'assumere un determinato ruolo o comportamento in famiglia, il creare situazioni conflittuali...

Follow-up. Il counselor rassicura il cliente: dopo la fine dei loro incontri, sarà a disposizione, in caso di necessità, per un ulteriore ciclo di colloqui, o per le urgenze.

Il setting

Nel volume *Depressione, ansia e panico: la terapia psicologica*, edito dall'Associazione per la Ricerca sulla Depressione, Salvatore Di Salvo definisce in modo molto efficace il *setting* come

> un termine di origine teatrale che indica ciò che si presenta in scena in modo fisso e dentro cui si svolge l'azione rappresentata. La ripetitività della situazione in cui avvengono gli incontri, la certezza degli orari, la stabilità dell'ambiente ed il legame emotivo con il terapeuta forniscono al paziente la cornice del lavoro terapeutico (Di Salvo, 2014).

Nel counseling, il setting è dunque l'insieme di elementi fissi e di regole che definisce gli incontri tra counselor e cliente: indica il luogo e l'ambiente dove si svolgeranno i colloqui – in genere uno studio professionale, ma a volte anche una zona dedicata nell'abitazione del counselor, o una sala messa a disposizione da un'istituzione – , il numero e la disposizione dei posti a sedere, il giorno settimanale concordato per gli appuntamenti, l'orario di inizio e di fine di ogni consulenza, il numero di incontri che si ritiene saranno necessari per completare il percorso e infine l'onorario da corrispondere.

Nel counseling sistemico-relazionale, il setting prevede di solito che tra professionista e utente non vi siano barriere fisiche, come un tavolo o una scrivania, ma ci si segga di fronte; bisogna quindi predisporre nella stanza alcune sedie e/o poltrone, meglio ancora se dotate di rotelle, per favorire gli spostamenti. Durante il colloquio, infatti, può nascere l'esigenza di modificare la distanza tra i partecipanti: il counselor può voler avvicinarsi fisicamente al cliente per fargli percepire di più la sua vicinanza, ma può anche voler allontanarsene per creare un cambiamento di contesto, se assiste a un momento di tensione tra i membri di una famiglia; può chiedere ai componenti di una coppia di avvicinarsi, per osservare la loro interazione.

Accogliendo un cliente nel suo studio, il counselor potrà lasciargli la scelta della sedia, o chiedergli di accomodarsi in un determinato posto. È bene tener presente che chi cerca aiuto desidera sentirsi al centro dell'attenzione; per mostrargli con la prossemica l'importanza che ha per noi, facciamo sedere il cliente in posizione centrale nella stanza, riservandoci un posto più marginale.

L'invio

In una relazione di cura o di aiuto, si parla di *invio* quando qualcuno (un medico, uno psicologo, uno psicoterapeuta, un insegnante, un amico, un parente...) consiglia al soggetto sofferente di rivolgersi a chi possa aiutarlo, indirizzandolo da una persona in particolare o suggerendo in modo generico un professionista. Un invio può essere dunque il ponte di collegamento tra un cliente e il suo counselor, ma può costituire anche il doveroso passo con cui il counselor, dopo un primo colloquio di conoscenza del cliente, decide sia meglio farlo seguire da uno specialista più adatto al suo caso.

Quando incontra per la prima volta un cliente, il counselor gli domanda chi lo abbia indirizzato da lui, ottenendo un primo dato significativo: il nome dell'*inviante*, una persona che il cliente stima, con cui è in confidenza e di cui si fida, tanto da avergli raccontato il suo problema. L'inviante entra così a far parte del counseling, come punto di riferimento iniziale da cui il percorso è partito. Non sempre chi attraversa un periodo difficile riesce, però, a chiedere aiuto da sé: quando non è in grado di farlo, l'iniziativa può essere presa da una persona che gli è vicina, che si rivolge a chi poi diventerà l'inviante.

Nello stesso tempo, non sempre accade che un counselor accetti di seguire un cliente: consapevole dei limiti imposti dal proprio ruolo, quando si rende conto che lo stato di dolore, di sofferenza, di depressione della persona che si è rivolta a lui è troppo grave, e dunque occorre una terapia – eventualmente farmacologica – invia il cliente da uno psichiatra, uno psicoterapeuta, un medico. Ciò non significa non volersi occupare del cliente, ma solo volergli garantire un trattamento migliore, basato sulla collaborazione tra esperti (in seguito, il cliente potrà tornare a rivolgersi al counselor).

L'accoglienza

Un percorso di counseling inizia sempre con un incontro interlocutorio, in cui counselor e cliente si 'esplorano' a vicenda. Può sembrare che sia il counselor a condurre questa fase di conoscenza; in realtà, è il primo a essere sotto esame: il cliente sta decidendo se il professionista potrà risolvere il suo problema, e dunque se continuare i colloqui. La fase dell'*accoglienza* è perciò fondamentale: dalla sua riuscita dipenderà che il cliente ritorni. Come esordire con il piede giusto?

Con una bella stretta di mano! Al contrario di quanto avviene nell'approccio psicodinamico, in cui si consiglia di non avvicinarsi troppo al cliente, nel counseling sistemico-relazionale si ritiene importante far sentire la propria vicinanza, anche fisica: toccarsi è uno dei modi usati per rompere il ghiaccio. Una stretta di mano, inoltre, definisce la giusta distanza a cui collocarsi rispetto al cliente, che sarà appunto quella di un braccio teso.

Accolto nello spazio in cui inizierà ad aprirsi, il cliente dovrà sentirsi a proprio agio; lo stesso varrà per il counselor. Entrambi, perciò, siederanno in modo confortevole, nelle postazioni e posizioni stabilite dal setting, e la conversazione inizierà, guidata dal tono di voce rassicurante del counselor. Darsi del "tu", o del "lei"? La scelta è libera e soprattutto spontanea. Se il counselor preferisce dare del tu al cliente può farlo e accettare che l'altro, se non se la sente di fare altrettanto, continui a dargli del lei. L'importante è che si crei un'atmosfera di empatia, di ascolto e di apertura. E questo si ottiene con quella che si definisce una *conversazione felice*.

La conversazione felice

Insegnata un tempo agli aristocratici come dovere proprio del loro rango, la "conversazione felice" – una conversazione che metta a proprio agio l'interlocutore, che riesca a coinvolgere le persone più riservate e in cui si cambi argomento se l'ascoltatore mostra di non gradirlo o se il dialogo langue – è oggi quasi scomparsa, in favore di nuovi modi di comunicare. Ma, quando la si riesce a praticare, continua ad avere una funzione importantissima: mette di buon umore chi conversa e sviluppa l'intelligenza emotiva[44]. Nel primo incontro, dovremo dunque condurre il discorso su argomenti leggeri e informali, utili a sbloccare l'iniziale timidezza; poi più concreti, affinché il cliente comprenda le caratteristiche del percorso che sta per intraprendere; infine personali, facendo emergere la ragione per cui il cliente si è rivolto a noi.

Dopo le presentazioni, potremmo ad esempio chiedere al cliente come sia arrivato al nostro studio:

> **«Abita lontano? È venuto qui con i mezzi pubblici, o in automobile?»**

---

[44] "L'intelligenza emotiva coinvolge l'abilità di percepire, valutare ed esprimere un'emozione; l'abilità di accedere ai sentimenti e/o crearli quando facilitano i pensieri; l'abilità di capire l'emozione e la conoscenza emotiva; l'abilità di regolare le emozioni per promuovere la crescita emotiva e intellettuale" [Peter Salovey & David J. Sluyter (a cura di), *Emotional development and Emotional Intelligence: educational implications*, 1997, Basic Books, New York].

«È stato facile raggiungere il mio indirizzo?»

«Ha trovato parcheggio nella zona senza problemi?»

Subito dopo, dovremmo informarci su come mai siamo stati scelti dal cliente: grazie al consiglio di un amico, di uno psicoterapeuta, di un medico? Dopo aver consultato un sito web? In altre parole, chiederemo chi sia l'*inviante*, in modo da stabilire una connessione con un riferimento del cliente.

«Posso chiederle chi le ha parlato di me?»

«Chi l'ha inviata da me?»

«Mi ha trovato su Internet?»

È bene accennare alla nostra identità lavorativa, illustrando le caratteristiche della professione e del percorso di counseling. In questa fase, potremmo parlare dell'onorario, se il cliente non si è già informato dei costi quando ha prenotato il colloquio.

«È al corrente di cosa sia il counseling? Si tratta di una relazione d'aiuto che lavora perseguendo obiettivi… È caratterizzato da un numero limitato di sedute della durata di…»

Esauriti gli argomenti 'tecnici' e raggiunto un minimo grado di confidenza, facilitato dal tono leggero e colloquiale adottato, si passa alla fase di esplorazione. Se si è creata una relazione empatica con il cliente, dovremmo aver sviluppato una certa curiosità[45] verso di lui; per conoscerlo meglio e farne emergere gli interessi, lo sottoporremo a uno *screening*, in modo da capire quali risorse abbia a disposizione e su quali di esse si potrà lavorare.

---

[45] La curiosità è comunque un requisito fondamentale del counselor sistemico: "Essere curiosi, ovvero genuinamente e profondamente interessati a ciò che i clienti comunicano, è un imperativo metodologico, perché ogni volta che il terapista pensa di aver trovato una spiegazione soddisfacente, e smette di cercare altre descrizioni, cessa di essere curioso e si cristallizza su una visione statica del problema (Piroli, 2006, p. 195).

> «Posso chiederle quanti anni ha? Che lavoro svolge
> e da quanto?»

> «Oltre a questo, quali interessi ha? Coltiva degli
> hobby, delle passioni?»

Infine, raccoglieremo le prime informazioni sulla vita del cliente: partendo dal suo stato d'animo, lo condurremo a raccontare il *contenuto-problema*, limitandoci per il momento ad ascoltarlo e accoglierlo: lo inizieremo a trattare negli incontri successivi.

> «Cosa l'ha portata da me, di che cosa desidera
> parlarmi?»

In questa fase è estremamente importante utilizzare l'ascolto attivo e l'empatia.

L'ascolto attivo

In *Pragmatica della comunicazione umana* (1967), Watzlawick, Beavin-Bavelas e Jackson spiegano che, in risposta ai messaggi che inviamo, possiamo ricevere tre diversi tipi di feedback, che definiscono la nostra relazione con l'altro:

1. La *conferma*: l'ascoltatore, attraverso l'accoglienza e l'ascolto attivo, conferma il messaggio del comunicante e, nello stesso tempo, l'importanza che l'interlocutore ha per lui.

2. Il *rifiuto* o la negazione: l'ascoltatore, interrompendo il suo interlocutore o affermando che non è d'accordo con lui, rifiuta o nega il messaggio del comunicante.

3. La *disconferma*: non ascoltando, distraendosi, cambiando argomento, ignorando ciò che l'interlocutore sta esprimendo, l'ascoltatore disconferma il messaggio del comunicante.

Come si può comprendere, ricevere gli ultimi due tipi di feedback (rifiuto o disconferma), non è per niente incoraggiante! Solo un atteggiamento di *ascolto attivo* e partecipe – che badi alle parole quanto ai microsegnali del linguaggio non verbale e paraverbale – può dare al nostro interlocutore la certezza che, in quel momento, siamo lì per lui e per nessun altro, ciò che sta dicendo ci preme e stiamo cogliendo ogni sua parola, che ricorderemo. Nel counseling, questo è particolarmente importante. Ecco perché, ogni volta che incontriamo un cliente, noi counselor dobbiamo praticare tecniche di *ascolto attivo*. Come fare?

Poniamoci innanzitutto in uno stato di ricettività, prestando molta attenzione ai contenuti espressi dal cliente attraverso il linguaggio verbale, come pure a tutto il non detto, mostrato attraverso il linguaggio non verbale (movimenti e posizione del corpo, tono di voce, espressioni del viso...) Mentre il cliente racconta di sé, rassicuriamolo sulla nostra partecipazione con sorrisi e cenni di assenso. Ridefiniamo infine i concetti da lui espressi, ripetendo o parafrasando le sue frasi.

Il silenzio come comunicazione

> La realtà dell'altro non è in ciò che egli ti rivela, ma in ciò che non può rivelarti. Perciò, se vuoi capire l'altro, non ascoltare ciò che egli ti dice, ma piuttosto ciò che egli non dice. (Khalil Gibraham)

Era la prima ora di lezione di Psicologia del 1° anno del Corso di Specializzazione in Psichiatria, il docente era il Prof. Gustavo Iacono, psicoanalista di fama tale da stimolare grandi aspettative e timore reverenziale. Arrivai puntuale in aula, ma lui era già lì, seduto al centro dell'aula, compitissimo, noi studenti disposti a circolo attorno a lui; anche quando fummo tutti presenti lui rimase lì, solo al centro del cerchio, in silenzio, per quasi tutta l'ora. Poi ci chiese di parlare del nostro imbarazzo, di come avevamo vissuto quel lungo silenzio, ci invitò ad allenarci a riconoscere le nostre emozioni e come libro di testo per quel primo anno di specializzazione ci indicò una raccolta di saggi sulle emozioni del terapeuta.

Per diversi anni ho pensato che fosse stata una bella provocazione, un modo originale di presentarsi di un clinico famoso, che poteva permettersi qualche stravaganza per catturare l'attenzione di studenti svogliati e presuntuosi. Solo col passare del tempo, con il continuo maturare della mia formazione ed esperienza clinica, ho potuto rivedere il giudizio, trovando numerosi, fondamentali messaggi di formazione professionale in quella lezione: ci indicava l'importanza di essere lì prima dell'altro, di attenderlo in segno di rispetto, di tollerare il silenzio, di comprendere ciò che non può essere espresso con le parole, di osservare il contesto ed i particolari non verbali, di rispettare i tempi dell'altro più che il proprio, di analizzare le reazioni emotive che l'intervento ha suscitato nel paziente e nel terapeuta, di cogliere il senso di ciò che accade senza farsi sviare dai contenuti verbali (spesso ingannevoli).[46]

Come ci illustra la bella testimonianza dello psichiatra e psicoterapeuta Giuseppe Viparelli, in una relazione di cura anche gli spazi di silenzio hanno un'importanza fondamentale. Il silenzio, infatti, è già di per sé un modo di comunicare: può rivelare tensione, imbarazzo, noia, timidezza, disagio, rifiuto, ma anche bisogno di riflessione. E rappresenta quel necessario 'vuoto' capace di stimolare ulteriormente la comunicazione. In un colloquio, è dunque molto importante non interrompere il flusso di parole del cliente,

---

[46] Giuseppe Viparelli (2007), *La lezione del silenzio*, in Giordano A., Laudato F., Nardini G. (a cura di), *Ospedale ospitale*, Franco Angeli, Milano (2012). Anche su http://www.giuseppeviparelli.it/blog/blog_single/1/la-lezione-del-silenzio.

ma aspettare che finisca di parlare e attendere ancora qualche secondo per riprendere il dialogo, permettendogli, in quel breve spazio, di poter aggiungere qualcosa se lo desidera. Il silenzio incoraggia il cliente a raccontarsi in maniera spontanea, fino a giungere a una vera e propria, catartica, *self-disclosure* (autorivelazione, autosvelamento, rivelazione di sé).

> Si può quasi formulare questa norma: se durante la seduta il cliente non parla per almeno due terzi del tempo, nel procedimento del counseling c'è qualcosa di sbagliato. Il counselor deve essere cauto nel parlare; ogni parola che pronuncia deve avere uno scopo preciso (May, 1989, n. ed. 2014, p. 88).

L'empatia

L'*empatia* – dal greco ἐν = "dentro" + πάθος = "emozione", "passione", ma anche "sofferenza", "dolore" – è la capacità di entrare in relazione con i sentimenti e le emozioni, sia positive che negative, degli altri, senza però viverli con la stessa partecipazione emotiva.

> 'Empatia' è la traduzione della parola *einfuhlung*, utilizzata dalla psicologia tedesca, che letteralmente significa 'sentire dentro' e deriva dal greco *pathos* – che indica un sentimento forte e profondo simile alla sofferenza – a cui è stata aggiunta come prefisso la preposizione 'in' (May, 1989, n. ed. 2014, p. 49).

Come in ogni altra relazione d'aiuto (o di cura), per il counselor è importante provare empatia verso i problemi dei clienti, perché ad aiutarli (e a curarli), in molti casi, è proprio la *relazione* – quindi il rapporto empatico che si crea tra professionista e cliente. Affinché l'incontro sia costruttivo per entrambe le parti, il counselor dovrà mostrarsi accogliente, comprensivo, non giudicante; ciò farà sì che il cliente si senta capito e accettato e riesca con fiducia ad aprirsi, collaborando al buon esito delle consulenze. Ecco come Rollo May descrive la funzione dell'empatia nel processo di counseling:

> Il *counselor* opera fondamentalmente attraverso il processo dell'empatia. Tanto il *counselor* quando il cliente vengono portati a uscire da se stessi e a fondersi in un'entità psichica comune. Le emozioni e la volontà di entrambi diventano parte di questa nuova entità psichica. Accade così che il problema del cliente ricade su questa 'nuova persona' e che il *counselor* può portare la metà del peso, mentre la stabilità psicologica della sua chiarezza, del suo coraggio e della sua forza di volontà passerà al cliente, dandogli sostegno nel suo sforzo (May, 1989, n. ed. 2014, p. 54).

> Io mi ero così immedesimato nella storia del ragazzo che le sue emozioni erano diventate le mie. I suoi sentimenti di disperazione, mentre lottava attraverso le difficoltà della scuola superiore, il suo senso della solitudine dell'esistenza e della inesorabilità del destino erano diventate esperienze mie, che sentivo sulla mia pelle, così come egli le aveva sentite, in origine, sulla sua. [...] Questa è l'empatia: il sentimento o il pensiero d'una personalità che entra dentro un'altra, fino a raggiungere uno stato di identificazione. Solo così può verificarsi una reale comprensione fra esseri umani; senza di essa, in realtà, non ne è possibile alcuna (May, 1989, n. ed. 2014, p. 50).

Lo psicologo statunitense sottolinea inoltre come l'empatia possa essere un valido strumento per aiutare un cliente a uscire da una crisi emotiva, trasmettendogli uno stato d'animo più stabile.

> Che il cliente pianga sulla spalla del *counselor* spesso non è tanto il segno del suo successo come

confidente, quanto di una cattiva conduzione del colloquio. I clienti tendono a vivere queste crisi emotive, perché stanno dando voce a idee, paure e materiale rimosso di cui probabilmente non hanno mai parlato con nessuno. Molti scoppiano in lacrime. A questo punto il *counselor* deve mettere a frutto la sua abilità, rimanendo calmo e facendo in modo che la sua calma si trasmetta, attraverso l'empatia, al cliente. Talvolta può essere consigliabile lasciarlo piangere un poco, ma non appena la tensione si sia un po' allentata, il *counselor* lo riporterà a uno stato di equilibrio emotivo. Per questo deve guardarsi bene dal manifestare simpatia durante il colloquio; la simpatia, quando è personale e soggettiva, può rendere più acuta la crisi emotiva. L'empatia è l'atteggiamento migliore, perché è obiettiva e contiene tutti gli elementi validi della simpatia. La sua importanza non potrà mai essere apprezzata abbastanza, perché nell'empatia sta il segreto del controllo del tono emotivo della seduta (May, 1989, n. ed. 2014, p. 89-90).

La risonanza emotiva

Il concetto di risonanza è mutuato dalla Fisica: due strutture vibrano con sequenze multiple, o sottomultiple, le une delle altre, producendo un indice di risonanza in grado di costruire, o decostruire, un sistema. A differenza dei sistemi inanimati, quelli umani, entrando in risonanza, si ristrutturano: le idee e le convinzioni di ciascuno si indeboliscono e si crea una nuova storia (Galdo, 2016).[47]

Si parla di "risonanza" quando le storie vissute da altri ci ricordano – per somiglianza o per differenza – sentimenti, eventi, situazioni già capitate nella nostra vita, permettendoci di entrare in sintonia con i nostri interlocutori e nello stesso tempo (re)suscitando in noi emozioni e sensazioni, positive o negative. Nel counseling, la *risonanza* è uno dei concetti chiave, per l'impatto emotivo che ha sul counselor e per i benefici che può avere, indirettamente, sul cliente. Secondo il 'padre' del counseling Rollo May, per il counselor è naturale riconoscere, nei problemi del cliente, i propri.

> [...] non ho mai avuto a che fare con un cliente nella cui difficoltà non abbia riconosciuto, almeno in potenza, me stesso. Ogni counselor, in teoria, deve aver fatto questa esperienza (May, 1989, n. ed. 2014, p. 45).

Provare risonanza nei confronti di situazioni e sentimenti esposti dal cliente può essere una risorsa: se il counselor si è già trovato in circostanze analoghe e le ha affrontate con successo, elaborando strategie di *coping*[48], la sua esperienza sarà un ottimo punto di partenza per comprendere il cliente e guidarlo. La risonanza è inoltre lo strumento migliore per annullare le barriere tra professionista e cliente e creare una relazione d'aiuto che sia veramente empatica.

> La risonanza ci sembra la modalità più coerente entro cui ricercare una possibilità interattiva concretamente legata al gioco di immagini, sensazioni, ricordi che disegnano e rendono quasi

---

[47] Gennaro Galdo, "Il counselling con la coppia", seminario ISPPREF, Napoli, 13 dicembre 2016.

[48] Dal verbo inglese *to cope*, "fronteggiare": le abilità di *coping* sono le strategie mentali e comportamentali di cui ci si serve per affrontare con successo le situazioni difficili.

palpabile lo spazio "tra". Questo spazio, a partire dal primo impulso proveniente dal paziente, delinea una sequenza di movimenti carichi di emozioni, che nel gioco oscillatorio dall'uno all'altro, dal paziente al terapeuta e viceversa, catturano e portano alla luce risorse specifiche, *in nuce* in quella e non altra relazione, di conseguenza autenticamente condivisibili e spendibili (Galdo, 2000, p. 11).

L'equivicinanza

Con il neologismo "equivicino"[49], opposto a "equidistante", si definisce qualcuno "che si preoccupa di recepire e comporre con equanimità istanze contrapposte" (Treccani, 2015).

Nel counseling sistemico-relazionale, il termine *equivicinanza* si usa per esprimere un concetto fondamentale per le consulenze familiari e di coppia, in cui spesso capita di assistere a dinamiche conflittuali: la necessità che il counselor sia ugualmente vicino alle parti. Superando il concetto di *neutralità* del terapeuta insito nel costrutto "ipotizzazione, circolarità, neutralità" della psichiatra Mara Selvini Palazzoli, preso a riferimento dalla Scuola di Milano per il proprio modello sistemico di terapia familiare, si ritiene oggi (Galdo, 2015) che nessun counselor, o terapeuta, possa davvero essere neutrale.

Il terapeuta può essere, al limite, "equivicino": non imparziale, *super partes*, né tra le parti, *inter partes*,

---

[49] Secondo l'Enciclopedia Treccani, il temine "equivicino" è un neologismo diffusosi dal 2008, ma già utilizzato da Umberto Rosso in un articolo su "La Repubblica" del 18/02/1977, a p. 7.
Si veda http://www.treccani.it/vocabolario/equivicino_(Neologismi)/.

ma vicino allo stesso modo ai due componenti della coppia (Galdo, 2015[50]).

Un counselor sistemico-relazionale può essere equivicino ai suoi clienti in diversi modi. Innanzitutto, cercherà di entrare in risonanza con ciascun membro del sistema (coppia di coniugi/ conviventi/ fidanzati, fratelli, familiari...), usando tecniche di rispecchiamento corporeo e il racconto di sé. In seguito, instaurato un buon rapporto con ciascuna parte, potrà usare le tecniche relazionali che vedremo più avanti.

Lo scopo finale sarà fare in modo che i clienti, grazie al comportamento equivicino nei loro confronti, ottengano un risultato *win-win* (io vinco-tu vinci), secondo il cosiddetto equilibrio di Nash, formulato dal matematico statunitense John Forbes Nash Jr. e contenuto nel modello della Teoria dei giochi.[51]

Nell'ambito della teoria dei giochi si dice equilibrio di Nash una situazione nella quale nessun agente razionale ha interesse a cambiare strategia; esso è il frutto della scelta, da parte di tutti i giocatori, della propria strategia dominante: l'equilibrio di Nash rappresenta quindi la situazione nella quale il gruppo si viene a trovare se ogni componente del gruppo fa ciò che è meglio per sé, cioè mira a massimizzare il proprio profitto a prescindere dalle scelte degli avversari (Toso, 2015).

---

[50] Gennaro Galdo, "Quattro strumenti per l'attività di Mediazione Familiare in ambito psicoterapeutico: Equivicinanza, Genogramma, Timing, Cambiamento di contesto", seminario ISPPREF, Napoli, 21 febbraio 2015.

[51] "La teoria dei giochi è la scienza matematica che analizza situazioni di conflitto e ne ricerca soluzioni competitive e cooperative tramite modelli, ovvero uno studio delle decisioni individuali in situazioni in cui vi sono interazioni tra due o più soggetti, tali per cui le decisioni di un soggetto possono influire sui risultati conseguibili da parte di un rivale secondo un meccanismo di retroazione, e sono finalizzate al massimo guadagno del soggetto." (Giubbini, 2015).

In altre parole, l'equilibrio di Nash è la condizione in cui, in presenza di più parti in conflitto o in concorrenza, ciascuna finisce con il ricevere il minimo degli svantaggi (o il massimo dei vantaggi). Un ottimo esempio è il gioco a somma zero[52] formalizzato nel 1950 dal matematico canadese Albert W. Tucker sulla base del modello di cooperazione e conflitto di Flood e Dresher e usato ancor oggi da psicologi, economisti e counselor aziendali: *Il dilemma del prigioniero.*

Il dilemma del prigioniero

Due membri di una banda criminale vengono arrestati, imprigionati e messi in isolamento senza la possibilità di parlarsi o di scambiarsi messaggi. L'accusa non ha prove sufficienti per condannare i due per il reato di cui sono sospettati; può soltanto incriminarli per un reato minore. Così, offre a ciascun prigioniero una possibilità: tradire il compagno, accusandolo di aver commesso il crimine, o essere solidale con lui e non confessare. Viene spiegato loro che:

- se tutti e due confessano, vengono entrambi condannati a 2 anni di prigione.
- se uno solo dei due confessa, evita la pena; ma l'altro viene condannato a 3 anni di carcere.
- se nessuno dei due confessa, vengono entrambi condannati a 1 anno, perché colpevoli di porto abusivo di armi.

Esemplificando con uno schema:

---

[52] "Un gioco si dice "a somma costante" se per ogni vincita di un giocatore v'è una corrispondente perdita per altri. In particolare, un gioco "a somma zero" fra due giocatori rappresenta la situazione in cui il pagamento viene corrisposto da un giocatore all'altro." (Giubbini, 2015).
"In teoria dei giochi un gioco a somma zero descrive una situazione in cui il guadagno o la perdita di un partecipante è perfettamente bilanciato da una perdita o un guadagno di un altro partecipante. Se alla somma totale dei guadagni dei partecipanti si sottrae la somma totale delle perdite, si ottiene zero." (Wikipedia, consult. 2015).

	B confessa	B non confessa
A confessa	A e B: 2 anni di carcere	B: 3 anni di carcere; A: 0
A non confessa	A: 3 anni di carcere; B: 0	1 anno di carcere

In apparenza, converrebbe non confessare: se nessuno dei prigionieri ammettesse il reato, l'accusa potrebbe comminare loro solo la pena minore. Questa strategia comporta però un margine di rischio del 50%, perché nessuno dei due può conoscere la decisione dell'altro: se uno solo confessasse, chi ha taciuto otterrebbe la condanna peggiore. Ragionando in base al principio dell'equilibrio di Nash, conviene invece confessare: se a parlare è solo uno dei due, viene rilasciato (massimo vantaggio); se entrambi confessano, ciascuno ottiene una pena più mite rispetto a quella che otterrebbe se tacesse e l'altro parlasse (minimo svantaggio).

In base a questo principio, quando affronta una consulenza con più persone, il counselor deve domandarsi in quale condizione debbano trovarsi affinché, qualunque azione intraprendano i membri del sistema, si raggiunga l'equilibrio di Nash. Una volta trovata la risposta, ne parlerà con i clienti, per stabilire con loro se possa realmente essere la soluzione ideale per tutti. Ad esempio, in una coppia si potrebbe decidere che ciascun coniuge è libero di avere relazioni con altre persone, ma si raggiungerebbe l'equilibrio di Nash solo se entrambi approfittassero allo stesso modo della possibilità (il che non sempre è realizzabile).

Gli strumenti del counselor sistemico-relazionale

Tutte le tecniche e gli strumenti che si usano in terapia familiare possono essere usati, in misura minore, nel counseling. (Gennaro Galdo[53])

Il ciclo di vita della famiglia

Il concetto di *ciclo di vita*, già presente nella sociologia sin dal 1950 grazie agli studi di Duvall e Hill[54], fu introdotto nella terapia

---

[53] Gennaro Galdo, lezione di counseling, ISPPREF, Napoli, 15 marzo 2016.

[54] Nel 1948, i sociologi Evelyn Duvall e Ruben Hill ricevettero dalla Conferenza Nazionale Statunitense di Vita Familiare l'incarico di presiedere una commissione di studi sulle dinamiche dell'interazione familiare, con l'obiettivo di creare, attraverso ricerche approfondite, un quadro di riferimento per comprendere gli stadi di sviluppo della famiglia. Ne risultò una tabella che, per ogni stadio di sviluppo, riportava i compiti dei genitori e dei figli, mettendo in evidenza i rispettivi problemi sociali. Nel 1950, in un workshop interdisciplinare sulla ricerca familiare all'università di Chicago, Duvall applicò il concetto di stadio di sviluppo non solo ai singoli membri, ma alla famiglia nel suo insieme: per la prima volta, il ciclo di vita della famiglia venne suddiviso in otto stadi, con i relativi compiti di sviluppo. Nel contempo Hill, riflettendo sulle implicazioni intergenerazionali, si concentrò sull'età e sui ruoli dei membri della famiglia. Entrambi i sociologi osservarono che ogni familiare deve portare a termine un proprio compito evolutivo, che influenza quelli degli altri e da essi dipende. Duvall propose di dividere il ciclo di vita familiare in otto stadi, a partire da eventi basilari che implicano specifici compiti di sviluppo: 1. formazione della coppia. 2. famiglia con figli. 3. famiglia con figli in età prescolare. 4. famiglia con figli in età scolare. 5. famiglia con figli adolescenti. 6. famiglia trampolino di lancio. 7. famiglia in fase di pensionamento. 8. famiglia anziana. Hill sottolineò l'importanza della dimensione storica nel valutare l'interdipendenza tra le generazioni, evidenziando come ogni individuo, oltre che in relazioni di tipo orizzontale (tra soggetti della propria generazione), sia impegnato in relazioni di tipo verticale (con altre generazioni). Si veda https://www.marcomason.com/wp-content/uploads/2018/08/Articolo-Fasi-ciclo-di-vita.pdf.

familiare nel 1973 dallo psichiatra statunitense Jay Douglas Haley del Mental Research Institute di Palo Alto. Haley – uno dei fondatori della terapia sistemica e, nel 1974, del Family Therapy Institute di Chevy Chase, che diresse fino al 1994 – con *ciclo di vita della famiglia* intendeva un percorso a tappe che ogni famiglia segue durante la sua esistenza, attraversando fasi di snodo significative che causano la sua evoluzione nel tempo. Questo processo di cambiamento è comunque inevitabile, perché ciascun membro della famiglia cresce o invecchia, cerca di realizzare i suoi obiettivi, va incontro a esperienze nuove e di conseguenza cambia, e induce modificazioni anche negli altri: infatti, per il principio di totalità, ogni mutamento all'interno di un sistema ne provoca la trasformazione. I cambiamenti individuali portano con sé modifiche delle relazioni: non a caso il modello di Haley è caratterizzato dalla continua ridefinizione delle distanze e delle vicinanze tra i membri della famiglia, in accordo con il *ciclo di vita a sei stadi* proposto nel 1980 dalle psicoterapeute familiari Elizabeth Carter[55] e Monica McGoldrick[56] e basato sulle connessioni intergenerazionali.

Lo possiamo riassumere con un grafico, che rappresenta le 'tappe' di vita di tre generazioni: quella della coppia genitoriale, la successiva dei figli e la precedente dei genitori ormai anziani (un elemento che, nel ciclo di vita della famiglia, è destinato a prendere per sé uno spazio sempre più grande, poiché la coppia deve accudire non solo i figli, ma anche i propri genitori non più autosufficienti):

---

[55] Betty Carter ha diretto, fino alla sua pensione nel 1997, il Family Institute of Westchester (FIW, https://fiwny.org/about-fiw/), il cui Modello Multi-contestuale di Terapia Familiare, derivato dal lavoro di Murray Bowen, ha ricevuto un grande contributo dal suo lavoro sulle fasi del ciclo di vita della famiglia.

[56] Monica McGoldrick dirige il Multicultural Family Institute di Highland Park, New Jersey (https://multiculturalfamily.org/) di cui è co-fondatrice. È professoressa di Psichiatria Clinica alla Robert Wood Johnson Medical School. Per i suoi contributi nel campo della terapia familiare, ha ricevuto un dottorato onorario dalla Smith College School for Social Work e diversi premi, tra cui l'American Family Therapy Academy Award.

CICLO DI VITA DELLA FAMIGLIA

Fase del ciclo	Evento critico	Processo di regolazione di distanze e vicinanze	Compiti emozionali di sviluppo
Giovane adulto			Differenziarsi e definire il proprio Sé rispetto ai familiari.
Formazione della coppia Dopo la prima fase di idillio, si dovrà fare i conti con la realtà e costituire la "membrana di coppia".	Matrimonio o convivenza (rito di separazione).	Definizione dei confini (casa) del nuovo sistema coniugale. Impegno nel sistema (alta coesione = intimità, vicinanza).	Formare un'identità della coppia.
		Differenziazione e distacco dalla famiglia di origine, aumento della flessibilità dei confini familiari (in atto già prima del matrimonio).	Ridefinire le relazioni con la famiglia estesa e con gli amici, includendovi il coniuge e la relazione coniugale.
Famiglia con bambini piccoli	Nascita del primo figlio e di eventuali altri figli.	Apertura dei confini di coppia per far spazio ai figli; ridefinizione dei nuovi confini familiari.	Accettare i membri della nuova generazione (la terza) come parte del sistema.
			Assumere i ruoli parentali. Includere nella relazione di coppia gli aspetti genitoriali.
		Superamento della barriera gerarchica tra le generazioni.	Ristrutturare le relazioni con la famiglia d'origine grazie al comune ruolo genitoriale (seconda e prima generazione).
			Conoscere le persone dietro i ruoli.
Famiglia con adolescenti	Adolescenza dei figli.	Aumento della flessibilità dei confini familiari, per permettere la progressiva indipendenza dei figli (*svincolamento*).	Adeguare le relazioni tra genitori e figli, per consentire la reciproca separazione.
			Riorientare gli obiettivi della coppia e del futuro professionale.
		Avvicinamento della coppia alla famiglia d'origine.	Accrescere la partecipazione ai problemi della prima generazione, che invecchia.
Famiglia "trampolino di lancio" Fase del nido vuoto.	Uscita dalla casa genitoriale.	Ulteriore miglioramento della flessibilità familiare, per adattarsi alle nuove esigenze dell'organizzazione familiare (uscita/entrata dei figli dalla/in famiglia).	Accettare la relazione adulto-adulto tra i genitori e i figli (seconda e terza generazione).
			Aprire il campo relazionale coniugale per includere nuore e generi.
			Rinegoziare le relazioni di coppia e reinvestire in esse.
		Impegno verso la famiglia d'origine.	Sostenere i genitori anziani.
Famiglia in età anziana	Pensionamento Malattia e morte	Impegno nella coppia coniugale.	Mantenere i propri interessi.
		Avvicinamento ai figli.	Favorire e sostenere il ruolo della seconda generazione.
			Partecipare alla vita dei nipoti.
			Adattare i propri interessi all'età.
			Accettare l'eventuale perdita del coniuge. Prepararsi alla fine dell'esistenza.

In questo modello, per ogni stadio della vita familiare vengono individuati i processi di transizione e i *mutamenti di secondo ordine*: cambiamenti profondi e strutturali indispensabili affinché il nucleo familiare proceda con successo verso la fase successiva (non superare adeguatamente una tappa porterebbe a situazioni disfunzionali).

> Per esempio, i cambiamenti di secondo ordine richiesti dalle autrici per attuare la transizione dalla fase della giovane coppia a quella della famiglia con figli piccoli prevedono: a) la modificazione del sistema coniugale per "far spazio" al bambino; b) l'assunzione dei ruoli genitoriali; c) il riadattamento delle relazioni nell'ambito delle famiglie estese per includervi i ruoli di genitori e di nonni. Pertanto, il principale processo sotteso alle dinamiche familiari e che richiede una costante negoziazione tra i componenti è l'espansione-contrazione-riallineamento del sistema di relazioni, al fine di favorire l'ingresso, lo sviluppo e l'uscita dei membri della famiglia (Scabini, 1994).

Quando si affronta una consulenza con un cliente, il ciclo di vita della famiglia è il primo aspetto da esplorare: il counselor deve collocare la persona che ha di fronte in una precisa fase del suo ciclo di vita, per avere subito un parametro di riferimento e contestualizzare la sua problematica.

Il ciclo di vita della coppia

Il concetto di evoluzione nel tempo rappresentato dal ciclo di vita della famiglia viene applicato, in ambito relazionale, anche alla coppia, che nel suo percorso vive fasi successive diverse.

La prima è la cosiddetta fase del *tempo nuovo*, che inizia con la formazione della coppia: in questo periodo, le due individualità tendono ad 'annullarsi' volontariamente come entità singole, per attuare un processo di simbiosi con il partner che testimonia il loro desiderio di 'fondersi'. Dopo un tempo variabile, ciascun membro della coppia ritorna a mettersi in evidenza, pur continuando a dare il suo contributo al legame: è la fase che viene definita del *tempo individuale*. Nella terza fase, quella del *tempo sociale*, la coppia si apre al mondo, ai vecchi amici e alle nuove conoscenze. Nel *tempo della famiglia*, infine, si trasforma in un sistema più ampio, per l'arrivo di uno o più figli.

Lavorando con una coppia, al counselor può essere utile accertare subito in quale fase del ciclo di vita si trovi, per cercare poi di capire se le fasi precedenti siano state superate con successo, o vi sia stato qualche incidente di percorso o situazione di stallo (nel qual caso potrà intervenire).

I "cinque matrimoni"

In ambito sistemico-relazionale, il ciclo di vita di una coppia può essere definito anche attraverso i "cinque matrimoni": fasi di svolta contrassegnate – almeno, così dovrebbe essere – da uno specifico rito cerimoniale.

1° matrimonio: con le nozze, o con la decisione di vivere insieme, i partner si svincolano dalle famiglie di origine e vanno ad abitare per conto proprio. Questa fase non sempre coincide con il raggiungimento dell'indipendenza economica: anche quando si sono staccati dai genitori, possono continuare a dipendere da loro per le necessità materiali. *Cerimonia: ricevimento di nozze.*

2° matrimonio: i partner, supportandosi con il sostegno reciproco, raggiungono un'autonomia professionale ben distinta, rendendosi indipendenti dalla famiglia di origine anche dal punto di vista economico. In questa fase, se un membro della coppia non riesce a realizzare la propria identità professionale e si dedica alla casa, la coppia dovrà considerare quest'impiego un vero e proprio lavoro. *Cerimonia: invito a cena da parte delle famiglie di origine.*

3° matrimonio: la nascita di uno o più figli segna un importante momento di svolta nella vita di una coppia e può portare a cambiamenti profondi; in qualche caso, a una crisi. *Cerimonia: battesimo.*

4° matrimonio: i figli, ormai grandi, sono pronti a entrare nel mondo. *Cerimonia: festa di 18 anni.*

5° matrimonio: è la fase delle affinità elettive. I figli si sono resi indipendenti e hanno lasciato la casa familiare, ci si è magari già pensionati dal lavoro: ora ciascuno può dedicarsi con più tempo e calma a interessi culturali e passioni, coinvolgendo il partner. *Cerimonia: festa di pensionamento.*

La famiglia di origine del counselor

Prima ancora di essere un professionista della relazione di aiuto, il counselor è una persona con il suo bagaglio di esperienze, di problemi, di gioie e di dolori. E, naturalmente, con una famiglia, più o meno buona. Ciò che è avvenuto nella vita del counselor influenza profondamente il suo modo di interagire con i clienti e di aiutarli, di reagire al racconto delle loro storie personali, di comprenderle e interpretarle e, a volte, di capire in quali casi sia meglio non intervenire.

> Spesso potremo verificare, sia pure a posteriori, che il sé emerso dall''epoca' del precedente, quando 'risuona' con l'insieme della famiglia, ha a che fare con la nostra famiglia d'origine o talvolta con altre famiglie e/o sistemi umani ai quali siamo appartenuti nel tempo, anche per motivi professionali (Galdo, 2000, pp. 11.12).

Possiamo dunque considerare la famiglia di origine del counselor uno 'strumento' al pari degli altri, e uno dei più importanti: non è un caso che, durante la formazione sistemico-relazionale, ogni allievo venga invitato a confrontarsi, attraverso la stesura del suo genogramma, con le persone e gli avvenimenti che hanno fatto parte della sua vita familiare. Ecco come Gennaro Galdo spiega, in una conversazione con la collega Donatella de Crescenzo, la funzione della famiglia di origine nella relazione di aiuto:

> *Galdo*: [...] Entrare in contatto con le dinamiche relazionali della propria famiglia significa anche

poterle sperimentare con gli altri. [...] Guai a fare più di quanto una situazione richiede: il rischio che si corre è quello di trovare soluzioni molto, ma molto peggiori dei mali stessi. I terapeuti a volte sono portati ad assumere l'atteggiamento dell'"intervento a prescindere" ed è proprio questo che spesso provoca gravi danni. C'è un aspetto iatrogeno della psicoterapia che secondo me deriva proprio dall'aver avuto, o dall'avere, 'pochi contatti' con la propria famiglia di origine. [...]

de Crescenzo: Come a dire che l'attraversamento 'personale' della famiglia ti aiuta a immunizzarti dall'idea del "terapista per forza".

Galdo: Esatto. Ti aiuta a liberarti dall'imperativo categorico: "fatti carico della tua famiglia!".

de Crescenzo: Quindi non solo ti consente di comprendere meglio le altre famiglie, perché certe cose le hai 'viste', riconosciute su di te, ma soprattutto ti aiuta a cambiare il tuo atteggiamento, il tuo eventuale modo di porti rispetto alla famiglia in sé e ai "problemi", andando a toccare il discorso sulla normalità.

Galdo: Infatti. Puoi tranquillamente ricevere il rimprovero: "Sei un terapeuta e non ti prendi cura di tuo fratello o di tua sorella..." La risposta che hai dentro è che non devi necessariamente farti carico della tua famiglia, è una cosa che riguarda tutti e tu come gli altri ti atterrai a quanto il terapeuta ti dirà di fare...

de Crescenzo: Così, il lavoro sulla famiglia di origine in qualche modo aiuta il terapeuta a trovare la sua corretta 'posizione'.

Galdo: Sì. E c'è anche un altro aspetto. Liberarsi dall'idea che sei "solo tu" a doverti occupare della tua famiglia ti tornerà utile anche in terapia, quando la famiglia tenterà di delegarti totalmente la cura.

de Crescenzo: Paradossalmente, è come se risultasse utile la coscienza dell'impossibilità a prendersi cura... È un modo di mettersi 'all'esterno' e prendere le distanze.

Galdo: Sì... È così che veramente si attivano le risorse familiari, le risorse 'interne' al sistema.

(Galdo, de Crescenzo, Verrilli, 2000, pp. 7.8-7.9).

L'influenza della famiglia d'origine sul terapeuta e il suo ruolo come risorsa o ostacolo nel suo processo di formazione è stata indagata dall'Istituto di Psicologia e di Psicoterapia Relazionale e Familiare ISPPREF con un progetto di ricerca (Galdo, Onorato, Delle Donne, 1989), che ha analizzato un campione bilanciato di professionisti. I dati rilevati hanno confermato che il ruolo svolto dalla famiglia di origine non può essere sottovalutato.

Fondamentalmente emerge che la famiglia del terapeuta familiare è una struttura di appartenenza molto importante, molto antica, molto legata alle tradizioni, molto provata da problemi, difficoltà, sofferenze personali e tutto sommato uno strumento di possibile incontro, come se il futuro terapeuta si fosse esercitato, in questo contesto, ad avere rapporti a partire da un particolare tipo di struttura che gli viene fornita dalla nascita: appunto, la sua famiglia [...] L'ipotesi che si fa è che per permettere la *risonanza* in un sistema terapeutico bisogna possedere un buon diapason: e non esiste migliore diapason della propria famiglia di origine, né migliore trama per interesse quelle "storie che curano" di quella concernente la propria (Galdo, Maresca, Trapanese, 2000, pp. 8.13-8.14).

Il genogramma

> *Il genogramma è una 'fotografia' di processi dinamici.* (Filippo Tagliaferri[57])

Ideato nel 1979 dal pioniere della terapia familiare e fondatore della terapia sistemica Murray Bowen, e ampliato nel 1985 dalla terapista familiare Monica McGoldrick e dal teorico e clinico della famiglia Randy Gerson (che ne sviluppò anche una versione computerizzata[58]), il *genogramma* è un potente strumento grafico che può essere usato durante un counseling per ricostruire la storia familiare del cliente ed evidenziarne le relazioni, al fine di riconoscere elementi importanti e fattori ricorrenti – le cosiddette *ridondanze*. Utile durante gli incontri individuali e nei contesti aziendali, in cui si mostra adatto a riprodurre la storia e l'organigramma dell'azienda, il genogramma si rivela particolarmente vantaggioso nel caso di consulenze e psicoterapie familiari.

> "Si tratta di una forma di rappresentazione dell'albero genealogico che registra informazioni sui membri di una famiglia e sulle loro relazioni nel corso di almeno tre generazioni. Mette in evidenza graficamente le informazioni della famiglia in modo da offrire una rapida visione di insieme dei complessi pattern familiari (McGoldrick, Gerson, 1985).

---

[57] Filippo Tagliaferri, lezione di counseling, ISPPREF, Napoli, 7 luglio 2015.

[58] Genogram-Maker Millennium di Genoware Incorporated. L'azienda ha cessato l'attività e il software, per Windows e Apple, è disponibile, solo per un periodo, al link https://genogram.org/.

La costruzione del Genogramma può aiutare la famiglia ad osservare se stessa in un modo nuovo, ed è così un importante strumento per unire terapista e famiglia durante la terapia (Delle Donne, 1989).

Si tratta di un diagramma trigenerazionale – evoluzione del vecchio schema bigenerazionale – che, a partire dalla famiglia del cliente, collocata in posizione centrale, rappresenta i legami di parentela attraverso le tre generazioni più recenti[59], con uno schema discendente simile a quello dell'albero genealogico che consente di osservare le relazioni sia orizzontalmente, all'interno delle famiglie, che verticalmente, tra una generazione e l'altra, e permette di ricavare informazioni sulla struttura familiare del cliente, sulle relazioni che intercorrono tra i suoi membri e sulle funzioni ricoperte da ciascuno.

> Le famiglie si ripetono. Ciò che accade in una generazione tende a ripresentarsi nella successiva [...] Bowen chiama questo fenomeno "la trasmissione multigenerazionale di modelli familiari". L'ipotesi è che i modelli relazionali esistenti in generazioni precedenti potrebbero produrre modelli impliciti per il funzionamento familiare nelle generazioni successive (Delle Donne, 1989, p. 2-3).

Lo strumento del genogramma andrebbe utilizzato durante il secondo o il terzo incontro, e comunque non oltre il quarto, magari

---

[59] Perché proprio uno schema trigenerazionale? Ce lo spiegano Marisa Malagoli Togliatti e Anna Lubrano Lavadera in *Dinamiche relazionali e ciclo di vita della famiglia*, "Aspetti della psicologia", Il Mulino, Bologna, 2002, a proposito dei miti familiari: "I miti seguono un'organizzazione gerarchica, per cui il mito individuale è funzionale all'adempimento e alla soddisfazione del mito familiare (ad esempio, nel mito della realizzazione vi è la realizzazione di sé delle nuove generazioni). Per questo motivo per la comprensione del significato di un mito è importante prendere in considerazione almeno tre generazioni" (p. 50).

in coincidenza con il desiderio del cliente di iniziare a parlare della sua famiglia. Di solito, il grafico viene tracciato dal counselor durante il colloquio; qualche volta potrebbe disegnarlo il cliente stesso. In tal caso,

> Il soggetto è libero da qualsiasi ordine di esposizione e non ha limiti di tempo. Ciò che è importante è il modo tutto personale con cui certi ricordi sono entrati a far parte del mondo emozionale e culturale del soggetto (Malagoli Togliatti, Lubrano Lavadera, 2002, p. 48).

Il genogramma può inoltre essere ripetuto ad alcuni mesi di distanza dalla prima versione, per poter constatare se, durante il percorso di counseling, vi siano stati cambiamenti nel sistema familiare del cliente.

Come iniziare a disegnare un genogramma?

Secondo il modello proposto da McGoldrick e Gerson (1985), che può essere comunque modificato in base alle esigenze del colloquio, si comincia con l'indicare i 'personaggi principali': il cliente, i suoi eventuali partner e figli, i suoi genitori. A questo nucleo di base si collegano gli altri familiari e le persone – amici, colf, badanti – che, pur non essendo inserite anagraficamente nella famiglia, sono importanti per i suoi membri.

> [...] viene incluso nel genogramma l'intero "cast" di personaggi: membri della famiglia nucleare ed estesa, così come persone significative non appartenenti alla famiglia biologica, ma che hanno sempre vissuto con essa o comunque giocato un ruolo rilevante nella sua vita familiare (delle Donne, 1989, p. 2).

Gli uomini sono rappresentati con il simbolo di un quadrato ☐, le donne con un cerchio ○ posto in genere a destra del partner; qualora sia presente qualcuno con problemi fisici (deformità, disabilità, malattie...) o psichici (abusi, dipendenza dal fumo, dall'alcol o dal cibo, guai con la giustizia...), o un membro familiare ritenuto la causa dei problemi del cliente (ne parleremo in seguito: è la Persona Indicata come Portatrice del Problema o P.I.P.P.), il simbolo si ripete internamente: doppio quadrato per gli uomini, doppio cerchio per le donne. McGoldrick e Gerson suggeriscono di contrassegnare con un doppio simbolo anche il cliente, se è il portatore del problema.

Accanto a ciascun quadrato o cerchio, si riporta il nome e l'eventuale soprannome; alla sinistra, le ultime due cifre dell'anno di nascita e, se si vuole, l'età. Se la persona è deceduta, il suo simbolo viene attraversato da una ✕ e a destra si segna l'anno di morte. Può essere utile segnare sul genogramma altre informazioni: il luogo di nascita e di residenza, la provenienza etnica, il credo religioso, gli studi compiuti e la professione svolta, il servizio militare, il pensionamento o la data di svincolo dalla famiglia di origine.

Per quanto riguarda i rapporti familiari, nel grafico ogni membro può essere collegato a un altro, o ad altri, in *orizzontale* con una linea continua (per indicare un matrimonio, di cui si riporta sulla linea anche la data), con una linea spezzata (che corrisponde a una convivenza) o con una linea curva (per indicare un fidanzamento); in *verticale*, con una linea continua (tra genitori e figli naturali) o con una linea spezzata (tra genitori e figli adottivi). Le linee di collegamento con i figli gemelli partono dallo stesso punto sulla linea del matrimonio; i gemelli monovulari vengono ulteriormente collegati tra loro da una linea orizzontale. Una gravidanza è rappresentata da una linea verticale che termina con un triangolino, un aborto spontaneo da una linea che termina con un pallino, un aborto indotto da una linea che termina con una ✕; un figlio nato morto è identificato da una linea che termina con un quadrato/cerchio con una ✕ all'interno.

Se la relazione tra i familiari è molto intima, o addirittura invischiata, la linea verrà raddoppiata; se tra due persone vi è un rapporto rigidamente sbilanciato, in cui una parte (definita *up*, in alto) predomina sull'altra (definita *down*, in basso), la linea termina con una freccia – singola →o doppia ⇨, a seconda dell'intensità del rapporto – che va dal 'dominante' nella direzione del 'dominato'.

Se un fidanzamento, una convivenza o un matrimonio si interrompono perché la coppia si lascia o si separa, la linea curva o dritta viene attraversata da un singolo segno verticale (/); quando invece la coppia divorzia, la linea dritta viene attraversata da un doppio segno verticale (//).

Una volta indicati con questa simbologia i componenti della famiglia, al cliente viene chiesto di contrassegnare con alcune linee (continua, a zig-zag, tratteggiata o puntinata, a seconda del tipo di rapporto) un certo numero di *relazioni duali* – tra due persone – che gli sembrano più significative, secondo la formula:

RDn = n$\times$(n-1)/2 [numero di Relazioni Duali per (numero meno 1) diviso 2]

che spiegheremo in dettaglio a proposito della mappa relazionale. Secondo Hall e Fagen (1956),

> le relazioni che dobbiamo considerare nel contesto di un dato insieme di oggetti dipendono dal problema in questione poiché vengono incluse le relazioni importanti o interessanti ed escluse quelle banali o irrilevanti. Decidere quali relazioni siano importanti e quali banali spetta alla persona che si occupa del problema, cioè la questione della banalità è relativa all'interesse che si ha per il problema (Hall & Fagen, 1956).

Il cliente tenderà a evidenziare, perciò, le relazioni che considera più importanti e significative, anche in rapporto alla sua persona, con le seguenti linee (continue o, se la relazione si interrompe, formate da due spezzoni con la data di fine rapporto):

———————————

linea continua: relazione complementare

$\wedge\wedge\wedge\wedge\wedge\wedge\wedge$

linea spezzata: relazione conflittuale o simmetrica

— — — — — — — —

linea tratteggiata: relazione distante

....

linea punteggiata: relazione di indifferenza o disconferma

Dal punto di vista sistemico-relazionale, esistono infatti quattro tipi di relazioni duali[60].

Relazione complementare Si ha quando due persone presentano attitudini e caratteri diversi, ma in grado di completarsi a vicenda, in modo che si ottenga sempre un equilibrio, dovuto alla reciproca accettazione e alla suddivisione dei compiti. I ruoli non sono fissi: a volte, si invertono. Le relazioni complementari funzionano bene.

> [...] una relazione si definisce <u>complementare</u> quando i due contraenti sono d'accordo su chi tra loro esercita ed eserciterà il controllo della relazione (nella posizione one-up) e su chi invece accetterà (posizione one-down) questa condizione in modo stabile (complementarietà rigida) o flessibile (metacomplementarietà), nel senso che in tempi diversi o per settori diversi cambierà il contraente della relazione nella funzione one-up (Galdo, 2011, p. 3).

Relazione simmetrica Si verifica quando due persone desiderano entrambe mantenere la posizione one-up: la ricerca di un rapporto

---

[60] "Watzlawick suddivide due tipologie di relazioni che si possono instaurare tra individui che comunicano, e che riguardano la posizione di *leadership* assunta nel dispiegarsi dell'interazione. Pertanto nelle relazioni simmetriche si ha un rapporto paritario tra i due poli della comunicazione, in quanto nessuno dei due attori accetta un ruolo di dipendenza. Siccome quest'atteggiamento non assume un tono neutro in cui le due forze si annullano, ma piuttosto i connotati di una vera e propria disputa, si assiste ad un'escalation d'aggressività, paragonabile ad una corsa agli armamenti, un processo che Bateson (1999) definì "schismogenesi". Nelle relazioni complementari invece uno dei due soggetti in un momento specifico dell'interazione riconosce le posizioni e l'interdipendenza dell'altro. L'effetto in questo caso è il consolidamento e l'efficacia della comunicazione, in quanto i diversi comportamenti dei partecipanti rispecchiano i ruoli che ognuno ha all'interno del contesto." Verrastro (2007).

paritario, impossibile da ottenere, dà luogo a frequenti scontri. Le relazioni simmetriche sono chiaramente conflittuali.

> Nelle relazioni <u>simmetriche</u>, non c'è accordo su chi controlla la relazione; si assiste così a un fenomeno, detto *escalation*, che consiste nella messa in atto di strategie, per lo più conflittuali, ma che teoricamente potrebbero anche non esserlo, contrassegnate da un livello di intensità crescente, strategie che hanno l'obiettivo di riuscire a controllare la relazione (Galdo, 2011 p. 3).

Relazione distante È caratterizzata dallo scarso coinvolgimento. Le comunicazioni sono ridotte al minimo indispensabile, così come gli incontri, poco frequenti per desiderio delle parti o per reale mancanza di occasioni. Le relazioni distanti possono funzionare, ma sono poco soddisfacenti.

> Le relazioni <u>di distanza</u> sono tipiche dei parenti lontani, che si incontrano solo sporadicamente in occasione di importanti festività (Pasqua, Natale, compleanni di genitori) o di matrimoni, battesimi o funerali. Sono, in poche parole, relazioni rarefatte, ridotte al minimo indispensabile in funzione dei motivi contestuali che le hanno causate (Galdo, 2011 p. 3).

Relazione indifferente o disconfermante Si verifica quando due persone si ignorano volutamente, fanno finta di non vedersi o di non conoscersi, si mostrano distratte e disinteressate durante le conversazioni, che interrompono. Può essere la reazione a conflitti familiari profondi, come una manifestazione di intolleranza verso un estraneo.

> Le relazioni <u>di indifferenza</u> o <u>di disconferma</u> sono quelle che metacomunicano all'interlocutore un messaggio del tipo: "tu non esisti". Chi si propone in questa posizione non risponde all'interlocutore,

ignorandolo e, se sollecitato, reagisce tipicamente allontanandosi senza parlare oppure si rivolge ad altri introducendo argomenti del tutto estranei alla conversazione (Galdo, 2011 p. 4).

Dopo aver tracciato il genogramma, il counselor rivolge alcune domande al cliente, per spingerlo a riflettere sulla situazione evidenziata dal grafico. Si dovrebbe trattare di *domande relazionali* (vedi), che partono cioè dalla vita del professionista – che, di fronte alla storia del cliente, può aver provato risonanza emotiva – e coinvolgono l'interlocutore e altri due membri del suo sistema familiare (o lavorativo, o sociale). Portando l'attenzione su di sé e condividendo le proprie esperienze con il cliente, il counselor avrà più probabilità di avviare, durante la conversazione, un processo empatico.

Anche la forma casualmente assunta dal diagramma può diventare spunto di riflessione:

> **«Se dovesse definire questo grafico con una metafora o con un paragone, quale userebbe?»**
>
> **«Se questa rappresentazione della sua famiglia fosse un film, che titolo avrebbe?»**

È in questa trama che sono contenuti, oltre che i problemi, le soluzioni, la visione sistemica dei problemi che ci vengono presentati, la lettura in positivo di componenti altrimenti incomprensibili e dolorose, le nuove personali risonanze con la famiglia. Sarà il genogramma, dunque, a suggerirci la 'password' che ci permetterà di accedere al 'programma relazionale' della famiglia in trattamento, che farà comparire sul nostro monitor immagini a noi non del tutto sconosciute e ci consentirà, interagendo la famiglia, di costituire il sistema terapeutico (Galdo, 2000, pp. 12.10-12.11).

Il genogramma è uno degli strumenti più validi che il counselor (o lo psicoterapeuta) possa usare per conoscere in breve tempo le dinamiche interne di una famiglia. Questo semplice grafico ha infatti diverse, importanti, funzioni:

- far emergere i ruoli dei vari membri della famiglia e le funzioni svolte da ciascuno;
- far venire alla luce le difficoltà relazionali, i problemi e le criticità;
- evidenziare le ridondanze, ossia i fenomeni ricorrenti: modelli di comportamento, eventi...;
- scoprire i miti familiari: le credenze condivise, vere o false che siano, su ruoli e relazioni in famiglia;
- sottolineare i momenti di transizione del ciclo di vita e l'eventuale concomitanza di eventi;
- riflettere sui fattori di cambiamento in una particolare famiglia;
- effettuare previsioni in base alla struttura familiare osservata;
- individuare all'interno della famiglia le risorse disponibili per il cliente;
- effettuare una diagnosi relazionale;
- suscitare il cambiamento in positivo.

Il foto-genogramma

Svolge le stesse funzioni, usando però le fotografie, un diverso tipo di grafico: il *foto-genogramma*, o *genogramma fotografico*, impiegato soprattutto con le coppie e con le famiglie. A crearlo, in questo caso, non è il counselor ma il cliente, che – in un ambiente dove possa concentrarsi – viene invitato a disporre in sequenza su un tavolo una serie di fotografie che ha portato con sé e che rappresentano i momenti più significativi della sua vita familiare.

Prima di diventare una storia ogni vita offre se stessa come un continuum di immagini e chiede di essere vista prima di tutto. Anche se ogni immagine è sicuramente piena di significati e potrebbe essere analizzata, quando saltiamo ai significati, senza considerare le immagini, perdiamo un piacere che non può essere recuperato da nessuna interpretazione, per quanto perfetta (Hillmann, 1997).

Per comporre il proprio foto-genogramma, il cliente può scegliere vari tipi di soggetti:

- foto dei nonni
- foto dei genitori appena sposati
- foto della nascita
- foto del primo compleanno
- foto della nascita di una sorellina o di un fratellino
- foto insieme alla sorellina o al fratellino
- foto insieme ai genitori
- foto della prima comunione
- foto delle feste dell'adolescenza
- foto dei viaggi fatti da solo/a, con amici, con il partner
- foto del periodo del fidanzamento
- foto del matrimonio
- foto successive al matrimonio
- foto degli eventuali figli e nipoti

Si viene a formare, quindi, una 'galleria fotografica' che illustra storie di vita, e in cui le espressioni, gli atteggiamenti e le emozioni che traspaiono dalle immagini del passato e del presente diventano la testimonianza dei cambiamenti che il cliente e i suoi familiari hanno attraversato nel corso degli anni. Una volta pronto il 'puzzle' fotografico, il counselor lo osserva attentamente, per individuare, nella storia personale e familiare raccontata dalle fotografie, i momenti critici che hanno dato luogo al disagio emotivo, o le risorse a cui poter attingere.

La mappa relazionale

Come è noto è possibile rappresentare i componenti, la struttura, le relazioni dell'insieme trigenerazionale di una famiglia attraverso il genogramma. Quando però vogliamo rappresentare un gruppo con una storia (per esempio una classe scolastica, un'azienda, un gruppo di lavoro), siamo in difficoltà. [...] Abbiamo l'esigenza, infatti, di rappresentare il sistema costituitosi sia nel tempo (in senso diacronico) che nell'hic et nunc (in senso sincronico). Inoltre, per essere utile, una rappresentazione di questo tipo deve evidenziare non solo le difficoltà, i problemi, i punti critici, ma anche le risorse, le possibili proprietà emergenti, le "leve relazionali" con le quali sollevare i massi che ingombrano e/o ingombreranno la strada dell'evoluzione del gruppo. Come procedere? (Galdo, 2011 p. 1).

Derivata dal Family Life Space[61], un test adoperato dai terapeuti familiari, la *mappa relazionale* è uno strumento grafico che il counselor sistemico-relazionale può usare per evidenziare il tipo di legami esistenti tra gli individui che fanno parte di un gruppo, e riuscire così a individuare risorse utili per i suoi clienti. Come si disegna una mappa relazionale?

Una volta tracciata una linea di confine, rappresentata dal perimetro di un cerchio, il counselor si informa sulle relazioni esistenti in un sistema e ne colloca i componenti – da un minimo di tre a un massimo di 12 – all'interno della circonferenza, ponendo al centro chi dimostra un più vivo senso di appartenenza al gruppo e ai margini chi appare meno integrato con gli altri membri. Le persone più importanti nella gerarchia si collocano in alto, quelle che rivestono ruoli meno significativi in basso; le personalità più

---

[61] Giuseppe Esposito, *Il disegno simbolico dello spazio di vita familiare (Family Life Space)*, Facoltà di Medicina e Psicologia dell'Università "La Sapienza", Roma, PDF.
http://www.psicologia1.uniroma1.it/repository/389/Presentazione_Family_Life_Space.pdf.

razionali vanno a sinistra, le più creative a destra – in ciò rispecchiando le funzioni dei due emisferi del cervello: il sinistro, preposto alle modalità analitiche, digitali e in genere alla razionalità; il destro, collegato alle modalità sintetiche, analogiche, creative e immaginative. Gli uomini si indicano con un quadratino □, le donne con un cerchietto ○.

Per scoprire il numero di *relazioni duali* che si creano tra i membri di un gruppo, si applica la stessa formula adoperata per il genogramma (che deriva dall'espressione $RTOT_n = 2^n-1-n$, con cui si evidenzia il numero di *relazioni totali* di un insieme: Galdo, 2011), e cioè:

$$RD_n = n \times (n-1)/2.$$

Il numero di relazioni duali è dato dunque dal numero dei componenti del gruppo moltiplicato per lo stesso numero meno uno; il risultato va diviso per due. In un gruppo di quattro persone, otterremo 6 relazioni duali ($RD_4 = 4 \times 3/2$), che potremo rappresentare nel genogramma; in un gruppo di sei persone otterremo 15 relazioni duali ($RD_6 = 6 \times 5/2$), ma per semplicità ne rappresenteremo soltanto alcune, ad esempio il 20%, quindi tre. Qualora il gruppo descritto nella mappa sia molto ampio e ne derivi un numero di relazioni duali molto alto, se ne può descrivere, infatti, solo una parte.

Le relazioni vengono evidenziate, all'interno della mappa, con linee diverse:

linea continua: relazione complementare

linea spezzata: relazione conflittuale o simmetrica

linea tratteggiata: relazione distante

linea punteggiata: relazione di indifferenza o disconferma

Dopo aver congiunto con le linee i vari membri del sistema familiare, lavorativo, scolastico, amicale, si possono notare non solo relazioni duali, ma anche triadiche e quartadiche (tra quattro persone), e in teoria anche tra più persone, tutte calcolabili attraverso formule, così come il numero totale di relazioni:

$RD_n = n \times (n-1)/2$ relazioni duali

$RT_n = n \times (n-1) \times (n-2)/2 \times 3$ relazioni triadiche

$RQ_n = n \times (n-1) \times (n-2) \times (n-3)/2 \times 3 \times 4$ relazioni quartadiche

$RC_n = n \times (n-1) \times (n-2) \times (n-3) \times (n-4)/2 \times 3 \times 4 \times 5$ relazioni a cinque

$RTOT_n = 2^n - 1 - n$ relazioni totali.

Se, per fare un altro esempio, il sistema che stiamo analizzando è composto da quattro persone, e ci interessa stabilire quante relazioni totali possono crearsi tra i suoi membri, calcoliamo così:

$RTOT_n = 2^4 = 16 - 1 = 15 - 4 = 11$.

A chi affidare la redazione delle mappe relazionali di un gruppo? Qui esistono numerose possibilità: dalla più semplice, che consiste nell'affidarla a un portavoce nominato dal gruppo, a quella più complessa, che consiste nel fare eseguire a ciascun componente del gruppo la mappa relazionale dal suo punto di vista e nel confrontare gli elaborati tra loro. Altre soluzioni possibili sono quelle che prevedono che la mappa sia tracciata dall'operatore relazionale a partire dalle sue opinioni in termini di collocazione dei componenti, struttura e relazioni; oppure che la mappa sia trascritta invitando tutti partecipanti, a turno, prima a collocarsi nel cerchio poi a tracciare le relazioni secondo criteri di equidistribuzione (Galdo, 2011 p. 5).

La domanda relazionale

La *domanda relazionale*[62] è una domanda elaborata appositamente per fare aprire l'interlocutore ed è uno strumento base per il counselor sistemico, che la utilizza sia durante i colloqui che quando commenta, con il cliente, il genogramma. Galdo ce ne illustra la struttura e le funzioni:

1. partire da sé, dalle proprie sensazioni e risonanze (il *punctum* di Barthes);

2. elaborare un'affermazione (il che non vuol dire che nella frase non vi sia anche un interrogativo);

3. coinvolgere almeno altre due persone (preferibilmente due componenti della famiglia) oltre all'interlocutore.

Una domanda siffatta, oltre ad avere l'indiscutibile pregio di non negare, rimuovere, reprimere le nostre emozioni, bensì di utilizzarle nella relazione terapeutica, sollecita una risposta molto più frequente e articolata che non una domanda strutturata in modo da prevedere come risposta una semplice asserzione o negazione. Per esempio, affermare: "Chi ti è più vicino quando sei triste come adesso, i tuoi genitori o tuo fratello?" è ben diverso dal chiedere: "Sei triste?" La prima, pur essendo una domanda, contiene in sé un'affermazione (che il nostro interlocutore sia triste), la quale evidentemente ci viene suggerita dal

---

[62] Un tipo simile di domanda è stato regolarmente utilizzato da Boscolo, terapeuta del gruppo di Milano: "La tecnica fondamentale proposta per la terapia sistemica individuale consiste nella presentificazione del terzo, attraverso domande circolari che inseriscono nel dialogo il punto di vista di persone significative per il cliente" (Piroli, 2006, p. 197).

nostro status emotivo nell'interagire con la persona indicata come la portatrice del problema e, oltre a lei, coinvolge altri due componenti della famiglia (Galdo, 2000, pp. 12.6-12.7).

La domanda relazionale è dunque strutturata per facilitare il processo di consapevolezza che porta al cambiamento e per evidenziare le risorse disponibili, laddove una domanda che si limiti a chiedere "perché" la persona agisca in un modo, o si trovi in una certa condizione, più che far emergere le soluzioni tende a sottolineare i problemi, e quindi a cronicizzarli.

Il Duke Health Profile

Il Duke Health Profile (detto anche semplicemente "il Duke") è uno strumento di valutazione dello stato di salute generale – fisica e psichica – di una persona ideato dal Dipartimento di Medicina Familiare e di Comunità del Duke University Medical Center di Durham, N.C., U.S.A e basato su 17 item, la cui validità clinica è stata dimostrata da diversi studi[63].

Il Duke può essere usato durante una seduta di counseling per avere un quadro completo della situazione attuale del cliente e può essere nuovamente somministrato, dopo un certo tempo, per monitorare eventuali miglioramenti o ricadute. Benché sia facilmente compilabile, il Duke viene in genere somministrato dal counselor: entra così a far parte della relazione professionista-utente. In altri casi, la fase di risposta agli item viene affidata al cliente stesso o a un suo familiare, che diventa quindi il portatore (POR) del problema. Al termine del questionario, il professionista ringrazia il cliente, riservandosi il tempo di elaborare l'intervista e di discuterne i risultati durante il successivo colloquio.

Il Duke è composto da due sezioni: il profilo da compilare e una tabella in cui il counselor riporta i risultati, che evidenziano lo stato

---

[63] Si veda ad esempio Parkerson, George R. Jr., Broadhead W.E., Tse Chiu-Kit J., *The Duke Health Profile. A 17-item measure of health and dysfunction*, "Medical Care", 28(11):1056-1072, novembre 1990.

di benessere fisico, mentale, sociale e generale del cliente, secondo un punteggio da 0 (pessima salute) a 100 (ottimo stato di salute). Il questionario permette anche di valutare la salute percepita dalla persona stessa – grazie all'item n. 3 e a un indicatore malessere-benessere con scala da 0 a 10 –, il grado di autostima e il livello disfunzionale: ansia, depressione, dolore, disabilità. Gli studi evidenziano i punteggi medi tipici dei vari stati patologici:

SALUTE MENTALE
49,2 persone con problemi mentali
75,7 persone con problemi mentali acuti
79,2 persone con problemi mentali cronici

SALUTE FISICA
58,1 persone con problemi fisici acuti
83,9 persone con problemi fisici cronici

Ogni item del Duke può avere tre risposte: "Sì, mi descrive esattamente", "Mi descrive in parte" "No, non mi descrive affatto": moltiplicandole quindi per i 17 item otterremo 51 possibili risposte, ciascuna contrassegnata con un numero a due o a tre cifre (12, 80, 171…). I numeri rappresentano una sorta di 'codice segreto': nel caso in cui sia il cliente o il portatore a compilare personalmente il questionario, non riuscirebbe a interpretare il significato dei numeri. In realtà, la chiave di lettura è semplice: per ottenere il punteggio (0, 1 o 2) occorre solo tener conto dell'ultima cifra!

Dopo aver calcolato i punteggi, è possibile valutare la congruità del grado di salute stimato dal cliente (indicato sulla freccia "malessere-benessere" con un numero da 0 a 10) con il punteggio totale ricavato dall'analisi delle risposte.

Il Modello Circonflesso di Olson. Il FACES

Il *Modello Circonflesso di Olson* è un modello teorico multidimensionale per la valutazione dei sistemi coniugali e familiari sviluppato all'Università del Minnesota, nell'arco di trent'anni a partire dal 1979, da David H. Olson, D. Sprenkle e C. Russell. Il modello permette di valutare le modalità relazionali che caratterizzano le interazioni nelle diverse strutture familiari, in termini di adattabilità (capacità di cambiamento) e di coesione (legami affettivi); può essere usato per problematiche cliniche specifiche come disturbi del comportamento alimentare, dipendenze da uso di sostanze, disturbi dell'umore, esordi psicotici e autismo.

Il modello di Olson si avvale di uno strumento di self-report adattato in italiano da C. Galimberti e M. Farina nel 1992 e giunto oggi alla quarta versione[64] con il nome di *FACES-IV - Family Adaptability and Cohesion Evaluation Scale IV* (David .H. Olson, Dean M. Gorall, J.W. Tiesel, 1985), attualmente formato da sei scale familiari (due bilanciate e quattro non bilanciate) con sette item ognuna, per un totale di 42 item, e da un'intervista che usa una scala Likert a 20 item monodirezionali.

Il FACES può essere somministrato lungo l'intero ciclo di vita ed è uno degli strumenti più utilizzati nel campo della ricerca sulla famiglia: se ne sono serviti oltre 1500 studi, descritti da Kounesky (2000, 2001). Viene inoltre applicato come metodo di lavoro in terapia familiare, poiché analizza il funzionamento del sistema famiglia attraverso due dimensioni della psiche: la *coesione*, cioè la sensazione intrasoggettiva e intrapsichica di appartenenza al gruppo familiare, e la *flessibilità*, in precedenza chiamata *adattabilità*, che, in senso sistemico-relazionale, è la capacità di un sistema di essere in continua evoluzione per poter adattarsi a 'turbolenze' esterne e interne, dopo le quali è in grado di ritornare all'equilibrio iniziale grazie alla propria capacità di resilienza (vedi).

La coesione stabilisce la lontananza o la vicinanza psicologica, cognitiva, affettiva tra i membri del sistema familiare e si manifesta attraverso il legame emotivo tra i singoli. La flessibilità indica la capacità di modificare la struttura familiare per rispondere agli eventi, positivi o negativi, che si verificano nel corso del ciclo di vita. Una terza dimensione, non rappresentata nel diagramma, è la *comunicazione*, la modalità utilizzata dai componenti della famiglia

---

[64] Il FACES IV sostituisce il FACES, il FACES II e il FACES III, riducendone gli item.

per esprimere i loro bisogni e sentimenti. Può essere poco, abbastanza o molto efficace: in quest'ultimo caso, facilita il dinamismo della famiglia e quindi la sua capacità di adattarsi al cambiamento.

La *comunicazione* familiare è intesa come modalità di interazione tra i membri della famiglia. Questa è *positiva* quando è fatta di ascolto empatico, di scambio comunicativo, di apertura verso l'altro, di chiarezza, di rispetto e attenzione. Invece, è *negativa* quando è chiusa, confusa, poco rispettosa e attenta all'altro. In questo caso, riduce la capacità dei membri di condividere sentimenti ed emozioni e, quindi, offre loro una scarsa possibilità di coesione e di adattamento (Gambini, 2007, p. 66).

La coesione viene misurata con 2 item per le 5 aree del legame emotivo, del sostegno reciproco, della cooperazione, dei confini familiari, degli interessi comuni e amicizie; la flessibilità con 2 item per le aree del controllo e di potere e disciplina, con 4 item per l'area dei ruoli e con altri 4 per l'area delle regole. La somma dei punteggi grezzi dei singoli item rappresenta il punteggio finale per le dimensioni della coesione e dell'adattabilità ed è in grado di evidenziare, come vedremo, eventuali discrepanze tra l'immagine ideale della famiglia e quella reale.

Le più recenti versioni del FACES presentano diverse novità, tra cui il permettere di comprendere come le relazioni familiari siano percepite dai componenti del sistema familiare, allo scopo di fare confronti tra le idee che ogni membro della famiglia ha sul suo funzionamento, di stabilire la sua soddisfazione nei riguardi del sistema e di osservare elementi di reciprocità e di discrepanza, sia di coppia che intergenerazionali, attraverso i differenti punteggi ottenuti da ciascun item.

Il FACES III introduce una *versione ideale* che consente di misurare la *soddisfazione familiare* di ogni membro attraverso la discrepanza tra livello attuale ed ideale dello strumento: lo strumento è infatti somministrato al soggetto familiare sia nella sua versione reale – così come il soggetto la vede – (*famiglia percepita*), che in quella ideale – così come vorrebbe che fosse – (*famiglia ideale*) (Tafà, 2009).

Il modello circonflesso si presenta come un quadrato nel quale sono inscritti due cerchi concentrici; il quadrato esterno, e di conseguenza i cerchi, sono suddivisi in quattro porzioni uguali, ciascuna delle quali riporta quattro item che si riferiscono al tipo di famiglia. David Olson individua pertanto 16 tipi di famiglie, con differenti gradi di coesione e di adattabilità (flessibilità): le famiglie nella metà superiore sono maggiormente flessibili, fino a essere caotiche; le famiglie nella metà inferiore sono strutturate, fino alla rigidità. Nei quattro angoli esterni troviamo le famiglie più estreme, che vanno dal disimpegno all'invischiamento (in entrambi i casi da rigido a caotico), ma sono in ogni caso disfunzionali, perché la loro struttura rende difficile il cambiamento, che è invece necessario per superare gli ostacoli. Al centro del diagramma vi sono le famiglie più equilibrate.

Le 16 tipologie di funzionamento familiare si possono ridurre a tre modelli fondamentali: le famiglie bilanciate (*balanced*), le famiglie intermedie (*middle range*) e le famiglie estreme (*extreme*).

Le famiglie estreme corrispondono a tipologie familiari disfunzionali, carenti sia sul piano dell'autonomia personale che su quello della capacità organizzativa.

Le famiglie bilanciate corrispondono a tipologie familiari funzionali i cui membri si sperimentano differenziati ma uniti tra loro e capaci di adattare le proprie modalità interattive a seconda delle situazioni che affrontano di volta in volta.

Le famiglie intermedie: tipologie familiari che si trovano nel mezzo tra disfunzionalità e funzionalità.

Presentano significative sofferenze e difficoltà di funzionamento, ma non così gravi come quelle estreme (Romano, 2007).

MODELLO CIRCONFLESSO DI OLSON

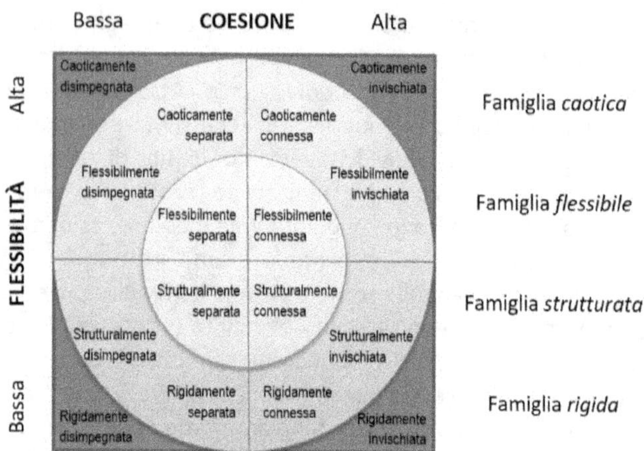

Le interazioni osservabili nel sistema familiare si svolgono secondo modalità costanti, stabili nel tempo, dette *transazioni* e governate da due *sistemi di costrizione*: il primo formato dalle regole dell'organizzazione familiare, il secondo derivato dalle reciproche aspettative di comportamento. Una volta che le regole siano state adottate, tendono a stabilizzarsi: ciò rende difficile rinegoziarle. Compito del counselor sarà allora trasformare il modello di famiglia da periferico a maggiormente centrale, migliorandone la flessibilità e la coesione. I quattro modelli di funzionamento familiare al centro del diagramma, infatti, sono quelli che si possono definire *bilanciati*, in quanto riescono a mantenere una coesione interna e a fornire, anche nei momenti di crisi, un'adeguata sensazione di sicurezza; permettono inoltre la differenziazione individuale dei singoli componenti e posseggono la flessibilità necessaria ad adattare la struttura e l'organizzazione familiare ai cambiamenti a cui la famiglia andrà necessariamente incontro nel corso della sua vita.

Secondo Olson, il FACES – dopo un periodo di addestramento all'uso – andrebbe effettuato separatamente su ciascun componente della famiglia, in modo da limitare le influenze reciproche; qualora ci siano dei figli, soltanto a ragazzi di almeno 12 anni, garantendo in ogni caso l'anonimato all'intero gruppo familiare. Somministrare il FACES è abbastanza complesso:

Per quanto riguarda la consegna da dare ai soggetti, viene loro richiesto di leggere attentamente le frasi dello strumento e per ognuna di esse esprimere un'opinione considerando la propria esperienza. I soggetti devono esprimere, su una scala che va da 1 (quasi mai) a 5 (sempre), con quale frequenza il comportamento descritto si verifica nella loro famiglia. Per quanto riguarda il trattamento dei dati ottenuti, si deve sottolineare che per ogni soggetto si possono ottenere:

- un punteggio finale di coesione e uno di adattabilità;
- un indice di discrepanza individuale per entrambe le dimensioni.

I punteggi dei soggetti di ciascun gruppo (madre vs padre vs figlio) vengono analizzati in base ai ranghi definiti per i quattro livelli di coesione e i quattro livelli di adattabilità, allo scopo di calcolare frequenze e percentuali dei soggetti nei 16 tipi familiari previsti dal modello. La collocazione dei soggetti nelle tre regioni del modello (bilanciate, medio raggio, estreme), sia sul versante reale che ideale, è il risultato della somma delle frequenze dei soggetti che si trovano nei quadranti corrispondenti alle regioni (Bianchi, Giusti, 2012).

Gli strumenti del cliente

Non esiste nulla che sia un problema senza un dono per te nelle mani. Tu cerchi problemi perché hai bisogno dei loro doni. (Richard Bach[65])

Le risorse interne ed esterne

Chi decide di recarsi da un counselor per esporre una situazione di disagio lo fa perché pensa di non poterla affrontare da solo; cerca l'aiuto di un professionista quando ritiene di non essere in grado, almeno in quel momento, di risolvere da sé i problemi che sente di avere. In realtà, nessun essere umano ha un problema senza avere in sé le potenzialità per trovarne la soluzione.

Ciascuno di noi ha infatti a disposizione, dentro di sé e intorno a sé, strumenti che gli consentono di affrontare e superare le difficoltà: si tratta delle *risorse*, termine molto ampio che include anche la capacità di *resilienza*. Se, durante la vita, si sono accumulate un buon numero di risorse, quando viene il momento di usarle si è in grado di farlo e il counselor può facilitare questo processo; se invece si pensa di non averne abbastanza, o addirittura nessuna, il counselor può far in modo che le risorse esistenti, ma ancora sconosciute, emergano e possano essere utilizzate.

Quando inizia a esplorare le possibili risorse a disposizione di un cliente, il counselor può servirsi di uno schema (Galdo, 2006) come il seguente, in cui segnare ogni elemento utile:

---

[65] Richard Bach, *Illusioni*, "Superbur", BUR Biblioteca Universale Rizzoli, 1989.

RISORSE DEL CLIENTE

In questo periodo sente di poter contare su...	Per niente	Poco	Abbastanza	Totalmente
Famiglia di origine				
Amici				
Compagno/a, partner				
Colleghi, conoscenti				
Vicini di casa				
Luoghi sociali:				
Parrocchia, comunità religiosa				
Associazione culturale				
Associazione sportiva				
Sezione di partito politico				
Psicoterapia				
Altro (specificare)				

Mettere nero su bianco, insieme al cliente, i nomi delle persone e dei luoghi della comunità su cui poter, eventualmente, contare porta subito alla luce le risorse che potranno essere usate per tirarsi fuori dalla situazione di disagio, e incoraggia quindi a pensare con speranza al futuro.

Le risorse familiari, sociali, lavorative

Le risorse familiari

La famiglia di origine, di qualunque tipo essa sia, è sempre una risorsa. Abbiamo visto che lo è per il counselor, che proprio al suo interno sperimenta dinamiche che gli saranno utili per prendersi cura di altri 'sistemi-famiglia'. E lo è, in modo diverso, per chi richiede una consulenza in un momento di difficoltà, persino nei casi in cui il problema risieda proprio nel gruppo familiare.

Per mettere a fuoco il funzionamento di una famiglia e le sue caratteristiche, che spesso si ripetono attraverso le generazioni, il counselor utilizza lo strumento grafico del genogramma: analizzandolo, riesce a scoprire non solo risorse familiari inaspettate, ma anche il ruolo dei membri della famiglia, e dunque il loro grado di coinvolgimento nella situazione di disagio, al di là del fatto che qualcuno in particolare sia stato indicato come il portatore del problema.

Le risorse sociali

Quando non è possibile contare sulle risorse interne alla famiglia, o quando non siano sufficienti, il counselor può individuare risorse all'esterno e incitare il cliente a prendere, o a riprendere, contatti con il suo ambiente sociale. Entrano, così, in gioco nuove variabili: la compagnia di vecchi amici, la solidarietà del vicinato, il conforto della comunità religiosa, l'impegno in associazioni e sezioni locali di partiti politici... Insomma, quelle che chiamiamo le *risorse naturali della comunità*: risorse sociali che, quando necessario, possono svolgere un ruolo fondamentale per il cliente, ma anche rivelatore per il professionista.

> [...] Queste risorse potevano essere un riferimento anche per me, i miei pazienti e il servizio di salute mentale nel suo complesso. Ascoltai con curiosità e, perché no, con ammirazione, come molte famiglie raccontarono di aver superato difficoltà e problemi ricorrendo alle loro capacità e quelle del contesto micro e macro sociale al quale appartenevano (Galdo, 2006).

Le risorse naturali della comunità sono un valido aiuto, non solo durante il percorso di counseling, ma pure alla sua conclusione, come evidenzia Galdo a proposito della terapia familiare:

> [...] a chi il terapeuta affida la famiglia alla fine del percorso terapeutico? Certamente non a un'istituzione (per esempio il Servizio Sociale) né a una qualsiasi organizzazione (politica, confessionale ecc.), bensì a quell'insieme di enti, persone, strutture che costituiscono nella loro complessità la comunità nella quale la famiglia intesse le sue trame relazionali e la sua variegata rete di rapporti sociali, Ed è appunto questa rete che ha il compito di sostenere, supportare e interagire con le famiglie, che ne costituiscono una parte fondamentale. È questa rete che possiede

quelle risorse naturali senza l'attivazione delle quali ogni psicoterapia è destinata certamente al fallimento (Galdo, 2000, pp. 12.20-12.21).

Le risorse naturali della comunità rappresentano a mio avviso quella possibilità di 'automedicazione' che già si vede nel campo medico... (Galdo, De Crescenzo, Verrilli, 2000, p. 7.10).

Le risorse lavorative

Per gli esseri umani, il lavoro è una risorsa. Non solo economica, perché consente di procurarsi i mezzi necessari alla sopravvivenza, ma anche sociale, perché recarsi quotidianamente al lavoro permette a ciascuno di noi di incontrare persone con cui relazionarsi e interagire. Mettere il cliente in grado di (ri)scoprire e di valorizzare le proprie risorse lavorative può essere un obiettivo molto importante durante un percorso di counseling.

La resilienza

Nella fisica, la *resilienza* è la capacità dei corpi sotto deformazione di ritornare allo stato iniziale.

Nel counseling e in psicologia la resilienza è la capacità, che ogni essere umano può sviluppare, di affrontare le avversità della vita, di superarle e di uscirne rinforzato e trasformato in senso positivo. Ciò grazie a un processo di autoriparazione detto *neghentropia* o *entropia negativa* (dall'inglese *negentropy*, fusione di *negative + entropy*), che indica la tendenza di un sistema disorganizzato a trasformarsi in ordinato. In altre parole, di fronte a eventi destabilizzanti della vita – traumi, lutti, episodi stressanti, condizioni di vita difficili – la resilienza permette di resistere alle esperienze negative, di elaborare le situazioni vissute, di crearsi difese e di riuscire a riorganizzare in maniera costruttiva la propria vita, riattivando la progettazione per il futuro. Manifestare resilienza nei confronti degli eventi destabilizzanti permette di conservare la propria salute mentale:

La salute mentale non consiste nell'assenza di sofferenza o di conflitti, quanto nella capacità di pensare in modo razionale e logico e di affrontare i cambiamenti, lo stress, i traumi e le perdite, a cui ognuno di noi va inevitabilmente incontro nel corso della propria vita, in un modo che garantisca la stabilità e la crescita emotiva (Hales, 1995).

La resilienza è dunque una delle principali risorse da mettere in campo in un percorso di counseling, durante il quale uno degli obiettivi sarà far sì che il cliente guardi il suo problema da una prospettiva diversa: non più come fardello, ma come occasione per attivare le sue potenzialità.

Proprio perché la resilienza consiste nella capacità, di un individuo o di un gruppo, di riuscire a superare un evento traumatico, trasformandolo in un momento di crescita, perché si crei resilienza occorre necessariamente confrontarsi con situazioni o contesti traumatici, che verranno affrontati lungo il percorso e diverranno il punto di partenza di un processo di evoluzione in positivo, in cui il dolore non sarà negato ma avrà un suo spazio, nel quale verrà riconosciuto, accolto e trasformato. In questo processo, le sofferenze non verranno lette solo in chiave autobiografica, ma elaborate attraverso l'interazione con l'ambiente, tramite incontri positivi e occasioni di crescita.

Le tecniche del colloquio di counseling

Originalità, flessibilità, creatività

Abbiamo visto come migliorare la flessibilità del cliente sia uno degli elementi chiave per poter far evolvere in senso positivo le relazioni all'interno di un sistema familiare, lavorativo o sociale. Ma la flessibilità interessa anche il counselor, che deve adattarsi all'individuo, o al sistema, che segue per trovare la strada giusta per aiutarlo. L'orientamento sistemico-relazionale mette a sua disposizione una serie di tecniche, alcune delle quali piuttosto creative, che, proprio grazie alla loro originalità e flessibilità, riescono ad aprire nuovi spazi di dialogo e di riflessione e ad aumentare, di conseguenza, le possibilità di interazione con il cliente e di azione del cliente nella realtà. Possiamo considerare il *joining* una di queste, in quanto il successo della consulenza dipende in gran parte da quanto il counselor sia abile nel gestire, con creatività e adattabilità, la sua relazione con l'interlocutore.

Il joining

Il termine *joining* (dal verbo inglese *to join* = "unirsi a", "associarsi con", "congiungere", "unire", "collegare"), deriva dalla stessa radice etimologica della parola latina *iugum* ("giogo") e di quella sanscrita *yoga* ("unire") che, come si può notare, nelle varie lingue esprime sempre il concetto di unione. Grazie all'uso di questa tecnica, infatti, il counselor è in grado di 'unirsi' alle famiglie, alle coppie, ai gruppi e agli individui che segue nelle consulenze, creando, sin dal primo incontro e nei successivi – il joining "è una cornice contestuale che va monitorata e riproposta in ogni singolo incontro" (Galdo, 2000, p. 12.5) – una relazione professionista-cliente solida ed empatica, destinata a rinnovarsi a ogni appuntamento e a durare nel tempo.

Il successo di questa relazione – che, come avviene per tutti i rapporti umani, inizia a formarsi nel primo istante di contatto tra il counselor e il potenziale cliente – è fondamentale per la buona riuscita della consulenza: non solo perché un approccio gradevole lascia un'impressione positiva nel cliente, rendendo probabile il suo ritorno; ma anche perché un rapporto positivo tra *caregiver* e utente può creare quel clima di fiducia e di collaborazione reciproca necessario per giungere alla risoluzione del problema, come scrive Minuchin[66] a proposito della terapia familiare:

> L'associarsi del terapeuta alla famiglia (*joining*) non è un'abilità o una tecnica: è un atteggiamento mentale fatto di rispetto, empatia, curiosità e impegno per la guarigione. Segnala l'istituirsi di un sistema mirato al lavoro terapeutico. Questa associazione operativa viene messa in atto dal primo incontro con la famiglia fino al congedo finale (Minuchin, 2014, ed. ital., p. 14).

Nel primo colloquio, ma anche all'inizio dei successivi, il counselor inizia dunque la conversazione in modo piacevole, quasi salottiero: dialoga del più e del meno, ponendo domande generiche e poco invasive con un tono di voce rilassato e rassicurante, per costruire un setting che rappresenti per l'utente un contesto protetto e non problematico.

Durante il joining, si rivelano particolarmente efficaci due tecniche del percorso di counseling, l'ascolto attivo e la sospensione del giudizio: il cliente deve avere la sensazione che il counselor sia lì con lui e per lui, e che ciò che racconterà sarà accettato senza riserve né valutazioni. Il counselor potrà usare il joining anche nel corso della conversazione, per creare nell'interlocutore un senso di

---

[66] Salvador Minuchin (1921-2017), uno dei fondatori della terapia familiare negli Stati Uniti e principale esponente della terapia strutturale, vede la famiglia come insieme di interdipendenze regolate da accordi espliciti o impliciti, spesso inconsapevoli. La struttura familiare è organizzata in *sottosistemi* (vedi) regolati da *confini*, regole ben precise.

accettazione e coinvolgimento e sollecitarlo a collaborare. In *Famiglie e terapia della famiglia* (ed. orig. 1974), e nel più recente *L'arte della terapia della famiglia* (2014), Salvador Minuchin sottolinea la necessità di 'allearsi' con il membro più potente della famiglia, per ragioni strategiche. Ecco cosa scrive nel commentare un caso da lui trattato, la terapia con la famiglia di una ragazza anoressica:

> La madre chiaramente è il membro più potente della famiglia, almeno per qualunque cosa abbia a che fare con la malattia di Loretta. Tutto esige che io accetti questo dato di fatto: il potere reale della madre, le regole di cortesia, la necessità di mantenere un rispetto sufficiente degli schemi abituali della famiglia, per poterla coinvolgere in un sistema terapeutico. [...] Integrandosi nel sistema terapeutico, il terapeuta risponde alla storia della famiglia, ma al tempo stesso sviluppa un monologo silenzioso sulla risposta più opportuna alla danza che va osservando. È un processo invisibile alla famiglia, ma deve essere esplicito per il terapeuta che osserva le proprie risposte (Minuchin, 2014, pp. 28-29).

E più avanti, dopo aver creato un'intesa con il padre, con la scusa di farsi coadiuvare nel dialogare con le donne della famiglia:

> Ho scelto il padre come co-terapeuta, aumentando la sua autorità di osservatore della moglie e della relazione fra questa e le figlie. Gli aggettivi, scelti con cura, lo definiscono come mio pari: uno che capisce le complicazioni dei processi psicologici. Allo stesso tempo, un gesto scherzoso, leggermente seduttivo, attenua la mia sfida verso la moglie. Voglio che queste persone parlino insieme (Minuchin, 2014, pp. 32-33).

Ecco come Galdo illustra tale tecnica di joining, che nello specifico Minuchin chiama *mantenimento*:

> Nel rito del mantenimento il terapeuta/antropologo offre un consapevole sostegno alla famiglia che incontra, sostegno che può essere esercitato a tutti i livelli: struttura della famiglia nel suo insieme, sottosistemi, singoli individui. In altri termini, una volta individuate le regole della famiglia, è opportuno non solo rispettarle, ma sostenerle in prima persona, alleandosi, per esempio, con il componente della famiglia che ha più potere in quella particolare fase del suo ciclo vitale (mai contraddire la madre-marescialla o il padre-padrone) (Galdo, 2000, p. 12.4).

L'uso del tempo

La concezione del tempo... nel tempo

Per introdurre la nozione di "tempo" nell'ottica sistemico-relazionale, è interessante accennare all'evoluzione di questo concetto nei decenni scorsi, dando uno sguardo alle teorie[67] espresse durante le tre 'età' della cibernetica.[68]

Nella *prima cibernetica*, il tempo viene considerato da un punto di vista statico ("concezione del tempo lineare"): ciò che interessa agli studiosi sono le ridondanze, cioè il ripetersi dei fenomeni e

---

[67] Galdo Gennaro, "La III Cibernetica e la posizione serendipitosa del counsellor e dello psicoterapeuta", seminario ISPPREF, Napoli, 19 febbraio 2016.

[68] La cibernetica (termine coniato dal matematico statunitense Norbert Wiener, autore del *saggio La cibernetica. Controllo e comunicazione nell'animale e nella macchina*, Milano, Il Saggiatore, 1968, ed. orig. 1948) è un settore di studi interdisciplinare, a metà tra scienza e ingegneria, che studia i fenomeni di autoregolazione e comunicazione negli organismi viventi e nei sistemi naturali e artificiali, nei diversi aspetti della ricorsività, del controllo e dell'informazione.

dunque la loro persistenza. Nella *seconda cibernetica* (la cibernetica di secondo ordine o dei sistemi osservanti, ideata da Heinz von Foerster[69]) compare per la prima volta l'interesse per il tempo come scorrere di eventi legati alle fasi del ciclo vitale dell'essere umano – individuo, coppia, famiglia, gruppo: il tempo non è più soltanto lineare ("concezione del tempo a spirale") ed è allora che nasce il genogramma. Nella *terza cibernetica*, il tempo diventa multidimensionale e adattabile alle varie situazioni: a volte lo si considera come *hic et nunc* (qui e ora), altre volte come susseguirsi di eventi storici, altre volte ancora come sequenza di cicli vitali.

Il tempo come 'strumento'

Per il counselor, il tempo è un vero e proprio strumento, che può essere usato durante un colloquio per risolvere una situazione critica, ma anche per migliorare la sintonia con l'interlocutore. In base alla multidimensionalità sottolineata dalla terza cibernetica, può essere considerato nei suoi diversi aspetti, riassumibili nell'acronimo, coniato da Gennaro Galdo, SE-TE-LI-RI-SO-O-DI-RI-SI:

Tempo SEquenziale: è il tempo, stabilito dal counselor, che permette alle persone coinvolte in una terapia di coppia, o familiare, di parlare a turno, senza che le voci si sovrappongano. Se necessario, il counselor può decidere di collocare i clienti in stanze diverse, spostandosi dall'una all'altra nel corso della consulenza.

Tempo giusto (TEmpestività): dev'essere sempre il counselor a stabilire quale sia il giusto tempo per il colloquio. Alcune volte, tuttavia, è il cliente a deciderlo, quando sceglie di raccontare un episodio significativo proprio al concludersi della consulenza, magari sulla porta. Il counselor può mantenersi in vantaggio suggerendo, sul finire dell'orario concordato, un tema su cui riflettere a casa, in modo da non terminare con un taglio netto, ma

---

[69] Heinz von Foerster (1911-2002), ingegnere, fisico, matematico, cibernetico e filosofo austriaco, è noto per aver teorizzato la "cibernetica di secondo ordine", oltre che per aver proposto di usare il termine "sistemico" come struttura complementare al pensiero scientifico.

con un 'compito' di collegamento (e qui si torna al joining) verso il nuovo incontro. Il tempo giusto è inoltre quello che distanzia le consulenze e che dev'essere gestito dal counselor a seconda delle necessità del sistema che si è venuto a formare:

> **«Ci rivediamo tra una settimana/ tra due settimane/ tra un mese.»**
>
> **«Mi chiami per un appuntamento quando ne sente la necessità.»**

Tempo LIneare: è il tempo descritto da strumenti come il genogramma o le fasi del ciclo vitale, che rappresentano lo scorrere della vita familiare del cliente attraverso le generazioni.

Tempo RIdondante: è il cosiddetto "tempo della tradizione": riguarda infatti gli eventi che si ripetono di generazione in generazione, causando ridondanze.

Tempo SOspeso (time out): se il counselor vive un momento di disagio nel gestire un colloquio, ad esempio perché la conversazione tra i membri di una coppia ha preso una piega sgradevole, o perché avverte un'eccessiva risonanza verso l'argomento di cui si parla, può sospendere la consulenza allontanandosi per qualche minuto, in modo da interrompere le situazioni di conflitto o di coinvolgimento.

Tempo dell'"Ora e subito": è il tempo presente, del "qui e ora" (*l'hic et nunc* latino), che consente di verificare ciò che accade in quel momento. Ad esempio come si comporta il cliente, come parla, in che postura è seduto.

Tempo DIfferito: è il cosiddetto "tempo delle domande da 1 milione di dollari", in cui il cliente si pone interrogativi esistenziali, come "In questa situazione, cosa dovrei fare?" o "Dovrei lasciare mio marito?" È chiaro che, di fronte a domande come queste, non è possibile, né è conveniente, fornire subito una risposta: meglio stabilire con il cliente di affrontare l'argomento quando i tempi saranno maturi.

Ritmo: durante un colloquio, usando tecniche di rispecchiamento, il counselor cerca di rispettare il ritmo dell'interlocutore, parlando con la sua stessa velocità.

Sincronia: è il tempo che riguarda le sequenze di avvenimenti: "Se accade questo, allora...". È il caso, ad esempio, di un genitore che chiede al figlio un determinato comportamento, e il counselor gli suggerisce di dare per primo il buon esempio.

Il time out come cambiamento di contesto

A proposito della comunicazione, abbiamo detto che chiamiamo "contesto" la situazione esterna che condiziona le relazioni che si formano al suo interno, come possono essere quelle che si creano, nell'ambito di una consulenza, tra il cliente e il counselor o tra il cliente e i suoi familiari. Durante un colloquio, può accadere che la conversazione prenda una piega imprevista, causata ad esempio da una lite tra i membri di una famiglia o di una coppia, da un momento di stallo nella conversazione, da una forte emozione. In questo caso, il counselor può ritenere utile – o addirittura necessario – interrompere la situazione difficile con un cambiamento di contesto, attraverso la sospensione momentanea (*time out*) della conversazione, magari con la scusa di una telefonata.

Il cambiamento di contesto può servire al counselor per prendersi un'utile pausa per riflettere su quanto sta accadendo, per sospendere una situazione faticosa da gestire, per non sottoporre a stress l'emisfero sinistro del cervello, preposto al pensiero razionale. Allontanandosi dal setting, anche solo per pochi minuti, provoca una modifica nel sistema che, con il sottrarsi di un elemento, necessariamente cambia: la situazione stressante è destinata in breve a cessare.

Il pensiero abduttivo

Quando ci troviamo di fronte a un problema, nella maggior parte dei casi tentiamo di risolverlo usando un approccio *deduttivo* (dal latino *de ducere*, "condurre da"): procediamo, cioè, attraverso un ragionamento, basato sulle nostre esperienze o su conoscenze date per scontate, in modo da arrivare alla soluzione per deduzione[70], con un percorso logico dall'universale al particolare, basato sull'osservazione. È quello che Aristotele considerava la forma perfetta di ragionamento: la verità delle premesse garantisce la verità della conclusione.

RAGIONAMENTO DEDUTTIVO:

PREMESSE CERTE + LEGGI CONOSCIUTE = ? (RISULTATI)

L'opposto è il pensiero *induttivo* (dal latino *in ducere*, "portare dentro"), che guida il ragionamento in senso inverso, dal particolare all'universale. Partendo da una premessa specifica, e intuendone i risultati, bisognerà dimostrare in modo logico come si arriva alle conclusioni.

RAGIONAMENTO INDUTTIVO:

PREMESSE CERTE + ? (LEGGI NON CONOSCIUTE) = RISULTATI

Una sua variante poco efficace può considerarsi il pensiero *presuntivo*, che parte da premesse autocostruite, presumendo i fatti più che ricavandoli dalla realtà. Si tratta di un tipo di ragionamento assai poco adatto a un counselor, che, al contrario, deve amplificare il più possibile la sua capacità di ascolto e di apertura, evitando visioni riduttive, che impedirebbero di attivare il processo virtuoso del cambiamento.

Non sempre questi metodi conducono ai risultati voluti. Entra in gioco, allora, la possibilità di usare il pensiero *abduttivo* (dal latino *ab ducere*, "condurre via da"), il tipo di ragionamento dei processi investigativi, che si serve di regole note e risultati visibili per ricostruire le premesse, cioè le cause degli eventi. Applicando questo metodo, che allontana da preconcetti e pregiudizi, il

---

[70] "Tipo di ragionamento che consente di derivare da una o più premesse date una conseguenza logicamente necessaria; tradizionalmente il termine designa, in modo alquanto generico, ogni procedimento logico mediante il quale da una verità generale si può ricavare una particolare in essa implicita (opposto a induzione)." (Oxford Languages, cit. da Google).

counselor può comprendere meglio la situazione del cliente e aiutarlo.

RAGIONAMENTO ABDUTTIVO:
? (PREMESSE NON CONOSCIUTE) + LEGGI CONOSCIUTE = RISULTATI

Il ragionamento abduttivo è infatti uno degli strumenti più potenti del counseling, e in genere delle relazioni di cura, perché riesce a raggiungere risultati che altrimenti non si otterrebbero: chi si rivolge a un counselor ha spesso già provato, con scarso successo, a farsi aiutare con il pensiero induttivo o deduttivo. Il metodo abduttivo usa la mente nella sua maniera più libera: si serve di fantasia, creatività, metafore, associazioni mentali, sessioni di brainstorming per aprire nuove prospettive; permette dunque di trovare per caso risultati preziosi che non si stanno in quel momento cercando, secondo il principio della *serendipità*[71].

> In breve, ci sono due modi per risolvere un problema: fare affidamento sull'intuizione oppure affrontarlo in maniera analitica. Rispondere a una domanda analizzandola significa trovare la soluzione attraverso un deliberato approccio di procedere per prove ed errori, mentre un'intuizione è percepita come un'epifania improvvisa. Entrambi i metodi sono utili, ma in genere quest'ultima opzione è percepita come migliore per trovare soluzioni "innovative". [...] per preparare il cervello alla creatività è necessario per prima cosa lasciare la mente libera di vagabondare (Bryce, 2014).

---

[71] Il termine *serendipity*, coniato nel 1754 dallo scrittore Horace Walpole che si era ispirato al titolo della fiaba *The three princes of Serendip* (l'antico nome dell'isola di Ceylon, oggi Srī Lanka), è "La capacità o fortuna di fare per caso inattese e felici scoperte, specialmente in campo scientifico, mentre si sta cercando altro.
Si veda anche https://www.treccani.it/vocabolario/serendipita/.

Se usiamo il pensiero abduttivo – sforzandoci di adottare nuovi e molteplici punti di vista; provando a compiere nuove attività, o quelle di sempre in maniera nuova; intraprendendo percorsi al di fuori della nostra "zona di confort" – allargheremo i nostri orizzonti e ci imbatteremo magari in elementi inaspettati, che potranno contribuire a farci conoscere meglio la realtà in cui ci muoviamo e a farci sviluppare maggiori capacità di *problem solving*.

> [...] le soluzioni ai grandi problemi richiedono pratica, abilità e studio, ma l'esito creativo si ha quando la propria esperienza è messa in pratica in campi nuovi (Bryce, 2014).

Un esempio classico di pensiero abduttivo viene descritto da un aneddoto, forse in parte apocrifo, sul matematico, fisico e inventore siceliota Archimede di Siracusa (287-212 a.C.). Il tiranno della sua città, Gerone II, ordinò allo scienziato di stabilire se una corona che aveva ricevuta in dono fosse effettivamente d'oro puro, o contenesse altri metalli; se Archimede non avesse risolto il dilemma in giornata, sarebbe stato ucciso. Il matematico iniziò a elaborare calcoli analitici, basandosi sul peso e sul materiale della corona, ma ben presto si rese conto che accertarne il reale valore sarebbe stato impossibile. Non essendo giunto ad alcun risultato con il ragionamento analitico, Archimede decise che era inutile continuare ad arrovellarsi sul problema; poiché presto sarebbe morto, tanto valeva trascorrere piacevolmente le sue ultime ore, con un bagno alle terme. Ma, non appena entrò nella vasca, il suo problema fu risolto: avendo notato che l'acqua, mentre vi si immergeva, traboccava, Archimede gridò: εὕρηκα!" (in greco antico, "ho trovato!"), poiché aveva scoperto il principio che, in seguito, avrebbe preso il suo nome: «ogni corpo immerso parzialmente o completamente in un fluido (liquido o gas) riceve una spinta verticale dal basso verso l'alto, uguale per intensità al peso del fluido che occupa nel volume spostato». Con l'ausilio di un cubo d'oro puro di uguale peso della corona, dopo averli immersi entrambi nell'acqua e aver misurato la quantità di liquido fuoriuscita, Archimede fu in grado di dare la soluzione, ed ebbe salva la vita. Come ben dimostra l'aneddoto,

Una volta immersi nel problema, il modo migliore per arrivare a una soluzione creativa è smettere di pensarci. [...] Una ricerca congiunta delle Università di Amsterdam e Bologna ha dimostrato che dormire alla vigilia di un problema o prenderne le distanze e immergersi in un'attività alternativa può aiutare a elaborare inconsciamente soluzioni creative. Presi assieme, questi risultati indicano che imporre al cervello di cambiare marcia o rivolgersi all'introspezione può essere una strategia efficace perché, in questo modo, l'attenzione può posarsi su una soluzione inaspettata che l'inconscio stava rimuginando (Bryce, 2014).

Il metodo abduttivo porta a grandi risultati; va comunque accompagnato da ragionamenti induttivi o deduttivi o dalle verifiche del ragionamento scientifico.

Il pensiero laterale

Il pensiero *laterale* o *divergente* può essere considerato un tipo di ragionamento abduttivo: non a caso, per Gregory Bateson, "l'abduzione è un'estensione laterale del pensiero" (Gandini, Orofino, 2020), nel significato di "descrizione doppia o multipla di qualche oggetto, evento o sequenza" (Bateson, 1984, p. 192). Il termine "pensiero laterale" fu coniato però dallo psicologo maltese Edward De Bono (1933-2021) – che allo studio del pensiero creativo e dei meccanismi mentali dedicò tutta la vita, e una settantina di saggi – per indicare una modalità di risoluzione dei problemi che usa punti di vista molteplici, alternativi e creativi, uscendo dai binari tracciati ed evitando di cercare la soluzione nella maniera più ovvia e diretta. Per individuare, ad esempio, il criterio in base al quale è ordinata la sequenza numerica 5, 10, 2, 9, 8, 4, 6, 7, 3, 1, dobbiamo fuoriuscire dalla logica matematica: l'ordine è alfabetico: cinque (C), dieci (D), due (D), nove (N)...!

La metafora

Neruda abbandonò la maniglia del portone e si accarezzò il mento. "Mario Jiménez, basta con paragoni e metafore".

"Come?".

"Metafore, diamine!"

"E cosa sarebbero?"

"Per spiegartelo più o meno confusamente, sono modi di dire una cosa paragonandola con un'altra".

"Mi faccia un esempio".

Neruda guardò l'orologio e sospirò: "Be', quando dici che il cielo sta piangendo, cos'è che vuoi dire?".

"Semplice, che sta piovendo, no?".

"Ebbene, questa è una metafora". [...]

"Come posso spiegarmi? Quando lei recitava la poesia, le parole andavano di qua e di là".

"Come il mare, allora!".

"Sì, ecco, si muovevano come il mare".

"E questo è il ritmo".

"E mi sentivo strano, perché con tutto quel movimento mi veniva il mal di mare. Ero come una barca cullata dalle sue parole".

"Come una barca cullata dalle mie parole. Lo sai cosa hai fatto, Mario? Una metafora".

"Però non vale, perché mi è venuta così, per caso".

"Non c'è immagine che non sia casuale, figliolo".

(Antonio Skármeta[72])

Usata nella letteratura e nel linguaggio parlato per esprimere un'analogia in maniera indiretta, e quindi più 'immaginifica', la figura retorica della metafora viene adoperata con successo anche nel counseling, per far emergere elementi nuovi sui quali lavorare. Il termine "metafora" deriva dal greco antico μεταφορά ("cambiamento", "trasporto", "trasferimento"), a sua volta un composto del prefisso μετα ("dopo", "oltre") e del verbo φορέωω φέρω ("portare"): la metafora, dunque, estende, "trasferisce", "porta oltre" il significato delle parole che sostituisce, rendendolo di più immediata comprensione e aiutando a veicolare concetti a volte difficili.

Nel counseling sistemico-relazionale, la *metaforizzazione* è uno degli strumenti più creativi, e più ricchi di sorprese, di cui possiamo disporre. Sollecitando l'immaginazione, le metafore aiutano ad aprire la mente e consentono di far sbocciare nuove idee, sia nel counselor che nel cliente, nei momenti in cui è importante che ciò avvenga. Come ha evidenziato lo psichiatra Sebastian Klaus Littmann (1931-1986),

> Il potere della metafora risiede molto chiaramente nella sua capacità di raggiungere una componente affettiva della personalità che comunemente è troppo ben difesa per essere raggiungibile (Littman, "Prefazione", in Barker, 1987).

Una metafora, sollecitata da domande che stimolano la riflessione e le emozioni, può introdurre un concetto del tutto nuovo e imprevisto, inducendo il cliente a riconsiderare la sua situazione sotto una nuova luce:

> **«Se la sua vita fosse un'opera d'arte, quale quadro sarebbe?»**

---

[72] Adattamento da Antonio Skármeta, *Ardiente pacencia*, 1985 (ed. ital. *Il postino di Neruda*, Garzanti, 1997).

«Se sua madre fosse un'automobile, che modello sarebbe?»

«Se la sua storia familiare fosse un libro, che titolo avrebbe?»

Quando un cliente si trova a esprimere un concetto attraverso una metafora, il counselor dovrebbe rispondere in maniera *isomorfa* (nella stessa forma), riprendendo la metafora appena creata: a una frase come *"Mi trovo davanti a una montagna da scalare!"*, si dovrà replicare cominciando con: *"Questa montagna..."*.

Spingendoci a creare un paragone tra ciò che conosciamo e ciò che dobbiamo ancora scoprire, la metaforizzazione permette di conoscere e di comprendere meglio la realtà, rivestendo dunque quella che nel counseling viene definita *funzione generativa*, "destinata cioè a maneggiare in modo creativo problemi con i quali si deve avere a che fare, nonostante non se ne conoscano, se non approssimativamente, le origini e la natura" (Galdo, 2000, pp. 12.10).

> Le metafore possono essere considerate modalità interattive tra le discipline a sé stanti. Si parla anche di metafore generative (Boyd R., Kuhn T. S., 1983) e di metafore vive (Ricoeur, citato in Iervolino D., 1984) [...] È proprio attraverso la metaforizzazione, dunque, che spesso può essere introdotto qualcosa di nuovo in una disciplina (Galdo, Maresca, Trapanese, Vitiello, 2000, p. 3.8).

Questo processo, non di rado, si rivela illuminante, come ci spiega Gennaro Galdo con una simpatica personificazione:

> La signora che ci accoglie è giovane, ha il viso pallido dove brillano due curiosi occhi neri, come sui capelli ricciuti. Il suo nome è Metafora. Ella, sbrigativamente (senza farci molto pensare, con

modalità critico-analitiche [...]) ci presenta... dei fantasmi. Per un po' restiamo interdetti, confusi; eravamo alla ricerca di verità assolute, senza tempo, buone per tutte le stagioni e invece... Ecco queste figure evanescenti, lattiginose. Ma il peggio deve ancora venire: ci accorgiamo, infatti, che questi fantasmi assomigliano a... Mio padre! Mia madre! I miei fratelli, i gruppi ai quali sono appartenuto (Galdo, Maresca, Trapanese, 2000, p. 8.4).

Cinzia Gamba propone una metafora artistica per il counseling, rappresentandolo come una coreografia:

Come un regista esperto cura ogni dettaglio scenico e ancor prima si interessa della condizione psico-fisica degli interpreti che andranno in scena, anche il counsellor cura la propria preparazione, la propria forma personale e il setting, e del cliente osserverà tutto ciò che dal non verbale può arrivare, in un prezioso flusso di comunicazione che integrerà quanto il cliente potrà esporre attraverso la parola.

Si coglieranno gli equilibri e i possibili disequilibri della persona o delle persone che davanti a noi, con noi, danzano il racconto della loro vita o di una parte di essa. E, come avviene nell'opera lirica, non saranno tanto le parole a comunicare i sentimenti e i vissuti, ma lo faranno soprattutto le espressioni, i movimenti, il portamento. Solo qui e là, emergeranno alcuni termini-chiave, simbolici dello stato e del sentire della persona (Gamba, 2013).

La similitudine

Il termine "similitudine" (dal latino *similitudo* = "somiglianza", "paragone", "analogia"; in greco antico παραβολή = "paragone", "confronto"), indica una figura retorica che mira a chiarire un concetto, paragonandolo a un altro attraverso la congiunzione "come" o nessi logici equivalenti, per esprimere un'idea in maniera più incisiva ed evocativa. Allo stesso modo della metafora – che non prevede l'uso del "come" – la similitudine può essere usata con profitto in un percorso di counseling: chiedendo al cliente di stabilire un paragone tra sé (o un'altra persona) e un altro elemento, lo si sollecita ad accedere alla parte creativa del cervello, arrivando a ottenere risposte rivelatrici.

«Ha paragonato la sua vita a un giardino non coltivato... In questo giardino, lei che fiore sarebbe?»

La ridefinizione in positivo

Chi vive in prima persona un problema tende a descriverlo servendosi di vocaboli dal significato negativo. Lo scopo del counseling è di raggiungere risultati positivi: per contrastare la tendenza del cliente al pessimismo e all'autocommiserazione, il counselor può usare la tecnica della *ridefinizione in positivo*. Come applicarla? Dopo aver praticato l'ascolto attivo, 'restituiamo' al cliente quanto ci ha raccontato attribuendogli una connotazione positiva, trasformando cioè i concetti descritti come problematici in occasioni di consapevolezza e di crescita.

Il gioco-paradosso e l'assurdo

La tecnica del *gioco-paradosso* deriva dal concetto di *intenzione paradossa* di Viktor Frankl,[73] e dalle successive ricerche sulla

---

[73] Viktor Emil Frankl (1905-1997), neurologo e psichiatra austriaco, ideò la tecnica dell'*intenzione paradossa* (PI, *Paradoxical Intention*), basandosi sulla constatazione che proprio il desiderio del paziente di voler eliminare i propri sintomi e disagi crea le condizioni perché essi permangano. La guarigione si ottiene prescrivendo, paradossalmente, il comportamento che si cerca di evitare.

comunicazione paradossale svolte da Gregory Bateson con Jay Haley, John Weakland e William Fry nel 1956 nel Mental Research Institute di Palo Alto, che sarebbero culminate nella teoria del doppio legame (*double bind*). La pratica, usata nel counseling e in psicoterapia per favorire il cambiamento, è appunto paradossale, poiché consiste nel prescrivere al cliente, in maniera ironica e giocosa, proprio il comportamento in grado di rinforzare il sintomo negativo di cui sta cercando di liberarsi. In tal modo, lo si induce ad abbandonare i tentativi per guarire, con una conseguente diminuzione del suo livello d'ansia e nuove dinamiche d'azione, che portano necessariamente a un cambiamento.

> In sostanza si tratta di prescrivere proprio il comportamento sintomatico che i pazienti vorrebbero superare. Poiché il sintomo è esperito come qualcosa di involontario e incontrollabile, la sua prescrizione crea ciò che può essere chiamato il paradosso del 'sii spontaneo'. Quando i pazienti vengono stimolati ad accrescere i propri sintomi intenzionalmente invece che cercare di reprimerli, giungono a esiti del tutto nuovi e inaspettati. (Watzlawick, 2007).

Un contemporaneo di Frankl, lo psichiatra statunitense Carl Whitaker[74], altro pioniere della terapia familiare, si riferiva al suo lavoro parlando di "terapia dell'assurdo" e di "sapere non convenzionale", proprio per evidenziare la necessità di focalizzarsi sui processi emozionali, più che su quelli cognitivi, quando si aiutano le famiglie a cambiare per migliorare i rapporti al loro interno.

---

[74] Il metodo di Carl Whitaker (1912-1995) è di lavorare in coppia con un collega: il terapeuta si coinvolge emotivamente con la famiglia, assumendo una funzione di provocazione e sfida; il co-terapeuta mantiene sotto controllo la situazione. Elemento centrale è la famiglia d'origine, poiché condiziona il comportamento che il paziente ha con i suoi partner: per Whitaker, i componenti di una coppia sono spesso "capri espiatori" con il mandato di dimostrare che il proprio modello familiare è il migliore.

Citando la terapia simbolico-esperienziale di Whitaker, Loriedo sottolinea l'importanza di un lavoro sulle generazioni:

> L'assurdo, il gioco e l'umorismo costituiscono altrettanti fattori terapeutici di quest'approccio e l'unità sulla quale interviene è l'intera famiglia; ma soprattutto si dà importanza ai rapporti transgenerazionali per comprendere la genesi della patologia e per richiedere la collaborazione delle generazioni precedenti nella terapia del nucleo familiare. I genitori sono coinvolti nella terapia come coppia genitoriale, come coniugi, ma anche come figli rispetto alle famiglie d'origine (Loriedo, 1994).

La stessa tecnica si rivela utile in presenza del paradosso descritto da Mara Selvini Palazzoli, Luigi Boscolo, Gianfranco Cecchin e Giuliana Prata (pionieri della terapia sistemico-relazionale italiana e fondatori, nel 1967, del Centro per lo Studio della Famiglia di Milano[75]); nel caso in cui, cioè, i clienti chiedono di cambiare la loro situazione, ma nello stesso tempo non vorrebbero cambiarla.

---

[75] Mara Selvini Palazzoli (1916-1999) e la sua équipe – Luigi Boscolo, Gianfranco Cecchin e Giuliana Prata – conosciuti come il Milan Team o i quattro della Scuola di Milano, applicarono in Italia le teorie sistemiche statunitensi, dando vita all'innovativo "Milan Approach". Il loro metodo è basato sulla *neutralità* del terapeuta (che disinnesca ogni tentativo di alleanza, influenza, relazione privilegiata tra i membri della famiglia, mostrandosi nel contempo imparziale verso i loro problemi), sulle *ipotesi terapeutiche* e sulla *circolarità* con cui esse vengono verificate e poi modificate o abbandonate. Attraverso un *paradosso*, che consiste nel dare momentaneamente una connotazione positiva alla patologia del sistema familiare, l'équipe terapeutica (uno-due membri in seduta, gli altri dietro lo specchio) mostra di accettare l'omeostasi, producendo un *controparadosso*: il comportamento sintomatico, considerato favorevole per la famiglia e prescritto dai terapeuti, diviene la leva per il cambiamento. Per favorire l'autonomia dei pazienti, evitando la dipendenza dalla relazione terapeutica, molte sedute sono distanziate di circa un mese: in questi casi, i cambiamenti sono più rapidi e il percorso si riduce a una decina di sedute. Il Nuovo Centro per lo Studio della Famiglia, fondato nel 1982 da Mara Selvini Palazzoli,

La provocazione

> Ciò che Hugo mostra, è la perenne esperienza
> umana del cambiamento profondo che emerge
> dall'azione inaspettata e imprevedibile di qualcuno
> (Nardone, Watzlawick, 1990).

Quando siamo provocati, tutti noi tendiamo a reagire impulsivamente; trattenerci ci costa uno sforzo enorme. In una relazione di aiuto, si ottengono migliori risultati proprio quando il cliente si apre e rivela ogni parte di sé; per facilitare questo processo, nel counseling può essere utile applicare la tecnica della *provocazione*: se stimolato opportunamente, il cliente rilascia informazioni aggiuntive e fa emergere le parti più nascoste di sé, che potranno essere esplorate. Secondo Galdo, quando si lavora con le famiglie, usare la provocazione è particolarmente utile nella fase dello *slittamento di designazione* (vedi); ma si può provare ad applicarla in molti altri casi.

La provocazione consiste nel porre ai clienti domande consapevolmente provocatorie:

> "Chi, secondo lei, è destinato a prendere il suo
> posto nella famiglia e come? Suo padre con una
> malattia somatica, per esempio un attacco
> cardiaco, sua madre con la depressione, uno dei
> suoi fratelli con una trasgressione clamorosa come
> firmare un assegno a vuoto?"
> L'effetto dirompente di un simile approccio
> provocatorio ha lo scopo di mettere in evidenza i
> rischi ancora presenti nel nucleo familiare in
> trattamento, di prevenire, dunque, la designazione
> di un altro capro espiatorio e ostacolare un

---

continua il lavoro del gruppo di Milano con l'equipe formata da Matteo Selvini, Anna Maria Sorrentino e Stefano Cirillo.

abbandono della scena terapeutica da parte della famiglia (Galdo, 2000, pp. 12.18-12.19).

Il capovolgimento di prospettiva

E se il cliente, nonostante tutti gli sforzi del counselor, si mostra reticente e non sembra voler rivelare le informazioni che servirebbero a comprenderlo e ad aiutarlo? In questo caso, può essere utile la tecnica del *capovolgimento di prospettiva*, che rovescia le parti, dando un momentaneo ruolo di potere al cliente e togliendolo dall'imbarazzo di parlare di sé:

> **«Faccia a me una domanda alla quale sarebbe disposto a rispondere…»**

Esponendosi in prima persona e mostrandosi disponibile a raccontare di sé, svelando la sua interiorità senza alcun timore, il counselor può riuscire a creare intimità ed empatia con il cliente e a entrare in risonanza con lui, spingendolo ad aprirsi.

La presentificazione

La tecnica delle *presentificazione*[76] consiste nell'invitare il cliente a immaginare di comunicare – in forma orale o scritta – con la persona che è causa del suo problema, o che è comunque coinvolta nel suo disagio. Il counselor può rivolgergli domande come:

> **«Se sua moglie/ suo marito fosse qui davanti a lei, cosa le/ gli direbbe?»**

> **«Se dovesse scrivere una lettera al suo capo, cosa gli scriverebbe?»**

La lettera, naturalmente, può davvero essere scritta, anche se non spedita…

---

[76] "Presentificare", oltre che riportare al presente eventi pubblici o privati del passato, significa anche "immaginare come possibili e presenti eventi, situazioni o persone inesistenti o lontani nel tempo o nello spazio" (http://www.treccani.it/vocabolario/presentificare/, consult. 2020).

Il rispecchiamento o mimesi

Abbiamo già citato l'importanza di scoprire il canale sensoriale primario usato dall'interlocutore per poterne meglio ricalcare le modalità comunicative. Altrettanto importante è il *rispecchiamento*, o *mimesi* (dal greco antico μί μησι ς = "imitazione", "riproduzione"), una tecnica basata sul linguaggio del corpo con cui il counselor, imitando volutamente il modo di parlare, le espressioni verbali, il ritmo della respirazione e la postura del cliente, riesce a entrare maggiormente in sintonia con lui.

Le tecniche di rispecchiamento si rivelano utili a prescindere dal canale sensoriale privilegiato, perché permettono di adeguarsi a situazioni diverse e, quando necessario, di ricondurle alla normalità. Nel colloquio con un cliente in fase depressiva, che mostra tristezza, il counselor può usare un tono di voce tranquillizzante; se ha di fronte un soggetto in fase maniacale, che parla molto velocemente, cerca di conferire alla conversazione un ritmo sostenuto. E se volesse riportare il cliente alla calma? Grazie alla tecnica detta *ricalco e guida*, basata su gesti simili (non uguali, come nel rispecchiamento) a quelli dell'interlocutore, ne riprodurrà dapprima ritmo e tono di voce, per poi guidarlo lentamente verso un'intonazione più bassa e più rilassata.

Il rispecchiamento può riguardare anche l'abbigliamento: il counselor può scegliere di indossare un tipo di vestiario simile a quello usato dal cliente, per creare una maggiore sintonia. Ecco come Galdo (2000), richiamandosi a Minuchin (1974), descrive le tecniche della mimesi:

> Il rito della mimesi consiste nel condividere fino in
> fondo, riproducendole, le caratteristiche principali
> dello stile, delle modalità affettive, del timing nella
> comunicazione della famiglia: per esempio togliersi
> la cravatta quando s'incontrano famiglie che
> vestono casual, non apparire euforici e iperattivi in
> contesti depressi e rallentati, interloquire con lo

stesso ritmo *paralinguistico* della famiglia (Galdo, 2000, p. 12.4).

L'enactment

L'*enactment* (dall'inglese *to enact* = "rappresentare", "mettere in scena", "interpretare") è una tecnica, usata sin dagli anni Ottanta nell'ambito della terapia familiare, che consiste nel chiedere ai componenti di un sistema di dialogare tra loro, in presenza del professionista, in modo che questi possa analizzare il loro modo di rapportarsi e utilizzare il risultato dell'osservazione come materiale per una successiva discussione.

> Sembra una tecnica semplice: in sostanza, il terapeuta chiede a due membri del gruppo familiare di parlare fra loro in presenza degli altri, ma le conseguenze sono di vasta portata. In questo contesto, la conversazione tra due familiari non è più spontanea: rallenta e si trasforma in un incontro cui assistono il terapeuta e il resto della famiglia. Nei due partecipanti cresce il senso della propria azione efficace, che si traduce nella consapevolezza che "parlo con te mentre loro ci osservano". Il risultato è che ognuno prende meglio coscienza del posto che occupa del gruppo familiare (Minuchin, 2014, ed. ital., p. 18).

La detriangolazione

In psicologia, si parla di *triangolazione*[77] quando, in contesti familiari o di cura, due persone si coalizzano a discapito di una terza.

---

[77] La triangolazione è un elemento centrale nel pensiero di Murray Bowen (1913-1990), pioniere della terapia familiare, ideatore del genogramma e principale esponente della terapia intergenerazionale centrata sull'individuo. Osservando le alleanze che si formano all'interno dei 'triangoli' costituiti dai componenti di una terapia familiare (il paziente, i suoi genitori e fratelli, il terapeuta), Bowen sostiene la centralità, nelle relazioni umane, della triangolazione: la tendenza a inserire un terzo nella relazione a due – ad

È il caso, ad esempio, di un genitore e di un figlio che si oppongono a un altro familiare, o di un paziente che cerca di allearsi con il suo psicoterapeuta a sfavore di un altro membro del sistema terapeutico. Evitare queste situazioni è importante ed è per questo che, quando si verificano durante un colloquio, il counselor deve attuare la *detriangolazione*: deve, cioè, gestire il setting in modo da non consentire al cliente di "triangolarlo" a suo favore, cosa che questi potrebbe decidere di fare, magari inconsciamente, per eludere i problemi ed evitare di collaborare alla loro risoluzione.

La tecnica della detriangolazione si rivela utile anche quando il counselor assume la funzione direttiva in un gruppo: se si accorge che stanno emergendo dinamiche conflittuali tra i componenti, fa in modo da evitare che si formino alleanze e lascia che le decisioni siano prese da tutto il gruppo, nel rispetto di ciascun membro.

La condivisione del problema

Durante un colloquio di counseling, il cliente condivide con il professionista i suoi timori, i suoi dubbi, le sue esperienze: insomma, tutto ciò che sente e che costituisce, per lui o per lei, un problema – o una risorsa. Anche il counselor, però, può condividere parti importanti di sé durante una consulenza; deve, anzi, farlo, affinché si crei quel legame empatico con l'interlocutore che, nell'orientamento sistemico-relazionale, viene considerato sin dal primo incontro una componente fondamentale della relazione di aiuto, dal cui successo dipenderà il buon esito del percorso. Concorre a quest'obiettivo la tecnica della *condivisione del problema*, in cui a parlare delle sue vicende personali è il counselor.

---

esempio il padre nella diade madre-figlio – la rende più fusionale e nello stesso tempo più instabile. Nel 1969, un altro pioniere del pensiero sistemico, Jay Haley, ha parlato di *triangolo perverso*: un particolare tipo di triangolazione che viene a crearsi nelle famiglie quando due individui di generazioni diverse si alleano a discapito di un individuo di un'altra generazione, come avviene nelle coppie in crisi quando un genitore cerca di portare dalla sua parte un figlio, mettendolo contro il partner. La triangolazione "perversa" è sempre nascosta: non viene mai ammessa esplicitamente, ma viene negata o dissimulata.

Nella terapia esperienziale viene posta un'enfasi ridotta sul problema del potere e il coinvolgimento personale del terapeuta viene considerato un requisito indispensabile per ottenere il cambiamento della famiglia. L'obiettivo più importante è quello di raggiungere la crescita della famiglia che, secondo Whitaker, dev'essere accompagnata da quella del terapeuta (Loriedo, 1994).

Il momento migliore per farlo è dopo qualche incontro: acquisita un po' di confidenza con il cliente, se il counselor prova risonanza di fronte alle vicende narrate, può "condividere il suo problema", raccontando episodi personali della sua vita per aumentare la sintonia con l'interlocutore sulla base di un vissuto simile. Raccontare di sé serve al counselor anche per elaborare, a partire dalla propria storia personale, domande utili per far emergere problematiche o risorse del cliente:

Ricordo che, all'epoca del mio divorzio, mi fu vicina mia madre. Lei su chi può contare?"

Prima di porre una domanda, il counselor dovrà sempre domandarsi se sarà di beneficio al cliente, o se piuttosto non sia funzionale al suo desiderio di affrontare un determinato argomento.

Lo scalatore

Il compito di realizzare un obiettivo può essere paragonato a una scalata, in cui ci si arrampica verso la meta sostando nei punti intermedi lungo il cammino. Allo stesso modo, per giungere ai risultati che la relazione d'aiuto si prefigge, il cliente-scalatore deve compiere un percorso a tappe. Ma non le conosce ancora: altrimenti, perché si sarebbe rivolto a un counselor? Fargliele individuare è compito di quest'ultimo, che può usare la tecnica dello *scalatore*: pone, cioè, al cliente una serie di domande che gli permettano di riflettere sui passi che occorrono per arrivare al suo obiettivo, partendo proprio dal punto d'arrivo e guardando indietro, con un percorso di non più di 10-15 passaggi. Una domanda tipica può essere questa:

Cosa costituirebbe un obiettivo un po' meno difficile di quello che desidera raggiungere?

Questa tecnica introduce l'idea che le azioni che compiamo in vista di un risultato non siano isolate, ma collegate le une alle altre (le azioni isolate, o *one shot performance*, sono più rare).

La tecnica dello scalatore si rivela particolarmente adatta quando si deve organizzare un'attività; in questo caso, ci si aiuta costruendo un diagramma di flusso che parte proprio dall'obiettivo, il primo elemento da definire. Diamone un esempio pratico.

Un gruppo di counselor desidera intraprendere un'attività di counseling professionale che, nello stesso tempo, sia in grado di offrire un tirocinio ai counselor in formazione: usa dunque la tecnica dello scalatore per evidenziare, procedendo a ritroso, le tappe necessarie.

TECNICA DELLO SCALATORE

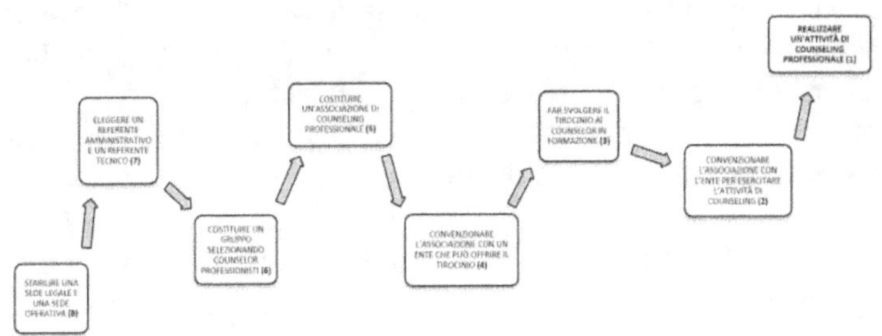

La coppia speculare

Una delle situazioni più comuni, durante una consulenza di coppia, è che, nel corso dell'incontro, si creino momenti di conflittualità tra i partner. In questo caso, possiamo provare a lavorare usando la *tecnica della coppia speculare*, detta così perché richiede che i due si confrontino stando seduti l'uno di fronte all'altro. Dopo aver organizzato il setting, il counselor invita ciascun membro della coppia a elencare tre abitudini fastidiose e tre comportamenti positivi dell'altro, e nel frattempo li annota. Chiede quindi a uno dei partner di ripetere ad alta voce, attribuendoli a sé, i comportamenti che ha indicato per l'altro.

> **«Non desidero mai uscire a divertirmi con il mio partner...»**

> **«Sono molto affettuoso...»**

Questa tecnica serve a stimolare il dialogo all'interno della coppia e, nello stesso tempo, a far capire a ciascun partner che ciò che desideriamo dall'altro parte sempre da un nostro bisogno interiore: una volta emersi questi bisogni da entrambe le parti, è proprio su di essi, e sul loro soddisfacimento, che bisognerà lavorare.

Il Reflecting Team

Il *reflecting team* (RT) è un innovativo metodo usato nel training e nella supervisione dei counselor familiari, che consiste nel chiedere a un gruppo di colleghi di osservare – attraverso uno specchio unidirezionale, strumento usato sin dagli anni Cinquanta nelle co-terapie sistemiche – un colloquio di counseling con una famiglia o con una coppia e, successivamente, nel permettere al counselor, con i suoi clienti, di trasferirsi dall'altro lato dello specchio per assistere alla discussione del team su quanto appena visto. In pratica, le parti si invertono: le persone che erano osservate guardano a loro volta il gruppo di esperti discutere sul loro incontro di counseling.

La tecnica, usata anche in terapia familiare, è stata messa a punto dallo psichiatra norvegese Tom Andersen per superare i limiti imposti dalla visione unidirezionale.

> Tom Andersen (1987, 1992a, 1992b, 1993, 1995), uno psichiatra di Tromsø, in Norvegia, entrò per caso in contatto con la pratica che è diventata nota come reflecting team. Con il suo gruppo di lavoro, stava osservando un incontro di counseling da dietro lo

specchio unidirezionale. Il counselor era stato "trascinato nel pessimismo dalla famiglia" (Andersen, 1987, p. 415). Dopo tre chiamate senza successo, Andersen suggerì che il counselor e la famiglia si scambiassero di posto con il gruppo di lavoro, che iniziò a riflettere ad alta voce sulla famiglia, mentre la famiglia e il counselor osservavano. I gruppi si scambiarono di nuovo e il counselor sollecitò la reazione della famiglia sulle riflessioni del gruppo. Man mano che Andersen continuava a usare questa tecnica, arrivò alla conclusione che l'RT è una pratica più collaborativa e più efficace dello stare semplicemente seduti in silenzio al di là dello specchio, come era stato abituato a fare secondo l'approccio sistemico di Milano (Selvini Palazzoli, Cecchin, Prata, & Boscolo, 1979), per poi riemergere da dietro lo specchio per contribuire con il proprio intervento (Chang, 2010).[78]

Il vantaggio di usare la tecnica del reflecting team è che il counselor e la famiglia possono aprirsi a prospettive nuove, mettendo in discussione i loro punti di vista e facilitando il cambiamento.

Andersen (1987) [...] sottolinea che lo scopo dell'RT è di generare e offrire descrizioni multiple della situazione del cliente. Durante il colloquio, il counselor partecipa alle molteplici descrizioni del problema, le decostruisce e invita alla riflessione sulle relazioni, sulle differenze e sulle implicazioni di una prospettiva diversa. Lo scambiarsi fisicamente di posto, così che il cliente possa osservare i

---

[78] I testi di Chang sono stati tradotti dall'inglese dall'Autrice.

ragionamenti del gruppo di lavoro, rispecchia l'atteggiamento relazionale e attitudinale di Andersen. Il gruppo di lavoro condivide le sue riflessioni speculativamente, aperto a molteplici possibilità e spiegazioni, permettendo ai clienti di "selezionare quelle idee che gli si adattano" (p. 420) (Chang, 2010).

La lettura relazionale dei sogni

Il sogno è un'intensa esperienza mentale, apparentemente prolungata nel tempo, in realtà breve, in cui mentre dormiamo, per un'alterazione spazio-temporale causata dalla nostra mente, ci sembra di vivere per ore e in luoghi lontani emozioni, sensazioni e situazioni che invece percepiamo nel sonno, nell'arco di pochi minuti. Grazie al contributo di Sigmund Freud (che, a fine Ottocento, elaborò la Teoria dell'inconscio e scrisse, nel 1900, *L'interpretazione dei sogni*, pietra miliare della psicoanalisi), ancor oggi diversi orientamenti della psicologia ritengono importante analizzare il contenuto dei sogni del paziente per poter avere una chiave di accesso al suo inconscio.

La *lettura relazionale dei sogni* viene praticata principalmente dagli psicoterapeuti; ciò non esclude che qualche counselor possa scegliere di utilizzarla durante le sue consulenze. Chiederà allora al cliente di annotare le sue manifestazioni oniriche al risveglio e di riportarle durante gli incontri, in modo da poterci lavorare: non solo trovando nei sogni un significato legato alla realtà, ma soprattutto collegandolo alla situazione del cliente e ai suoi più profondi desideri.

I temi della consulenza

Clienti particolari, problemi universali

Il counselor e il cliente si sono incontrati, hanno instaurato un rapporto basato su empatia e fiducia – presupposto perché la relazione di aiuto possa continuare – e sono entrati nel vivo della consulenza: il counselor si è disposto nella modalità di ascolto attivo e il cliente gli ha raccontato di sé. E le prime problematiche sono emerse. Affrontarle con successo dipende dalla competenza e dall'esperienza del counselor che, come abbiamo visto, in ambito sistemico-relazionale può disporre di numerosi strumenti, come il genogramma e la mappa relazionale, e di una serie di tecniche più o meno creative, in grado potenzialmente di dar luogo a risultati illuminanti.

Pur avvalendosi di metodi applicabili alla maggior parte dei casi che tratta, il counselor sistemico-relazionale ricorda sempre che il suo cliente è un particolare individuo la cui esistenza è stata incisa da precisi eventi, in alcuni casi traumatici, che lo hanno portato a focalizzarsi su un determinato aspetto problematico della propria vita o della propria personalità; così come una famiglia è un sistema di persone che interagiscono tra loro in base a credenze e regole proprie, a volte uniche. Tuttavia, ogni situazione specifica può essere ricondotta a modelli universali, grazie ai quali il counselor riesce ad aiutare chi si rivolge a lui. Ecco dunque alcune tematiche su cui capita spesso di lavorare, e qualche suggerimento per affrontarle.

Lavorare sulle emozioni

Oggi si parla tantissimo di emozioni e tutti, istintivamente, sappiamo cosa siano, perché le abbiamo provate. In ambito scientifico, alle emozioni sono state date innumerevoli spiegazioni e definizioni[79] e si è evidenziato il loro ruolo, che ha molto a che fare con il nostro istinto di sopravvivenza:

> L'emozione è una modificazione delle condizioni omeostatiche di base, finalizzata alla conservazione dell'individuo e della specie per mezzo di specifici comportamenti e di modificazioni somatiche che ne costituiscono il supporto fisiologico e metabolico (Pancheri, 1983).

Le emozioni sono, in un certo senso, la 'spia' che ci avverte della necessità di rispondere, con segnali fisiologici e psichici, a eventi esterni o interni che potrebbero potenzialmente causarci dei problemi, o al contrario facilitarci nel compito di perpetuare la razza umana.

> Le emozioni sono stati mentali e fisiologici associati a modificazioni psicofisiologiche, a stimoli interni o esterni, naturali o appresi. In termini evolutivi, o darwiniani, la loro principale funzione consiste nel rendere più efficace la reazione dell'individuo a situazioni in cui si rende necessaria una risposta immediata ai fini della sopravvivenza, reazione che non utilizzi cioè processi cognitivi ed elaborazione cosciente. Le emozioni rivestono anche una funzione relazionale (comunicazione agli altri delle proprie reazioni psicofisiologiche) e una funzione autoregolativa (comprensione delle proprie

---

[79] Una definizione, tratta dalla psicologia: "L'emozione può essere definita come una reazione soggettiva/ affettiva intensa, di carattere adattivo, ad una esperienza interna/ esterna, piacevole oppure spiacevole, che ha conseguenze sul piano comportamentale, fisiologico, affettivo e cognitivo dell'individuo. È caratterizzata da un'insorgenza acuta e di breve durata determinata da uno stimolo esterno o interno con peculiari reazioni somatiche, vegetative e psichiche". Si veda la pagina web https://alfastudiopsicologia.it/2017/01/02/cosa-le-emozioni/.

modificazioni psicofisiologiche) (Wikipedia, consult. 2015).

Desideriamo provare delle emozioni, perché le associamo a stati fisici e mentali positivi: gioia, felicità, entusiasmo, amore, passione. Tuttavia, proprio per il ruolo determinante che hanno per la nostra sopravvivenza, le emozioni spesso ci trasmettono sensazioni poco piacevoli: tristezza, rabbia, paura, ansia, angoscia... Che non di rado, magari senza intenzione, trasmettiamo a chi ci sta vicino. O che non riconosciamo, o addirittura neghiamo a noi stessi, 'coprendole' con altre emozioni "parassite"[80] (come impariamo a fare da bambini, quando, rendendoci conto che le nostre manifestazioni di rabbia non verranno accettate, le sostituiamo da quel momento in poi con la tristezza).

Durante un counseling, un cliente potrebbe riferire di vivere emozioni "negative". Ma un'emozione non è mai del tutto negativa, perché rappresenta comunque un'occasione di crescita e di conoscenza di sé, oltre che uno strumento funzionale a orientarsi verso il cambiamento. Per dirla con lo scrittore Roberto Cotroneo,

> Le emozioni non sono negative. Le emozioni sono il collante della nostra identità. Senza emozioni la ragione non funzionerebbe (Cotroneo in Wikiquote, consult. 2015).

Ci sono, tuttavia, molti casi in cui le emozioni comunemente dette negative si rivelano disfunzionali[81], o addirittura dannose.

---

[80] Le emozioni possono essere *naturali*, quando sono congruenti con ciò che sta accadendo (ad esempio, da un pericolo deriva la paura; dalla perdita di una persona cara, la tristezza), o *parassite*, se non corrispondono alla realtà ma, a causa di condizionamenti passati, si instaurano su un'emozione autentica, mascherandola.

[81] Per lo psicologo statunitense Albert Ellis (1913-2007), fondatore della terapia razionale-emotiva comportamentale (Rational Emotive Behavior Therapy o REBT) e precursore della terapia cognitivo-comportamentale, le emozioni negative e i comportamenti a esse legati sono di due tipi: *funzionali*, quando derivano da pensieri razionali (è il caso, ad esempio, del dispiacere), *disfunzionali*, quando nascono da pensieri irrazionali (come

Quando siamo in preda alla rabbia, alla paura, all'ansia, alla depressione, al senso di colpa o all'autosvalutazione, infatti, non siamo in grado di usare al meglio le nostre funzioni cognitive; la capacità di ascolto, comprensione ed empatia si può inoltre ridurre di molto, rendendoci poco disponibili al dialogo e incapaci di gestire assertivamente le relazioni, che possono diventare conflittuali.

Esplorando le emozioni, di cui sottolinea l'importanza e la funzione, il counselor fa in modo che il cliente scopra aspetti della personalità (propria, o degli altri) che non aveva considerato prima, e riesca a superare ostacoli e paure grazie a momenti catartici. Vediamo come si potrebbe lavorare su un'emozione 'non positiva' molto comune: la rabbia.

Rabbia e aggressività

> *Tutti i nostri rancori derivano dal fatto che, rimasti al di sotto di noi stessi, non siamo stati in grado di raggiungere la nostra meta. Questo non lo perdoneremo mai agli altri.* (Emil M. Cioran[82])

Tutti, prima o poi nella vita, abbiamo provato sentimenti di rabbia. In qualche caso ci siamo sforzati di non esprimerli, a costo di soffrirne; in altri siamo riusciti ad affrontare gli eventi con *assertività*[83]; altre volte, però, la rabbia ha preso il sopravvento e, non più moderata dalla ragione, è venuta fuori in modo aggressivo, o addirittura distruttivo. Proprio perché un eventuale approccio conflittuale può danneggiare le relazioni interpersonali, impedendo

---

avviene per rabbia, depressione, ansia). Per migliorare il benessere emotivo, i pensieri razionali dovrebbero sostituire quelli irrazionali.

[82] Emil Michel Cioran, *Syllogismes de l'amertume*, 1952 (ed. ital. *Sillogismi dell'amarezza*, Adelphi, Milano, 1988).

[83] L'assertività è la capacità di far riconoscere agli altri le proprie esigenze e i propri diritti, di esprimere le proprie opinioni, di far valere le proprie ragioni in maniera equilibrata, evitando i due opposti della sottomissione e dell'aggressività.

nello stesso tempo di trasmettere in maniera efficace i contenuti, la rabbia viene di solito considerata un'emozione da reprimere. In realtà, dietro un atteggiamento aggressivo c'è un elemento di per sé neutro: la rabbia, infatti, non è altro che il modo in cui noi esseri umani cerchiamo di far comprendere agli altri un nostro *bisogno*, affinché sia soddisfatto. Si può, naturalmente, ottenere ciò che vogliamo in modo assertivo.

Se un cliente manifesta difficoltà nella gestione della rabbia – o subisce le ire di un familiare, di un amico, di un collega – il counselor può aiutarlo a capire quale bisogno celino quei comportamenti. Il risultato sarà una comunicazione priva di violenza, in cui la collera non verrà più classificata come mera aggressività e senso di impotenza, ma sarà vista come il segnale di una necessità che impone di essere soddisfatta. E magari si può riuscire a farlo in maniera pacifica.

In un counseling individuale o di gruppo può essere utile analizzare insieme il modo in cui ciascuno esprime la rabbia, magari chiedendo di completare alcune frasi, che saranno lo spunto per riflettere sui modi di esprimere (o di non esprimere) l'aggressività:

> **Mi arrabbio quando gli altri... (es.: "... cercano di ingannarmi")**
>
> **Sento che la mia aggressività... (es.: ".... è spesso repressa/ eccessiva")**
>
> **Quando gli altri sono irritati con me, sento... (es.: "... di averli provocati")**
>
> **Penso che l'aggressività degli altri... (es.: "... sia maggiore/ minore della mia")**

Attraverso le risposte, il counselor può comprendere meglio il cliente e i suoi reali bisogni. Se, ad esempio, ha dichiarato di arrabbiarsi quando gli altri lo prendono in giro, cercano di imbrogliarlo, gli mentono, desidera probabilmente rapporti sinceri, basati sulla lealtà; ed è sul raggiungimento di quest'obiettivo che occorre lavorare.

E se alla rabbia si aggiunge il senso di colpa per le azioni commesse nei momenti di aggressività o, viceversa, se il disagio emotivo causato da intensi sensi di colpa porta a sfogare la propria rabbia sugli altri? Aggressività e sensi di colpa possono essere collegati, ed essere portati dal cliente all'attenzione del counselor, come richiesta di aiuto. Anche in questo caso, il counselor deve lavorare sul bisogno, badando però di non attuare una ridefinizione verbale di quanto ha appena ascoltato: parlare di ciò che causa il senso di colpa non farebbe altro che rendere il problema più concreto e reale, con il rischio che il cliente si convinca che non potrà liberarsene, e dunque possa incorrere nella "profezia che si autoavvera"[84].

Lavorare sul conflitto

Il conflitto è strettamente collegato ai temi appena affrontati, non solo perché può portare spesso al manifestarsi di emozioni di solito considerate 'negative' (tristezza, paura, rabbia, disgusto, gelosia, vergogna, senso di colpa, ansia, disperazione, solitudine...), ma anche per il suo legame con il concetto di "bisogno". Il conflitto nasce, infatti, proprio dall'impossibilità di esaudire un bisogno, poiché tra il desiderio e il suo soddisfacimento si frappongono degli ostacoli: si crea dunque un contrasto tra ideale e reale, tra ciò che vorremmo e ciò che di fatto possiamo ottenere; e la situazione è tanto più frustrante quanto più avvertiamo la necessità di appagare al più presto, o subito, il nostro bisogno. Nel momento in cui non riusciamo a raggiungere il nostro obiettivo a causa di elementi esterni (o interni: il conflitto può essere anche interiore e non coinvolgere altre persone), iniziamo a provare sentimenti come la tristezza, la rabbia, la frustrazione, che possono sfociare nell'aggressività.

---

[84] "In psicologia, una profezia che si autoadempie si ha quando un individuo, convinto o timoroso del verificarsi di eventi futuri, altera il suo comportamento in un modo tale da finire per causare tali eventi." (Wikipedia, consult. 2023)

I conflitti, interiori o interpersonali che siano, sono principalmente di quattro tipi. Possiamo vivere un conflitto perché ci troviamo a dover scegliere tra due situazioni diverse e ugualmente desiderabili: man mano che le riconsideriamo, iniziamo a valutarne anche i lati negativi e fatichiamo a compiere la scelta. Si tratta di ciò che Kurt Lewin[85] (1890-1947) ha definito *conflitti appetitivi*. Ma siamo in difficoltà anche quando le situazioni tra cui scegliere ci attraggono e nello stesso tempo ci respingono, perché potrebbero metterci a rischio: in questi casi, rinunciamo o scegliamo il male minore. Si tratta dei cosiddetti *conflitti avversativi*. Il conflitto nasce inoltre quando un individuo si sente diviso tra una tendenza appetitiva e un'altra avversativa, l'una rivolta a un fine positivo e l'altra a uno negativo; o quando entrano in gioco più tendenze appetitive e avversative in contemporanea.

Al di là delle definizioni 'tecniche' che la psicologia ha dato al conflitto, esso è, per un counselor, un'interruzione di contatto tra due o più individui: lo scopo del counseling sarà quindi ripristinare una corretta e positiva comunicazione e trasformare il conflitto in un'occasione di crescita, che porti a stabilire tra le parti un legame migliore, più solido e più profondo. Come riuscirci?

Il counselor tiene conto innanzitutto del fatto che, nelle situazioni di conflitto – soprattutto in quelle che riguardano i bisogni affettivi e il riconoscimento sociale – il registro delle emozioni prevale su quello della razionalità: ciò porta a *distorsioni cognitive* (pensieri automatici e irrazionali che alterano la nostra percezione della realtà) che, con il passare del tempo, conducono a posizioni sempre più rigide. Sa, inoltre, che il conflitto rispecchia le caratteristiche dei vari individui: c'è chi reagisce con rabbia e aggressività e chi invece con tristezza, chi non sa gestire la differenza di opinioni (cosa più comune negli uomini) e chi, quando si sente svalutato, decide di chiudersi in se stesso (come fanno

---

[85] Kurt Lewin, psicologo tedesco con cittadinanza statunitense, è considerato uno dei fondatori della psicologia sociale. Tra i primi a studiare le dinamiche dei gruppi e delle organizzazioni, si espresse in vari campi teorici, tra cui la Gestalt.

spesso le donne). Porterà dunque i clienti a riflettere sul loro modo di gestire i conflitti e a rendersi conto che la propria visione dei fatti potrebbe non essere l'unica, guidandoli verso una posizione di maggiore apertura.

Di fronte alla possibilità che il cliente decida di assumere un atteggiamento rinunciatario per non far sorgere il conflitto (*comportamento evitante*) o tenti un *compromesso* (soluzione solo in apparenza soddisfacente: il *do ut des* può causare in realtà sofferenza), o addirittura provi a forzare la situazione per raggiungere il suo obiettivo, il counselor opta per una strategia basata sull'assertività. Aiuta dunque il cliente a esprimere i suoi bisogni in maniera chiara e nello stesso tempo rispettosa, così da non offendere, aggredire, giudicare o svalutare la controparte: se c'è reciproca empatia, se ciascuno sente di poter essere accettato così com'è, se si applicano principi di equità dando a tutti le stesse possibilità di esprimersi, il conflitto non avrà ragione di sussistere.

Lavorare sui traumi

> La sofferenza è una delle forze potenzialmente più creative presenti in natura.
> (Rollo R. May[86])

> La crisi è la più grande benedizione per le persone e le Nazioni, perché la crisi porta progressi. La creatività nasce dall'angoscia come il giorno nasce dalla notte oscura. È nella crisi che sorgono l'inventiva, le scoperte e le grandi strategie. (Albert Einstein[87])

---

[86] Rollo Reece May (1989), *The Art of Counseling*, Gardner Press, New York (ed. ital. *L'arte del counseling. Il consiglio, la guida, la supervisione*, Astrolabio-Ubaldini, Roma, 1991, n. ed. 2014, p. 99).

[87] Albert Einstein (1931), *Il mondo come io lo vedo* (ed. ital. Newton Compton Editori, Roma, 2005; altre edizioni con diversi titoli 2014, 2016).

Ogni evento traumatico, non c'è dubbio, porta con sé una notevole dose di dolore e di sofferenza. A rendere ancora più acute queste sensazioni, c'è la consapevolezza che tutto stia cambiando in modo disastroso e irreparabile. Chi subisce un lutto, una separazione, una violenza fisica o morale, una calamità provocata dall'Uomo (incendio, guerra...) o dalla Natura (alluvione, terremoto, crollo...) avverte una sensazione di rottura rispetto a ciò che aveva sperimentato in precedenza: la vita che sta conducendo gli appare diversa, quasi aliena, e persino il suo senso di identità sembra entrare in crisi. Il traumatizzato si sente impotente,[88] perché non può contrastare con successo gli eventi negativi; ed è proprio l'impossibilità di reagire ad avvenimenti che appaiono del tutto ingiusti e dolorosi a creare il trauma e a causarne il radicamento nella memoria, finanche corporea, dell'individuo. È il momento in cui ci si pone domande esistenziali, che inducono a riflettere su cosa è accaduto, su chi si è diventati, su cosa succederà nel futuro; e in cui è difficile descrivere le proprie emozioni, tanto da riuscire a definire ogni stato d'animo solo con il generico termine di "tristezza"[89].

Ma la crisi è anche il momento in cui assumersi le proprie responsabilità e compiere scelte importanti.
Non a caso, nel greco antico, κρίσις significava "decisione"; e, in cinese, il concetto di crisi è espresso da due ideogrammi: *wei*, "problema", più *ji*, "opportunità".
La crisi rappresenta dunque un'occasione di crescita, in cui ci troviamo a dover fare scelte radicali, accettando di rinunciare a una parte di noi per sempre, ma nello stesso tempo consapevoli che stiamo per conquistare qualcosa di nuovo.
In questo percorso, il counselor può essere un aiuto prezioso. Come scrive lo psicologo Rollo May,

---

[88] Il concetto di *impotenza appresa* fu casualmente scoperto nel 1967 dallo psicologo americano Martin Seligman.

[89] Tagliaferri Filippo, "Il trauma", lezione di counseling, ISPPREF, Napoli, 26 gennaio 2016.

> [...] *il counselor non dovrebbe alleviare la sofferenza del cliente, ma piuttosto orientarla, canalizzandola in maniera costruttiva.* Dovrebbe utilizzarla come si fa con la forza dell'acqua perché, quando sarà correttamente convogliata, metterà in moto la dinamica atta a produrre la trasformazione della personalità (May, 1989, n. ed. 2014, p. 99).

Il disturbo post-traumatico da stress

Quando accoglie un cliente che ha sperimentato un evento scioccante, un grave dolore o uno stato di tensione prolungato, e soffre dunque di disturbo post-traumatico da stress (PTSD), il counselor ha sempre presente che il suo ruolo non può che essere temporaneo. In mancanza di competenze specifiche, può infatti esercitare solo una funzione preliminare di *supporto* e di *contenimento*, con l'obiettivo che, dopo alcune settimane di colloqui, il cliente possa sottoporsi a un trattamento post-traumatico da uno psicoterapeuta o in un centro specializzato[90]. In questa fase di accompagnamento, il counselor guida il cliente verso la (ri)scoperta e il recupero delle proprie risorse, con un processo di *empowerment* della sua capacità di resilienza.

Traumi familiari e infantili

Il trauma può riguardare un'intera famiglia: si pensi alla morte di un parente stretto, a un incidente o a una malattia che colpisca un figlio o un genitore, a un terremoto che porti alla perdita della casa. Di fronte a eventi così gravi e destabilizzanti, ogni famiglia reagisce a suo modo, a seconda della sua tipologia (in diversa misura caotica, disimpegnata, rigida o invischiata, in base al Modello Circonflesso di Olson); il counselor deve dunque rendersi

---

[90] Un centro specializzato nella cura del disturbo post-traumatico da stress è Synergia Centro Trauma, via Peschiera 15, 10024 Moncalieri TO, cell. 335-6765376, 331-5049340, http://www.synergiacentrotrauma.it/.

conto, innanzitutto, del grado di coesione e di flessibilità della famiglia che ha di fronte, per potersi adattare al contesto.

Deve inoltre tener presente che un trauma subito in età infantile, o nell'adolescenza, ha effetti diversi rispetto a uno vissuto nell'età adulta e può essere anche stato rimosso, e quindi non essere stato collegato consciamente ai problemi vissuti in seguito. Per quanto non inserito nel DSM-5[91], il Disturbo Traumatico dello Sviluppo (un insieme di sintomi clinici che si manifestano nell'età evolutiva, in seguito a traumi infantili ripetuti), ha un grosso impatto soprattutto nel primo decennio di vita e determina, nei bambini, l'attivazione della memoria corporea[92] e quindi di sensazioni e reazioni fisiologiche che dureranno tutta la vita.

Il lutto

Il lutto è uno degli eventi maggiormente traumatici, se non il più traumatico, nella vita di una persona e occorre affrontarlo con competenza e delicatezza. È quindi sconsigliato che un counselor alle prime armi accetti una consulenza richiesta da un cliente appena colpito da un lutto: sarà più professionale inviarlo a un collega con maggior esperienza, meglio ancora a uno psicoterapeuta. Quest'ultimo invio è senz'altro necessario quando il trauma del cliente sembra portarlo a una vera e propria patologia depressiva, sia pure reattiva, che rischia di trasformarsi in un malessere più profondo; in questo caso, il counselor potrebbe affiancare lo psicoterapeuta, ma non sostituirlo.

Se il counselor non ha vissuto in prima persona un grave evento luttuoso, può darsi che non sia in grado di compenetrarsi nello stato

---

[91] L'ultima versione (17-05-2013) del Manuale Diagnostico e Statistico dei Disturbi Mentali dell'American Psychiatric Association: http://it.wikipedia.org/wiki/Manuale_diagnostico_e_statistico_dei_disturbi_mentali.

[92] van der Kolk Bessel (2014), *The Body Keeps the Score: Brain, Mind, and Body in the Healing of Trauma*, Viking Penguin, New York (ed. ital. *Il corpo accusa il colpo. Mente, corpo e cervello nell'elaborazione delle memorie traumatiche*, "Le conchiglie", Raffaello Cortina, 2015).

d'animo del cliente; può tuttavia spiegargli che, pur non avendo mai provato un'esperienza altrettanto dolorosa, è in grado di aiutarlo e di sostenere la sua sofferenza. Il messaggio da trasmettere sarà semplicemente "io ci sono e la sostengo"; il modo per dimostrarlo, il colloquio empatico e l'ascolto attivo.

Nel periodo di elaborazione di un lutto, che dura in genere alcuni mesi (in genere, 8-10), la persona colpita può trovare conforto in una o più figure di riferimento sostitutive: sono dunque queste le risorse che il counselor deve cercare di far emergere. Per individuare le persone su cui il cliente potrà contare, oltre a servirsi di strumenti per l'individuazione delle risorse – come la mappa relazionale e il genogramma – il professionista può richiamarsi a un precedente evento traumatico:

> **In passato, le è mai capitato di subire un trauma? In quella occasione, chi le è stato vicino? Oggi, queste persone potrebbero ancora aiutarla? Se non loro, chi altri?**

Nel contempo, compito del counselor sarà condurre il cliente all'accettazione dell'evento doloroso, aiutandolo a trovarne il senso e a stabilire i confini del dolore. Nel caso di un lutto provato da un genitore, è particolarmente importante che il counselor – con il suo lavoro personale, o inviando il cliente da un professionista più adatto – cerchi di far sì che il trauma venga elaborato, affinché non si trasformi anche nei figli in un lutto non elaborato.

La malattia terminale

In alcuni casi, una persona affetta da un male incurabile può decidere di rivolgersi a un counselor per ottenere sostegno, conforto e aiuto nell'individuare le risorse più utili ad affrontare la malattia e le sofferenze fisiche e morali che comporta, oltre che il pensiero della morte e dell'abbandono dei familiari. Anche se appare chiaro che la vita del cliente non potrà essere lunga, per i malati terminali e oncologici il percorso di counseling può rappresentare un accompagnamento 'dolce' alla morte, svolgendo quindi una funzione importante.

Lavorare sulle dipendenze

> Amare è come una droga: all'inizio viene la sensazione di euforia, di totale abbandono. Poi il giorno dopo vuoi di più. Non hai ancora preso il vizio, ma la sensazione ti è piaciuta e credi di poterla tenere sotto controllo. Pensi alla persona amata per due minuti e te ne dimentichi per tre ore. Ma, a poco a poco, ti abitui a quella persona e cominci a dipendere da lei in ogni cosa. Allora la pensi per tre ore e te ne dimentichi per due minuti. Se quella persona non ti è vicina, provi le stesse sensazioni dei drogati ai quali manca la droga. A quel punto, come i drogati rubano e s'umiliano per ottenere ciò di cui hanno bisogno, sei disposto a fare qualsiasi cosa per amore.
> (Paulo Coelho[93])

Quando le normali abitudini si trasformano nella ricerca ossessiva di qualcosa o di qualcuno, al punto da diminuire la nostra indipendenza (il termine non è casuale) morale, fisica, intellettuale, rendendoci schiavi di abitudini quasi sempre non salutari, si parla di *dipendenza*. Le dipendenze conosciute e studiate sono molte, non di rado correlate tra loro e sono rivolte, di solito, alla ricerca del piacere o comunque di sensazioni di benessere; spesso, sono il 'rifugio' che cerca di colmare un vuoto, e quindi un bisogno.

Alcune dipendenze hanno pesanti conseguenze sulla salute fisica: ne sono un esempio il tabagismo, l'alcolismo, l'uso di sostanze stupefacenti, il disturbo da alimentazione incontrollata o *binge eating disorder*. Altre sono dannose per la vita sociale,

---

[93] Paulo Coelho, *Sulla sponda del fiume Piedra mi sono seduta e ho pianto*, La nave di Teseo, 2017 (ed. ital. origin. Bompiani, 1994).

affettiva, relazionale, di conseguenza anche per il corpo: pensiamo alla dipendenza sessuale, da lavoro, alla videodipendenza, alla dipendenza affettiva. Esistono poi dipendenze rischiose per il benessere fisico, psichico, familiare e soprattutto economico dell'individuo: lo shopping compulsivo e il gioco d'azzardo patologico. Si definiscono infine "nuove dipendenze" le abitudini legate all'uso ossessivo-compulsivo delle tecnologie attuali: app di gaming o di dating, chat, social network, videogiochi e risorse su Internet.

Durante il percorso di counseling, il tema della dipendenza può emergere presto ed essere indagato sin dai primi contatti con il cliente, attraverso domande generiche, ispirate al già citato acronimo di Lazarus BASIC ID, in cui la D indica le droghe (*drugs*) e tutto ciò che riguarda il corpo e la sua salute.

Può avere conseguenze sul benessere fisico, anche se nasce nella sfera psicologica, una dipendenza molto diffusa: quella affettiva. Quando la individua, il counselor – così come dovrebbe fare per le altre gravi dipendenze – invia chi ne soffre a un professionista più adatto. In una prima fase, però, può aiutare il cliente a riconoscere i meccanismi di dipendenza e a diventarne più consapevole. Non è detto che la persona possa (e voglia davvero) liberarsi del "legame disperante" (Cigoli, Galimberti, Mombelli, 1988): spesso, proprio la difficoltà di interrompere la relazione, anche se disfunzionale, è un chiaro indicatore di quanto il vincolo sia ancora forte, e il rapporto, nei fatti distruttivo, sia vitale per la coppia. Il counselor, allora, può aiutare il cliente a farsi del male il meno possibile.

Lavorare sul tempo

Si può chiedere aiuto a un counselor perché si è consapevoli di non riuscire a gestire il proprio tempo come si vorrebbe: si è troppo impegnati, troppo poco puntuali, si trascurano gli affetti più cari... Il counselor può cominciare rivolgendo al cliente qualche domanda sul suo rapporto con il tempo, a partire dall'infanzia. L'interiorizzazione del tempo avviene, infatti, sin da bambini, grazie alla guida di un adulto; quando questa viene a mancare, o non conduce nella giusta direzione, si impara a disporre del tempo in modo autoreferenziale, non sempre con buoni risultati. Se, ad esempio, il genitore che dovrebbe ricoprire il ruolo di guida si dimostra carente nella sua stessa gestione del tempo, ed è quindi incapace di indirizzare correttamente i figli, è probabile che essi avranno maggiore difficoltà, rispetto ad altri, nell'essere organizzati e puntuali. Ciò avverrà, comunque, anche se la figura di riferimento esercita un controllo eccessivo, come nel caso di una madre iperprotettiva verso il figlio, che scandisce i suoi ritmi con rigore: in questo caso, il bambino, pur di allontanarsi dagli schemi prefissati, potrebbe difendersi sviluppando un'alternativa gestione del tempo: il ritardo.

Per quanto 'ereditati', i problemi legati al tempo non sono irrisolvibili: lavorandoci sopra, si possono ottenere grandi miglioramenti. Il counseling avrà quindi lo scopo di riabilitare un po' alla volta la capacità di organizzazione del tempo del cliente, attraverso la progressiva introduzione di regole da rispettare. Potremmo chiedere al cliente, ad esempio, di sforzarsi di non arrivare in ritardo di oltre dieci minuti, fino a condurlo gradualmente alla puntualità. Raggiungere gli obiettivi è molto più facile se si compiono attività gradevoli e interessanti, che possono motivare molto di più che azioni a cui si è costretti (andare a scuola, al lavoro...): dobbiamo quindi 'allenare' il cliente alla gestione del tempo quando svolge attività che ha scelto, e desidera svolgere.

Il tempo, nel counseling, può essere considerato anche da un altro punto di vista, e cioè relativamente al ciclo di vita. In quale fase si trova il cliente: è un adolescente che sta svincolandosi dalla famiglia, un genitore che si ritrova con il 'nido' vuoto, o il suo percorso lavorativo si è appena concluso e sta per iniziare una nuova vita? Come abbiamo visto, in un counseling è importante stabilire sin dall'inizio in quale momento della sua esistenza si trovi la persona in difficoltà; ed è utile scoprire quanto sia proiettata nel futuro, e se ciò rappresenti un segnale di ansia anticipatoria o una risorsa. Il counselor deve rendere il cliente consapevole degli effetti del tempo, che da un lato è in grado di porre rimedio ad alcuni problemi, dall'altro può allontanare da obiettivi, situazioni, legami.

Ed è proprio nei legami che il tempo gioca un ruolo fondamentale: le relazioni andrebbero vissute nel presente, l'unica dimensione reale. Se il cliente è troppo teso verso l'avvenire, o ripiegato in modo autoreferenziale sul passato, compito del counselor è ricondurlo al presente: in questa dimensione, è possibile elaborare il passato e guardare con fiducia al futuro, assicurandosi che il ciclo di vita non si interrompa e che in esso il cliente possa trovare la sua giusta, dinamica, collocazione. Tuttavia, non sempre è facile far accettare il proprio presente a chi magari sta cercando di allontanarsene; in questo caso, che comporta dissonanza ("sono/ ho" contro "vorrei essere/ vorrei avere"), il counselor dovrà lavorare sul ripristino del ciclo di vita.

Lavorare con le famiglie

Tutte le famiglie felici si somigliano; ogni famiglia infelice è invece disgraziata a modo suo. (Lev N. Tolstoj[94])

Non esiste un modo di essere e di vivere che sia il migliore per tutti [...] La famiglia di oggi non è né più né meno perfetta di quella di una volta, è diversa perché le circostanze sono diverse. (Émile Durkheim[95])

Dietro ogni quadro sintomatico c'è sempre una persona, una famiglia, una storia. (Roberto De Falco[96])

La vita è molto diversa da come la gente finge che sia. (Christopher Morley)

La famiglia come sistema di relazioni

La famiglia è il 'luogo' primario delle relazioni. In famiglia ciascuno di noi sperimenta per la prima volta i legami con gli altri, i sentimenti a essi collegati e gli eventuali problemi che ne derivano;

---

[94] Lev N. Tolstoj, *Anna Karenina*, traduzione di Ossip Felyne, "Biblioteca Moderna Mondadori", Mondadori, 1952.

[95] Émile Durkheim, *Introduction a la sociologie de la famille*, 1888 (ed. ital. *Introduzione alla sociologia della famiglia*, Armando, Roma, 1999).

[96] Roberto De Falco, "La psicosi. Disturbi di personalità", seminario ISPPREF, Napoli, 20 gennaio 2016.

e ciò ci influenza a tal punto che, nei successivi rapporti della nostra vita, tendiamo a ripetere gli schemi appresi e attuati in famiglia[97], anche quando non ci portano alcun beneficio.

Quando le relazioni familiari sono fonte di disagio, si può prendere la decisione di rivolgersi a un professionista: il counselor sistemico-relazionale è senz'altro una delle figure di supporto più indicate per far luce sulle dinamiche interne a una famiglia, e per far scoprire che i legami familiari, una volta risolti i loro aspetti problematici, possono costituire una valida risorsa.

In ambito sistemico la famiglia è stata a lungo studiata, a cominciare dagli psicoterapeuti della Scuola di Palo Alto. Per Salvador Minuchin, primo teorico della terapia strutturale familiare, la famiglia è un sistema costituito da elementi che interagiscono tra loro e ha una propria struttura, definibile come

> "l'invisibile insieme di richieste funzionali che determinano i modi in cui i componenti della famiglia interagiscono" (Minuchin, 1974, p. 54).

In altre parole,

> Tra i membri di ogni famiglia vengono a stabilirsi dei "modelli transazionali" (modelli di interazione reciproca) praticamente costanti i quali determinano la relazione e regolano i loro comportamenti. [...] i modelli transazionali servono al sistema famiglia per mantenere la propria identità e opporre resistenza al cambiamento (Gambini, 2007).

---

[97] «Le relazioni che costruiamo replicano dinamiche dell'infanzia; attraiamo coloro che possono innescare le nostre ferite, perché ci aiutino a guarire». Roberta Pizzuto, "Help me! L'esperienza della relazione come apprendimento per favorirne il divenire", seminario ISPPREF, Napoli, 21 aprile 2017.

Questi modelli regolano il comportamento dei membri di una famiglia attraverso due livelli: uno più generale che riguarda le regole condivise rispetto all'organizzazione familiare, ad esempio, la differenza di ruoli e di funzioni tra genitori e figli; l'altro più specifico che riguarda le aspettative reciproche dei singoli componenti della famiglia, ad esempio, in una particolare famiglia può essere la madre che svolge la funzione relativa alla gestione dell'autorità, in un'altra il padre (Malagoli Togliatti, Lubrano Lavadera, 2002, p. 41).

Considerando la famiglia come un sistema, è possibile applicarvi il *principio di totalità* enunciato da Watzlawick, Beavin-Bavelas e Jackson (1967, pp. 108-128), per cui il comportamento di ogni individuo all'interno di un sistema è in rapporto con il comportamento di tutti gli altri membri, o dipende da esso. Ciò significa che qualunque cambiamento – in meglio o in peggio – di un membro della famiglia avrà un effetto sugli altri componenti; tale effetto sarà variabile a seconda della salute fisica, psichica e sociale di ciascun membro del nucleo familiare.

Alla famiglia si applica un ulteriore principio formulato dal gruppo di Watzlawick: il *principio di non sommatività*, per cui un insieme non equivale alla somma degli elementi che lo costituiscono[98]. Molte qualità individuali dei membri di una famiglia – o di una coppia, o di un gruppo – sono in realtà proprie del sistema (Watzlawick, Beavin-Bavelas, Jackson, 1967, pp. 108-128); ma non si può analizzare una famiglia sommando le singole analisi dei suoi componenti: occorre sempre riferirsi al *contesto* e alla *relazione* tra i suoi membri, che emergerà ascoltando il punto di vista di ciascuno.

---

[98] Anche la Psicologia Umanistica degli anni Sessanta – basata sul principio olistico, introdotto dalla Gestalt, per cui ogni organo o funzione è determinato dall'unità più ampia di cui fa parte – riteneva che ogni individuo fosse più della semplice somma delle sue parti, ma dovesse essere considerato nel suo insieme e nel suo contesto ambientale.

Che cos'è, in senso sistemico-relazionale, la famiglia? Minuchin definisce le famiglie come "sistemi sociali i cui membri hanno una storia in comune e un complesso percorso di cambiamento nel tempo. Per funzionare bene, devono tenere conto dei cambiamenti evolutivi dei loro membri, fare i conti con le aspettative della cultura e adattarsi a realtà nuove" (Minuchin, 2014, ed. ital., p. 66).

Eugenia Scabini descrive la famiglia come

> un'organizzazione complessa di relazioni di parentela che ha una storia e che crea storia [...]. Il tempo è una componente fondamentale della famiglia, che, in quanto gruppo con storia, ha sempre un passato, un presente e una prospettiva futura. Ogni famiglia di nuova costituzione si colloca infatti all'intersezione di due storie familiari che affondano le radici in un complesso albero genealogico e, d'altra parte, ogni nucleo familiare si proietta nel futuro che riempie di aspettative e programmi secondo uno scadenzario in gran parte socialmente normato (Scabini, 1985, cit. in Scabini, 1994).

La famiglia è dunque un sistema complesso in cui si realizzano legami tra persone, che nel tempo cambiano; in cui si crea una *storia* attraverso le generazioni tramandando valori, miti, tradizioni, credenze, vincoli, comportamenti, sensi di colpa, sentimenti; in cui la vita presente pone le basi per quella futura.

Poiché tutto ciò che "non è stato risolto o elaborato tende a riproporsi e assume il carattere di obbligo, di vincolo e di debito non pagabile per le generazioni successive" (Malagoli Togliatti, Lubrano Lavadera, 2002, p. 47), è importante che i processi di differenziazione e di sviluppo vengano portati a termine, e che gli eventi critici vengano affrontati e risolti: in questo percorso, l'aiuto del counselor può essere fondamentale.

I sottosistemi familiari

A conferma della sua complessità, la famiglia non è soltanto un sistema, ma un insieme di *sottosistemi* (il più delle volte *diadici*, cioè formati da due persone, e sempre delimitati da confini, cioè da regole precise che ne stabiliscono i limiti e le possibilità), ciascuno dei quali svolge una specifica funzione: troveremo ad esempio il sottosistema genitoriale, coniugale, filiale, fraterno...

> Ciascun membro di una famiglia può far parte di diversi sottosistemi, con gradi di potere e funzioni diverse. Un individuo può essere contemporaneamente figlio, fratello, nipote, genitore, coniuge, ecc. Attraverso questa organizzazione l'individuo può differenziarsi e sviluppare capacità di relazione a diversi livelli (Malagoli Togliatti, Lubrano Lavadera, 2002, p. 41).

Nelle famiglie *a funzionalità normale*, i confini tra i sottosistemi sono chiari e ciascuno può svolgere il ruolo che gli compete senza interferenze, con l'approvazione degli altri. Nelle famiglie *disfunzionali disimpegnate*, i confini sono invece rigidi e non permettono una giusta interazione tra i sottosistemi, al punto da costringere i componenti in difficoltà ad adottare strategie per farsi notare dagli altri. Nelle famiglie *disfunzionali invischiate*, i confini tra i sottosistemi sono quasi inesistenti: si condivide ogni cosa – eventi, informazioni, emozioni – anche quando non sarebbe opportuno o necessario.

Quando affronta problematiche familiari, al counselor viene in aiuto il Modello Circonflesso di Olson. Il lavoro con i sottosistemi è l'occasione per scardinare le rigide regole che la famiglia si è date:

> Gli individui sono sottosistemi complessi nel più ampio sistema familiare e compito del terapeuta è in parte ampliare la portata di ogni singola identità

personale. In una famiglia a ciascuno dei membri si attribuisce di solito un tipo particolare di personalità, che svolge certi ruoli e funzioni nell'insieme più vasto. Esplorare le molteplici identità dei vari membri li mette in condizione di vedersi in un'ottica più ampia, aprendo modi alternativi di relazioni reciproche. Quando i singoli membri diventano più di quello che pensavano di essere, e più di come gli altri erano rigidamente abituati a vederli, si aprono modi alternativi di essere e di vedere. Tocca al terapeuta tirare fuori i ruoli nuovi in cui ogni membro della famiglia può essere visto dagli altri e relazionarsi con loro. (Minuchin, 2014, ed. ital., p. 20).

La famiglia come sistema in evoluzione

Sebbene, attraverso modelli di interazione costanti, la famiglia tenda a resistere al cambiamento, esso avviene comunque, per l'avvicendarsi di avvenimenti e trasformazioni, voluti o inevitabili, che riguardano la vita dei suoi membri. Ed è un bene, per il concetto di *flessibilità*: "uno dei requisiti che, come vedremo, distingue una famiglia sana da una famiglia patologico/ disfunzionale" (Malagoli Togliatti, Lubrano Lavadera, 2002, p. 41).

La famiglia si evolve secondo quello che Jay Haley, come abbiamo visto, ha definito "ciclo di vita"; nel modello proposto dalle studiose Carter e McGoldrick (1980), che qui semplifichiamo in un grafico, il ciclo si svolge dalla fase del giovane adulto a quella della coppia ormai anziana, comprendendo nel mezzo la nascita dei figli e altri punti di svolta. Come si può osservare, gli eventi che coinvolgono un sistema familiare possono essere osservati sia in modo *diacronico* (come evoluzione nel tempo) che *sincronico* (in contemporanea, in un determinato arco temporale).

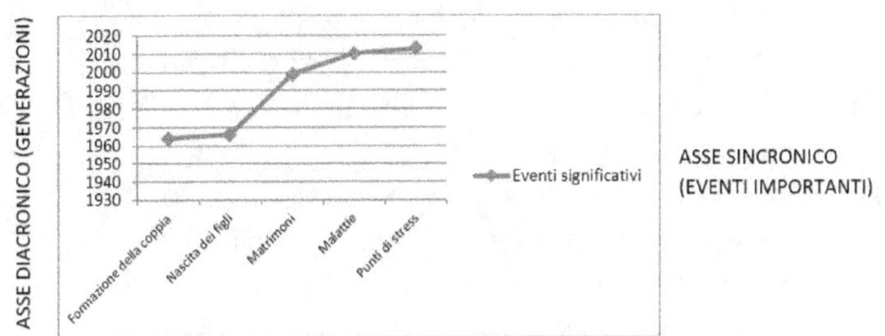

Quando questi avvenimenti, che costituiscono dei veri e propri momenti di stress, si scontrano con problemi che si sono perpetuati attraverso le generazioni senza essere risolti, si va incontro a una crisi. Se la famiglia gode di 'buona salute', il momento critico viene affrontato con elasticità; se invece ha un andamento disfunzionale o estremo (vedremo tra breve cosa significa), la rigidità rende più ardua la risoluzione della crisi.

> Il movimento della famiglia lungo il proprio ciclo di vita non è certo lineare, essendo soggetto ad avanzate e arresti continui: da questo fatto deriva la necessità di tener conto delle difficoltà sollevate dall'incrocio di desideri, aspettative e movimenti delle tre, o a volte quattro, generazioni che vivono contemporaneamente (Scabini, 1994).

Il counselor elemento del sistema familiare

In quanto sistema complesso, e per giunta formato da esseri umani, che von Foerster definisce "macchine non banali" e dunque in continuo divenire (Forster, Pörksen, 2001), la famiglia è – o almeno dovrebbe essere – sempre in movimento, in una continua interazione tra i suoi membri e tra loro e l'ambiente circostante. Accade, tuttavia, che il movimento si blocchi e il sistema smetta di evolvere, mettendo a rischio la sua salute e la sua sopravvivenza. Ecco allora la necessità di far entrare in gioco un elemento esterno che analizzi con obiettività i meccanismi di funzionamento della famiglia e li 'ripari': il counselor.

Ecco cosa accade probabilmente in un sistema familiare. Nello studio dei terapeuti, infatti, arrivano sistemi bloccati che non riescono a vedere il proprio circuito riflessivo, disfunzionale per il sistema tale da creare disagio patologico, per l'intero sistema e in particolare per uno degli elementi di esso: "il paziente designato" (Selvini Palazzoli, Cirillo, Selvini, Sorrentino, 1988). Il sistema praticamente "non vede di non vedere"; ciò che gli sta accadendo è proprio lì sotto i suoi occhi ma non lo vede. Cosa dovrebbe accadere in un contesto terapeutico sistemico relazionale, per smuovere il sistema bloccato? A tale proposito von Foerster dice: "If I don't see I am blind; but if I see I am blind, I see[99] (Foerster, 1984a, Thomas, 2005). Uno dei compiti dei terapeuti sarà far prendere coscienza del proprio punto cieco, [del fatto] che la propria realtà è uno dei punti di vista possibili (Ongaro, 2008).

Quando segue una famiglia, il counselor si inserisce nel suo sistema di relazioni, con il compito di sbloccarlo e farlo ritornare a 'muoversi', facendolo "deviare da quella realtà che si è creata in un certo momento della sua esistenza" (Ongaro, 2008).

Si vengono così a creare altri sottosistemi che includono il counselor, che usa il suo ruolo per raccontare le storie familiari in maniera nuova, al fine di far apparire soluzioni ai problemi esistenti e di aumentare le possibilità di scelta. Strumento per realizzare l'apertura di "mondi possibili" è il linguaggio, che, in quanto veicolo di significati condivisi, permette di creare una realtà comune in cui – immaginando esperienze diverse e usando altri punti di vista – le possibilità di scelta sembrano, e sono, maggiori.

---

[99] "Se non riesco a vedere, sono cieco; ma se riesco a vedere che sono cieco, vedo" (traduzione dell'Autrice).

Quando un counselor lavora con una famiglia, creando un sistema nuovo con i relativi sottosistemi, il cambiamento non riguarda solo i membri della famiglia, ma anche il counselor, grazie all'effetto della risonanza. Entrando in contatto con le storie familiari, infatti, il counselor – pur mantenendo l'obiettività professionale – tende a paragonare il vissuto dei clienti con le esperienze della sua famiglia, di origine o acquisita. Grazie alla risonanza emotiva, può dunque essere indotto a porre al cliente le domande che vorrebbe farsi egli stesso in quel momento (qui ci ricolleghiamo alla tecnica della condivisione del problema).

Le famiglie 'sbagliano'

Salvador Minuchin, nei suoi scritti, rimarca spesso un concetto fondamentale in ambito sistemico-relazionale: le famiglie che interpellano un terapeuta, o nel nostro caso un counselor, partono da presupposti sbagliati. La loro visione del problema, infatti, è parziale: sarà compito del counselor allargare le prospettive, far emergere nuovi punti di vista e scoprire le dinamiche di interazione tra i membri della famiglia, che non sono per forza quelle inizialmente descritte.

> Tutte le famiglie che vengono in terapia partono da presupposti 'sbagliati'
>
> Questa affermazione sulle prime può suonare sorprendente. Ma quello che i terapeuti esperti ben sanno è che i clienti quando vengono in terapia hanno una visione ristretta della situazione. Le famiglie 'sbagliano' perché sono certe di conoscere la propria realtà e pensano che il modo in cui la descrivono sia l'unico possibile. L'idea radicata in loro è che il problema sia un fatto individuale, non un'esperienza alimentata e mantenuta dall'intero gruppo. I terapeuti sistemici sanno che non è vero [...]. Il terapeuta può non sapere esattamente qual è il problema, ma sa che può essere guardato attraverso un'ottica più ampia di quella,

ravvicinatissima, usata dai membri della famiglia (Minuchin, 2014, ed. ital., p. 16).

Mettendo in discussione le certezze sull'origine del problema – Minuchin ci insegna a farlo in un modo garbatamente provocatorio e venato di umorismo, che "comporta seminare dubbi, incoraggiare curiosità, presentare alternative, offrire speranze", (Minuchin, 2014, ed. ital., p.17) – il counselor accetta una sfida: dimostrare alla famiglia che le sue relazioni possono essere ripensate, che i comportamenti consolidati possono essere modificati, che il contenuto narrato può nascondere un più articolato contenuto emotivo e, soprattutto, che il problema di solito non è dove lo si colloca, aiutando così il sistema famiglia ad 'autoripararsi'.

Il "portavoce" della famiglia

Un counseling, anche quando l'obiettivo è coinvolgere l'intera famiglia, non inizia mai direttamente con la presenza del gruppo familiare, ma con un colloquio individuale. La spinta a intraprendere un percorso di aiuto proviene infatti di solito da uno dei membri di una famiglia (il *portavoce*, che può essere nello stesso tempo il *portatore del problema*), anche se in alcuni casi può essere sollecitata da più di un componente del nucleo familiare. Solo in seguito, se lo ritiene opportuno, il counselor invita al colloquio altri membri della famiglia, per conoscerli e poter lavorare sulle dinamiche interne al sistema.

Quando riceve una richiesta di consulenza che coinvolge una famiglia, il counselor sistemico-relazionale sa che deve sempre tutelare l'intera configurazione familiare, non solo l'interesse del singolo: tiene quindi in considerazione il benessere complessivo del gruppo familiare, non le singole necessità del cliente che ha preso l'iniziativa di rivolgersi a lui.

Il "portatore del problema"

Ogni famiglia che si rivolge a un professionista per essere aiutata a superare una fase di difficoltà evidenzia subito, in uno dei suoi membri, la "Persona Indicata come Portatrice del Problema" (la indicheremo con l'acronimo P.I.P.P.). In psicoterapia, si tratta del cosiddetto "paziente designato" o "paziente identificato": il componente della famiglia considerato problematico, e origine del disagio.

Ma proprio attribuire la causa dei problemi a una persona ben precisa, in un certo senso un capro espiatorio, "è la dimostrazione dell'incapacità del sistema familiare di uscire dallo stallo" e della disfunzionalità delle sue relazioni (Ongaro, 2008).

Ogni famiglia racconta infatti una sua storia che non necessariamente corrisponde alla situazione reale, ma rispecchia solo il modo in cui i componenti vedono se stessi e i legami tra loro. Non sempre la P.I.P.P. è la causa primaria dei problemi: i suoi comportamenti possono essere la punta dell'iceberg di un disagio più profondo, che coinvolge l'intera famiglia.

> La P.I.P.P. è la porta d'ingresso in un contesto, quello familiare, dove certamente esistono problemi e nodi relazionali che, senza i sintomi e i comportamenti messi in atto, o non sarebbero avvicinabili o, con ogni probabilità, darebbero luogo ad altri tipi di sofferenza coinvolgenti altri componenti della famiglia: con il suo comportamento sintomatico, il paziente dunque protegge in modo paradossale e poco efficiente tutta la famiglia da guai forse peggiori [...] (Galdo, 2000, pp. 12.8-12.9)

> Nel contesto terapeutico sistemico relazionale la patologia viene intesa come espressione di un disagio che coinvolge tutto il sistema nella sua struttura ed organizzazione. La famiglia che arriva in terapia, al contrario, mossa dalla speranza di risolvere il problema di uno dei suoi componenti, si

rivolge al terapeuta per confermare la propria realtà [...] (Ongaro, 2008).

Spetta dunque al counselor il compito di evidenziare le dinamiche relazionali disfunzionali del sistema per ottenere un cambiamento, che avviene non solo in chi è già stato identificato come soggetto problematico, ma anche in tutti gli altri che con lui o con lei si relazionano.

> [...] L'elaborazione di strategie utili alla soluzione dei problemi, lo stesso stare insieme per aiutare chi in quel momento è più in difficoltà, il riaprirsi di canali comunicativi poco o per nulla attivi da tempo permette in definitiva alla famiglia di accumulare risorse relazionali che, una volta implementate, saranno poi a disposizione di chiunque ne avrà bisogno, sia per questioni di ordine psicopatologico o comunque implicanti sofferenza, sia per affrontare al meglio le difficoltà fisiologiche legate al succedersi delle tappe del ciclo vitale della famiglia (Galdo, 2000, p. 12.9).

Lo slittamento di designazione

Quando coinvolge tutta la famiglia (o una sua parte) in un setting, il counselor può osservare con maggior chiarezza le dinamiche interne al sistema. Non si meraviglia dunque se, alla fine del percorso, quando il paziente originariamente designato è ormai migliorato, assiste a quello che, in psicoterapia, si chiama *slittamento di designazione*: il processo per cui al membro inizialmente indicato come portatore del problema se ne sostituisce un altro (o altri); il nucleo problematico della famiglia viene dunque identificato in un diverso sottosistema familiare.

> Il fenomeno dello slittamento di designazione è molto frequente nelle terapie familiari con bambini. Infatti, una volta che si è verificato il miglioramento sintomatologico del figlio, molto spesso emergono

problemi importanti inerenti la coppia, per la quale sarà utile strutturare incontri e setting specifici. È opportuno che ciò avvenga comunque dopo che le sofferenze del figlio siano state affrontate e in gran parte risolte, altrimenti una delle situazioni che potranno verificarsi sarà quella dell'interruzione della terapia, in quanto i genitori sono motivati a venire dalla sofferenza del figlio e non dalla propria. In generale, però, lo slittamento di designazione è un indice prognostico favorevole, in quanto segnala al terapeuta che la precedente designazione rigida assegnata alla P.I.P.P.[100] si è resa flessibile e potenzialmente può essere distribuita in quote di tollerabile malessere tra tutti i componenti della famiglia (Galdo, 2000, pp. 12.18-12.19).

Quando prende consapevolezza del 'passaggio di consegne', il counselor limita il più possibile i suoi interventi, dando nel contempo una lettura rassicurante dei sintomi appena emersi, in modo che la famiglia, ormai in grado di utilizzare le risorse relazionali acquisite durante il percorso, possa trovare da sé soluzioni per il nuovo problema. Galdo (2000, pp. 12.18-12.19) suggerisce di usare, in questa fase, la tecnica della provocazione (vedi).

La famiglia disfunzionale o estrema

Abbiamo detto che, durante una consulenza familiare, il counselor deve far emergere le dinamiche interne disfunzionali. Il termine "disfunzionale" definisce tutto ciò che ha un "cattivo funzionamento" e dunque "non è in grado di adempiere a determinate funzioni"[101]; indica inoltre ciò che è "inadeguato al

---

[100] Persona Indicata come Portatrice del Problema.

[101] Disfunzionale in Wikictionary, https://it.wiktionary.org/wiki/disfunzionale, consult. 2023.

contesto" e che dunque, anziché creare una condizione favorevole per gli individui, finisce "per causare loro ulteriore disagio e sofferenza"[102], al punto, persino, da far sviluppare gravi malattie come tumori o disturbi psichici. Le famiglie disfunzionali infatti soffrono, a volte molto.

Ne abbiamo già parlato; ma cos'è, esattamente, una *famiglia disfunzionale*?

Una famiglia "disfunzionale", "non flessibile", "estrema" è una famiglia che reagisce alle situazioni in maniera "non sana". Ricordate il Modello Circonflesso di Olson? Il grafico mostra 16 tipi di modelli familiari, tra cui quelli estremi, appunto disfunzionali. Sono estreme sia le famiglie *invischiate* che quelle *caotiche*, come pure altri tipi di famiglie che stiamo per analizzare.

Una volta individuato il tipo di famiglia disfunzionale, il counselor può usare i suoi 'ferri del mestiere". Ad esempio, con la metafora, può simboleggiare la storia familiare con un'immagine dal significato più ampio. Grazie al prezioso strumento del genogramma, può scoprire le *ridondanze*[103], e quindi l'origine dei modelli disfunzionali, ma anche le risorse familiari su cui contare per uscire dalla crisi; se riscontra nelle generazioni passate schemi di comportamento patologici, che si sono perpetuati nel tempo come *modelli operativi disfunzionali*[104], può aiutare i membri della famiglia a 'spezzare la catena', accompagnandoli verso una

---

[102] Disfunzionale in Dizionario Medico di Medicitalia, https://www.medicitalia.it/dizionario-medico/disfunzionale/, consult. 2023.

[103] "In psicologia, secondo la teoria proposta da Watzlawick in riferimento alla *Pragmatica della comunicazione umana*, questo termine sta ad indicare la ripetizione di schemi comportamentali che osserviamo durante un'interazione." (Wikipedia, consult. 2023).

[104] È il fondamento della *Teoria dell'apprendimento sociale* di Albert Bandura. "Bandura ha adoperato il termine modellamento (modelling) per identificare un processo di apprendimento che si attiva quando il comportamento di un individuo che osserva si modifica in funzione del comportamento di un altro individuo che ha la funzione di modello" (Wikipedia, consult. 2016).

maggiore flessibilità. Con l'empatia, può riuscire a ripristinare i corretti canali di comunicazione tra i membri di una famiglia in cui il dialogo è carente o è conflittuale (una famiglia disfunzionale manifesta quasi sempre difficoltà di comunicazione).

> La qualità della comunicazione all'interno della famiglia, o di un altro genere di gruppo, permette di poterne ipotizzare lo stato attuale di benessere o malessere. Il counselor, entrando in relazione con il sistema momentaneamente in difficoltà attraverso il canale della percezione empatica, senza ricorrere ad ipotesi relative agli aspetti psichici, promuoverà la consapevolezza, nei membri del gruppo (famiglia, équipe di lavoro, organizzazioni), degli aspetti eventualmente disfunzionali, attinenti alla comunicazione e alla relazione (Gamba, 2013).

Ci sono tuttavia situazioni in cui il counselor si trova in difficoltà nel trattare con una famiglia estrema e preferisce inviarla a un altro specialista. Si pensi al caso di una madre ipercontrollante, che non permette al figlio adolescente di rendersi autonomo in un momento fondamentale per la sua crescita: potrebbe descriverne il comportamento in maniera poco obiettiva, al punto da far pensare al counselor – che ancora non conosce il contesto familiare, né gli viene riportato con esattezza – che il ragazzo abbia sintomi psicotici e possa soffrire di schizofrenia, una patologia molto grave, mentre in realtà manifesta solo segnali di disagio verso la sua famiglia invischiata.

Analizziamo ora i principali tipi di famiglia disfunzionale, che ritroviamo anche nel modello di Olson.

La famiglia "rigida"

La tipologia di famiglia definita *rigida* – che, come vedremo, è all'opposto di quella caotica – è caratterizzata da un eccesso di regole, in genere imposte dal membro più autoritario, e da una bassa flessibilità: il cambiamento, anche quando sarebbe necessario, appare impossibile. Il capofamiglia può decidere rigidamente gli orari del sonno, dei pasti, delle uscite dei componenti della famiglia, il loro percorso di studi o di lavoro, il ruolo che ciascuno deve svolgere in casa, e non accetta che si discutano o modifichino gli schemi stabiliti. In un contesto così poco elastico, la comunicazione è difficile e l'empatia e la reciprocità sono assenti.

Come aiutare una famiglia non flessibile a rinunciare, almeno in parte, alla sua rigidità? Il compito del counselor, in questo caso, è di guidare il sistema familiare verso una maggiore elasticità, che può essere raggiunta a piccoli passi, con obiettivi graduali e misurabili, evitando cambiamenti improvvisi. All'inizio può proporre, ad esempio, di ruotare ogni tanto i posti stabiliti per i pasti, mentre sarà inutile incoraggiare sin da subito le figure più rigide della famiglia a concedere maggiore libertà agli altri.

La famiglia "caotica"

Sappiamo che l'adattabilità (o flessibilità) è la caratteristica di un contesto sano, perché rende i suoi membri capaci di affrontare e superare le difficoltà; ma, quando si presenta in misura eccessiva, si genera la cosiddetta famiglia *caotica*, l'opposto di quella rigida. I componenti di una famiglia caotica convivono in maniera disordinata, senza dare molta importanza agli orari degli appuntamenti, dei pasti, del sonno e senza riuscire a imporsi precise regole per la vita quotidiana; può anche darsi che siano presenti disturbi della psiche o della personalità.

Per aiutare una famiglia caotica a vivere meglio, il counselor deve cominciare con l'individuare eventuali disturbi psichici, o di altra natura, provvedendo al necessario invio al professionista competente. Può poi lavorare sul ripristino di una buona comunicazione tra i componenti della famiglia, in modo che prevalgano fiducia, dialogo e comprensione e che ciascuno riesca a esprimere le proprie emozioni. Offre infine il suo supporto alla famiglia perché emergano le risorse personali e sociali che possano aiutare a risolvere i problemi e a raggiungere un modello familiare maggiormente bilanciato.

La famiglia "invischiata"

Si definisce *invischiato* (*enmeshed*: Minuchin, 1974) un sistema familiare i cui membri tendono a svolgere insieme ogni attività, anche quelle che richiederebbero un'azione individuale, a costo di causarsi a vicenda disagio e insofferenza; in questo tipo di famiglia, accade di frequente che uno o più componenti si intromettano pesantemente nelle scelte di altri, condizionando di conseguenza la loro vita. Caratteristica di un sistema familiare invischiato è l'impossibilità o la difficoltà, per chi ne fa parte, di differenziarsi e di sviluppare una propria autonomia; in altre parole, di crescere (all'opposto, la famiglia disimpegnata, che vedremo di seguito, favorisce fin troppo l'autonomia degli individui).

> Quando [...] i confini interni sono troppo labili o inconsistenti, gli individui sperimentano un intenso coinvolgimento emotivo reciproco, e rafforzano i confini tra la famiglia e il mondo esterno; la famiglia in questo caso appare come molto strutturata e lo stile relazionale è definito invischiato. (Piroli, 2006, p. 183)

In alcune fasi del ciclo di vita, le famiglie invischiate rappresentano un sistema vantaggioso: dopo la nascita di un bambino, stringersi tutti intorno alla neomamma, prestandole aiuto materiale, può rappresentare per lei un'importante risorsa; così come, durante l'elaborazione di un lutto, ritrovarsi affettuosamente vicini i membri della famiglia può aiutare a superare più rapidamente la perdita. Normalmente, però, far parte di un nucleo familiare invischiato non è conveniente, perché rende difficile, se non impossibile, lo svincolo dalla famiglia di origine, causando problemi di autostima, di relazione con il partner (che può essere infastidito dall'incombente presenza dei familiari dell'altro), persino di lavoro. Ecco, allora, che ci si rivolge a un counselor. Come aiutare una famiglia invischiata, o un suo membro che vuole svincolarsi?

Come sempre, il counselor fornisce innanzitutto un ambiente sicuro e non giudicante, dove esplorare le dinamiche e le relazioni del sistema familiare. Aiuta quindi i membri della famiglia a identificare gli schemi di comportamento disfunzionali in atto e li guida verso il miglioramento della comunicazione e della comprensione reciproca. Li supporta, inoltre, affinché sviluppino abilità di problem solving e di gestione dello stress, in modo che, nelle sfide quotidiane, possano contare soprattutto su se stessi.

La famiglia "disimpegnata"

Al contrario della famiglia invischiata, la famiglia *disimpegnata* (*disengaged*: Minuchin, 1974) è poco coesa: i suoi componenti tendono a stare ciascuno per conto proprio, a svolgere in solitario le attività quotidiane, a non condividere le emozioni. Non si curano molto gli uni degli altri, sono anzi distanti tra loro e sviluppano abitudini differenti: possono mangiare a orari diversi, uscire da soli, vegliare quando gli altri dormono e viceversa.

> [...] quando i confini tra sottosistemi sono eccessivamente rigidi e immodificabili, gli individui sperimentano isolamento o distanza dagli altri membri, e legami più intensi con l'ambiente esterno; la famiglia appare poco strutturata e lo stile dei rapporti familiari è definito *disimpegnato*. (Piroli, 2006, p. 183)

In una famiglia disimpegnata non c'è un dialogo aperto: per questo, quando un membro del sistema vive una situazione difficile, non pensa di trovare sostegno nel gruppo familiare, ma preferisce cercare aiuto al di fuori, rivolgendosi ad amici, colleghi, altri parenti. Se il problema, invece, riguarda tutti, ognuno lo affronta a suo modo, sviluppando una strategia individuale, spesso molto diversa da quella degli altri. Conseguenza di questi comportamenti è il cronicizzarsi del disagio, che non viene mai affrontato in maniera diretta ed esplicita. Entra allora in gioco il counselor che, nel suo setting, è già in grado di creare uno spazio di dialogo, di ascolto e di comprensione reciproca: quel che manca, appunto, alla famiglia.

Per aiutare una famiglia disimpegnata, il counselor facilita la costruzione (o il ripristino) del legame affettivo, potenziando la comunicazione, sollecitando la comprensione e aiutando i singoli membri a sviluppare una visione condivisa del progetto familiare, in cui gli eventuali conflitti possano essere affrontati in modo costruttivo. Il counselor può decidere di lavorare con l'intera famiglia o con alcune sue parti, come la coppia genitoriale o i figli; e può coinvolgere tutti i componenti in attività ludiche, creative o esperienziali, per favorire il contatto emotivo e la collaborazione tra i membri del sistema.

La famiglia abusante

Si definisce *abusante* una famiglia in cui uno o più membri del nucleo familiare compiono soprusi e violenze – fisiche, psicologiche, sessuali, economiche – a danno di altri familiari o parenti stretti. In casi così gravi, cosa si può fare per aiutare chi è vittima di violenza?

Il counselor può, innanzitutto, rappresentare una figura tranquillizzante, in grado di offrire ascolto e sostegno alla persona abusata; questo è già di per sé molto importante. Considerato che non sarà facile far uscire il cliente dal dramma della violenza, gli è intanto di supporto nelle difficoltà collaterali della sua vita: ad esempio, nel caso di un adolescente, cerca di capire se gli abusi subiti, o assistiti, in casa hanno comportato difficoltà di relazione con i coetanei o con il gruppo classe, o effetti sul rendimento scolastico/ universitario. Attraverso l'uso della metafora e la tecnica della ridefinizione in positivo, il counselor fa intravedere alla vittima di violenza la possibilità di cambiare la situazione, in modo da stimolarla a intraprendere eventuali azioni per liberarsi; può inoltre utilizzare la tecnica dello scalatore, ponendo domande come:

«Cosa potrebbe fare per ritornare allo stato di benessere in cui era prima?»

La separazione dalla famiglia

Così il piccolo principe addomesticò la volpe.
E quando l'ora della partenza fu vicina:
"Ah!" disse la volpe, "...Piangerò".

> *"La colpa è tua", disse il piccolo principe, "Io, non ti volevo far del male, ma tu hai voluto che ti addomesticassi..."*
>
> *"È vero", disse la volpe.*
>
> *"Ma piangerai!" disse il piccolo principe.*
>
> *"È certo", disse la volpe.*
>
> *"Ma allora che ci guadagni?"*
>
> *"Ci guadagno", disse la volpe, "il colore del grano".*
>
> (Antoine de Saint-Exupéry[105])

Se partiamo dal principio che tutti i sentimenti umani sono, per la loro stessa natura, ambivalenti (l'amore, ad esempio, contiene anche l'odio), possiamo comprendere come nel concetto di *unione* sia presente quello opposto, ma nello stesso tempo complementare, di *separazione*. Ogni unione, dunque, che sia una relazione d'amore, un legame familiare o un contratto lavorativo, può, e in certi casi deve necessariamente, prevedere una separazione.

Quando parliamo di "separazione", associamo di solito il termine a concetti dolorosi: perdite, lutti, la fine di un matrimonio, di una convivenza, di un fidanzamento, di un'amicizia, di una partnership in affari. La separazione, però, non ha solo un significato negativo; può anzi rappresentare un evento chiave nella vita di un individuo, che gli consente di maturare e di rendersi indipendente. Possiamo osservarlo nel ciclo di vita, quando un figlio si svincola dalla famiglia d'origine, che diventa *famiglia trampolino* in cui si lascia un 'nido' vuoto per spiccare il volo verso una vita ormai adulta. In questo senso, la separazione è un processo indispensabile, perché consente a ogni individuo di crescere; un sistema familiare che non la permetta non si può definire sano.

---

[105] Antoine de Saint-Exupéry, *Il piccolo principe*, Bompiani, 1943.

Lavorare con le coppie

Il sistema triadico counselor-coppia

Quando accoglie una coppia, oltre a mettere in atto le consuete strategie di joining, il counselor deve considerare la presenza di due persone, non di rado in conflitto tra di loro. Proprio con queste due persone deve costituire un nuovo sistema triadico, diverso dal sistema diadico originario, che gli consentirà di aiutarle a risolvere le loro difficoltà nel contesto della consulenza, grazie alle *proprietà emergenti* del sistema, fino a quel momento inespresse. Il counselor potrà diventare dunque un 'terzo membro' del nucleo familiare, quasi un parente che abbia visto nascere più generazioni (e in un certo senso è così, quando compila il genogramma). Funzione della triade sarà decostruire il sistema di coppia per ristrutturarlo in modo diverso, facendo leva sulla naturale tendenza umana verso la neghentropia (il processo di riorganizzazione e autoriparazione che abbiamo già visto).

Si può cominciare con qualche domanda esplorativa:

> «Chi di voi ha sentito l'esigenza di contattarmi, e per quale motivo?»

> «Prima che mi raccontiate il vostro modo di vivere la coppia, vorrei iniziare a conoscere ciascuno di voi come individuo...»

In questa prima fase di conoscenza, il counselor inizia a raccogliere informazioni sulla provenienza geografica, culturale e sociale, sulla capacità comunicativa, sullo stile di vita, sui riti e sulle abitudini, oltre che sulle persone – parenti, amici stretti – che eventualmente fanno parte della quotidianità della coppia, costituendo una risorsa o un'interferenza:

> «Come si svolge la vostra giornata?»

«Siete entrambi propositivi nell'organizzare attività insieme?»

«I vostri genitori sono presenti nella vostra vita quotidiana?»

Per rompere il ghiaccio, se lo ritiene opportuno, il counselor può scegliere una strategia di comunicazione anticonvenzionale. Per far emergere le storie familiari, può ad esempio domandare ai membri della coppia da cosa derivi la scelta dei loro nomi, portando il discorso sulle famiglie d'origine in maniera leggera e informale.

I primi elementi acquisiti gli consentiranno di iniziare a conoscere meglio i clienti per costituire con loro un sistema, fatto di alleanze. In tale sistema, la capacità di ascolto attivo del counselor sarà molto importante, perché fornirà proprio l'attenzione, l'ascolto, l'empatia che mancano nelle dinamiche interne di una coppia in crisi.

Il sistema diadico della coppia

> *Non possiamo pretendere che le cose cambino,*
> *se continuiamo a fare le stesse cose.*
> *(Albert Einstein[106])*

In senso sistemico-relazionale, ogni coppia rappresenta un sistema diadico, formato cioè da due persone; parimenti, in una famiglia si creano sistemi diadici (tra fratelli, tra un genitore e un figlio) oltre che triadici. Sia alla famiglia che alla coppia è possibile perciò applicare il concetto di *modello integrato dei contratti* introdotto in psicologia da Marisa Malagoli Togliatti con altri autori (Malagoli Togliatti, Angrisani, Barone, 2000), strutturato per curare il disagio della coppia, sistema complesso. Il modello presenta la formazione della coppia come un 'contratto' tra i suoi membri, che include una parte visibile, fatta di accordi consapevoli, e una nascosta, inconsapevole e basata sull'emotività degli individui, che tende a idealizzare la relazione.

---

[106] Albert Einstein (1931), *Il mondo come io lo vedo* (ed. ital. Newton Compton Editori, Roma, 2005; altre edizioni con diversi titoli: 2014, 2016).

Il *Primo contratto* comprende tre fasi. Quella iniziale è l'*adorazione* per il partner o, nell'infanzia, per il genitore 'onnipotente': l'oggetto dell'interesse è visto in maniera completamente positiva. Segue la *delusione*: momento di crisi, in cui – per cause esterne o interne alla coppia – il partner non corrisponde più all'essere da adorare, così come il genitore non lo è più per il figlio adolescente. Dalla delusione si passa al *disprezzo* verso il partner o le figure educative: l'oggetto dell'interesse è ormai visto in maniera del tutto negativa.

Affinché la relazione possa svilupparsi in modo sano, secondo la teoria a queste prime tre fasi ne devono seguire altre tre, che segnano il momento in cui il contratto viene rinegoziato, per adattarsi alle nuove esigenze e aspettative. Nasce così il *Secondo contratto*, le cui fasi sono la *disillusione* (cioè la fine dell'illusione, in cui ci si accorge della realtà), la *compassione* e infine l'*accettazione*. Scopo del counselor, in un lavoro con le coppie, è dunque far percorrere ai clienti tutte le fasi necessarie al progredire della loro relazione, fino a portarli alla consapevolezza della fallibilità dell'altro, ma nello stesso tempo della possibilità di accettarlo così com'è.

Alla coppia, così come avviene per la famiglia, si possono applicare ulteriori principi della teoria sistemico-relazionale: in primo luogo il principio di non sommatività, secondo il quale, come già detto, un insieme non equivale alla somma dei suoi elementi. Ciascun membro di una coppia, considerato singolarmente, può infatti risultare una persona gradevole, ma quando si trova insieme al partner può dare vita a dinamiche conflittuali. Come affrontarle, nell'ambito di un counseling?

Per il principio di totalità, in ogni sistema vivente ogni trasformazione di una componente ha effetto su tutte le altre, poiché sono interdipendenti. Nelle situazioni conflittuali di coppia, dunque, prima ancora di esplorare gli argomenti del disaccordo, il counselor lavora per facilitare il cambiamento, soprattutto nei casi in cui sia evidente una situazione patologica a ruoli cristallizzati – il che è possibile non solo in presenza di relazioni conflittuali, ma anche di rapporti complementari. Aiuta quindi la coppia a sviluppare maggiore elasticità nei ruoli e nelle abitudini e a modificare le regole rigidamente fissate, con l'obiettivo di far emergere gradualmente dei cambiamenti che porteranno, giocoforza, alla trasformazione del sistema di coppia. Il percorso sarà più difficile nel caso di coppie formatesi già da molti anni. Vediamo ora sotto quali aspetti possiamo considerare le coppie.

La coppia generativa

Anche una coppia che vive in armonia può rivolgersi a un counselor in un momento di difficoltà. La consulenza dovrà quindi mirare a diminuire la conflittualità presente, portando ciascun partner alla scoperta, o alla riscoperta, dell'altro e soprattutto all'accettazione della sua persona, così com'è. In fondo, non sono proprio le piccole debolezze della persona che ci piace a farci innamorare?

In una coppia 'sana', nessuno dei due 'soffoca' l'altro, reprimendone l'individualità, ma le differenze vengono armonizzate e ci si lascia reciprocamente la possibilità di vivere una vita, personale e di coppia, libera e priva di condizionamenti. Dal benessere dei singoli individui deriva un sistema di coppia creativo, che si definisce *generativo* perché esprime in pieno le proprie capacità progettuali, che siano la decisione di mettere al mondo dei figli o la creazione di attività e imprese comuni.

Lo strumento che consente ai partner di accettare le rispettive differenze è la tolleranza reciproca. Se, ad esempio, un membro della coppia tende a essere molto più affettuoso dell'altro, ma riesce comunque a rispettare e a comprendere le modalità del partner meno espansivo, non sorgeranno conflitti, purché anche l'altro abbia un atteggiamento di rispetto (e magari conceda qualche attenzione in più).

Quando si trova a lavorare con una coppia generativa, il counselor diventa parte di una triade operativa, in cui ciascuno si impegna a collaborare positivamente per la risoluzione dei problemi.

Coppie appena formate

Il periodo dell'innamoramento è di solito la fase più spensierata per i partner; tuttavia, anche una coppia che si è appena formata può aver bisogno della consulenza di un esperto, per affrontare quei primi ostacoli che sorgono, quasi sempre, dall'incontro di due mondi diversi che ancora non si conoscono. La formazione della coppia è, infatti, un processo complicato, in cui, trascorsa la fase iniziale – che in psicologia si definisce *fusionale*, perché si basa su un'attrazione irresistibile e su una forte identificazione con il partner, che porta a sentirsi tutt'uno con l'altro, minimizzando le diversità – iniziano a essere evidenti le differenze interpersonali. Bisogna allora rinegoziare molti aspetti della relazione.

L'obiettivo del counseling sarà dunque facilitare la comunicazione, attivando un costruttivo scambio di idee tra due modi diversi di pensare e di vivere che stanno imparando a coesistere. Il counselor aiuta ciascun partner a esprimere i suoi bisogni, sia verso se stesso che nei confronti dell'altro. Nello stesso tempo, lo porta a guardare all'unione in maniera realistica, ridimensionando le aspettative e sostituendo la rappresentazione fantasmatica, ideale, del partner con una visione più oggettiva.

Per ottenere tali risultati, il counselor cerca in primo luogo di far venire alla luce le credenze, i miti, i valori di ciascun membro della coppia: gli elementi, cioè, che derivano dal background personale e possono influenzare le decisioni e le interazioni reciproche. Una volta che i diversi modi di pensare e di agire siano emersi, il counselor li ridefinisce in positivo, ponendo l'attenzione sul ruolo 'generativo' delle differenze, da cui nascono la coppia e la famiglia, a loro volta generatrici di altre differenze, con nuove identità da riconoscere (i figli, i nuovi assetti familiari...). Lavorando insieme al counselor sulla progettualità comune e sul confronto pacifico tra le differenze, indice di un sistema sano e flessibile, la nuova coppia pone le basi per la sua futura solidità.

Coppie senza figli

Oggi, sempre più coppie scelgono di non mettere al mondo dei figli. Tuttavia, aspettare un bambino, allevarlo, vederlo crescere costituisce ancora un progetto importante per la maggior parte delle famiglie. Quando una coppia che desidera un figlio non riesce a concepirlo, si crea una discrepanza tra l'immagine ideale (*rappresentazione fantasmatica*) che gli aspiranti genitori si sono fatti della loro vita, arricchita dalla presenza di un altro essere di cui prendersi cura, e la realtà, che è diversa. In questo caso, il lavoro del counselor serve a indirizzare la coppia verso un altro tipo di progettualità, praticabile nella situazione reale, svuotando gradualmente di significato la rappresentazione ideale.

Coppie con figli

Nel corso di una consulenza di coppia, può venir fuori che la famiglia si trova in difficoltà a causa del comportamento di un figlio che, vivendo un disagio personale, crea in casa situazioni di tensione. In questo caso, prima ancora di proporre un percorso familiare – che, partendo dal figlio problematico identificato come P.I.P.P., porti a scoprire le dinamiche interne al sistema e ai sottosistemi – il counselor può decidere di intraprendere un primo percorso di supporto ai genitori, per poi allargare il suo intervento includendo altri membri della famiglia.

Utilizzando vari strumenti, in primo luogo il genogramma, il counselor esplora la storia familiare, per scoprire quali fattori, provenendo dalle generazioni passate, possano aver influito sul rapporto di coppia nel presente. Se individua atteggiamenti 'soffocanti', che impediscono di esercitare una *genitorialità competente*[107], cerca di far comprendere ai partner che limitare le opportunità dei figli riduce, nello stesso tempo, le loro possibilità di essere genitori migliori. Cambiando atteggiamento, o perlomeno

---

[107] "La competenza genitoriale è la capacità di riconoscere i bisogni dei figli e rispondere in modo sufficientemente adeguato, mettendo in campo molteplici abilità utili ad accompagnarli nel loro percorso di crescita in relazione alle diverse fasi evolutive e agli accadimenti familiari. Si tratta di una competenza articolata, connessa alla storia di figlio che ciascun genitore ha avuto, allo stile di attaccamento alle proprie figure di riferimento, alla personalità, alla qualità della relazione con l'ex partner, alla situazione psicologica e sociale attuale, alle caratteristiche dei figli in termini di temperamento e risorse" (Marino, consult. 2017).

dimostrando una maggiore apertura, padri e madri possono orientare in maniera più favorevole il 'destino' dei propri figli (stigmatizzato dalla frase di Jean Paul Sartre: "*Quand les parents ont un projet, les enfants ont un destin*"[108]).

Coppie con invischiamento familiare

Si parla di *invischiamento familiare* quando la presenza delle famiglie di origine è talmente forte e invadente da impedire che i partner possano vivere con serenità la loro vita di coppia. In situazioni come questa, utilizzando lo strumento del genogramma, il counselor riesce a informarsi sul passato dei genitori di lui e di lei; e può scoprire che le modalità invischiate costituiscono una 'tradizione' familiare, che si era già manifestata nella generazione precedente, se non prima. Può lavorare, allora, sulla rottura degli schemi, in funzione della conquista di una propria identità, indipendente dal peso del passato.

Coppie in difficoltà

Una coppia, che si sia formata da molto o da poco tempo, può vivere un periodo di difficoltà per diversi motivi e può decidere di rivolgersi a un professionista, con la speranza che la mediazione di un esperto possa farle ritrovare l'armonia e l'intimità perduta. Compito del counselor, in questo caso, è esplorare i mondi rappresentati dai due partner, aiutandoli a esprimere i loro bisogni e desideri e a individuare un terreno comune, punto d'incontro intorno al quale possano ritrovarsi.

Ad esempio, il counselor può aiutare lui e lei a ripartire da ciò che li ha uniti nei primi, felici, tempi del fidanzamento, portandoli a ricordare e a ricostruire l'iniziale atmosfera di complicità. Sono dunque utili domande che sottolineino gli aspetti positivi dello stare in coppia:

«All'inizio del vostro rapporto, cosa vi ha unito?»

---

[108] "Quando i genitori hanno un progetto, i figli hanno un destino."

«Quali attività vi piace fare insieme?»

«Come le piacerebbe trascorrere una giornata con
lui/ lei?»

Riaprendo il canale della comunicazione di coppia, il counselor
evita che si ripresentino situazioni di lontananza e di silenzio e
mantiene la frustrazione dei partner a un livello tollerabile.

Anche quando due persone riescono, con l'aiuto del counselor,
a esprimere le proprie necessità, non sempre si dimostrano in grado
di venirsi incontro: può darsi, infatti, che una delle due non voglia,
o non sappia, rispondere in maniera costruttiva alle richieste
dell'altra. In questo caso, il counselor può evidenziare, da un lato,
che quando chiediamo a qualcuno di cambiare non otteniamo alcun
risultato se continuiamo, noi per primi, ad adottare i comportamenti
di sempre; dall'altro, fa capire che, se uno dei due non ha intenzione
di collaborare, l'altro dovrà iniziare a contare solo sulle proprie
risorse.

Coppie che tradiscono

Quando, durante una consulenza di coppia, emerge il tema
dell'infedeltà – come idea accarezzata ma non realizzata, eppure
destabilizzante; come tradimento/i occasionale/i; come nuova
relazione in grado di mettere fortemente in pericolo il rapporto tra
i due partner – il counselor può cercare di lavorare sul superamento
della crisi. Se c'è una possibilità che lui e lei possano continuare a
stare insieme, in quanto resiste ancora una traccia dell'amore
iniziale (che può essere portata alla luce riattivando i ricordi del
passato felice della coppia), il counselor può usare la crisi, nel suo
significato già evidenziato di problema foriero di opportunità, per
far capire ai partner che un allontanamento non avviene mai a caso,
ma può essere una tappa necessaria di un percorso di coppia che
genera nuove possibilità.

Coppie conflittuali

In una coppia definita *conflittuale*, il livello di insoddisfazione e
di tensione è tale da sfociare spesso in litigi, che impediscono il

dialogo e alimentano la distanza tra i partner. Del resto, sappiamo che tutti i sentimenti umani sono, per la loro stessa natura, ambivalenti; dobbiamo dunque accettare che nell'amore sia incluso l'odio, o perlomeno l'ostilità. È inoltre noto che nelle relazioni primarie – come quelle tra coniugi o conviventi – sia difficile liberarsi degli schemi disfunzionali che hanno già causato sofferenza, anche quando lo si vorrebbe.

Il lavoro con una coppia conflittuale richiede tempo e pazienza; le conquiste sono graduali e fatte di piccoli cambiamenti. Il counselor deve far leva sulla consapevolezza – da parte, almeno, di uno dei partner – che l'altro, con tutti i suoi difetti, ha comunque in sé qualcosa di buono; nello stesso tempo, il valore personale di ciascuno, nonostante nel conflitto si tenda a negarlo, non può essere messo in discussione.

Durante i colloqui, può accadere che il conflitto invada lo spazio condiviso con il counselor, che può allora servirsi di tecniche di *time out* per diminuire la tensione, oltre che di strategie per trasformare la situazione di contrasto in una di collaborazione. Ad esempio, può interrompere il litigio offrendo qualcosa da mangiare o da bere; o può usare il pensiero creativo, impegnando le energie dei clienti in risposte a domande che stimolano l'immaginazione:

> **«Come rappresenterebbe, in una locandina cinematografica, la situazione?**
> **E come si intitolerebbe il sequel del film originale?»**

Per permettere alla coppia di esprimere il suo disagio in maniera non aggressiva, il counselor può chiedere di mettere nero su bianco, sul momento, le sensazioni collegate al malessere psicologico. Lo stesso foglio di carta può diventare lo strumento fisico con cui rappresentare la sofferenza:

> **«Se dovesse rappresentare il suo disagio attraverso la rottura di questo foglio di carta, quanta parte ne strapperebbe?»**

Nei casi in cui il conflitto sia difficilmente contenibile, il counselor può usare la tecnica della *navetta*, ricollocando i membri della coppia in stanze diverse e facendo la spola dall'uno all'altro (il diversivo è noto anche come tecnica della *spoletta*), in modo da interrompere, o da evitare del tutto, il litigio; una volta raggiunta un'atmosfera serena, o almeno di non accesa conflittualità, è possibile ritornare tutti nella stessa stanza.

E se uno dei partner cerca di condurre dalla sua parte il counselor, perché lo aiuti a convincere l'altro delle sue idee, mettendo in atto un processo di *triangolazione*? In questo caso, il professionista, per il già citato principio di *equivicinanza*, deve sforzarsi di mantenere una posizione neutrale, evitando di accogliere il punto di vista di uno solo dei due e incitando invece la coppia a discutere con atteggiamento costruttivo durante il colloquio.

Se la coppia ha figli, sarà importante far capire che il conflitto non è mai conveniente per nessuna delle parti: ogni tentativo di danneggiare il partner arrecherà danni anche al resto della famiglia, in maniera diretta (gli effetti delle azioni di un genitore contro l'altro ricadranno sui figli, materialmente e psicologicamente) o indiretta (un genitore in difficoltà potrebbe non riuscire a svolgere i suoi compiti di accudimento). Nello stesso tempo, la presenza di prole è un fattore di cui tenere conto anche nell'analizzare le dinamiche conflittuali della coppia: in alcuni casi, proprio un problema che riguarda un figlio può scatenare, o acuire, problemi di coppia.

Coppie in via di separazione

Se in Italia, secondo le rilevazioni dell'Istat[109], nel 1985 solo il 4,5% delle coppie sposate si lasciava dopo dieci anni, vent'anni più tardi, nel 2005, la percentuale di separazioni e divorzi era salita all'11%; un decennio dopo, nel 2014, sono stati celebrati 189.765 matrimoni, ma se ne sono sciolti 141.638 (di cui 89.303 con separazione e 52.335 con divorzio), in media dopo 16 anni trascorsi insieme.

A causa della tendenza della società attuale verso l'instabilità coniugale e di coppia, al counselor può facilmente capitare di avere,

---

[109] Si veda http://www.istat.it/it/archivio/173316.

tra i suoi clienti, coniugi o conviventi in difficoltà che, non riuscendo a risolvere i propri conflitti e vivendo quindi una crisi, potrebbero chiedergli aiuto per giungere a una separazione di fatto, o legale, in maniera non traumatica. In questo caso, il professionista ha due scelte: indirizzare i clienti da un mediatore familiare o seguire personalmente la separazione.

Se ritiene di poter accompagnarli nella fase di scioglimento della loro unione, il counselor deve far accettare a entrambi i componenti della coppia il principio che i sentimenti cambiano nel tempo e persino un grande amore può finire: per quanto doloroso, bisogna prenderne atto. Il suo intervento è fondamentale per aiutare la coppia a concludere il suo percorso in maniera serena, conservando i ricordi positivi e un rapporto di stima e di amicizia, diverso da quello di prima ma ugualmente valido; del resto, sin dall'antichità l'amicizia era considerata superiore all'amore, come affermava il filosofo Epicuro.

Quando una relazione importante termina, con la separazione dal partner ci si ritrova privi di figure importanti di riferimento: il counselor deve dunque far lavorare la coppia sulla ricerca di risorse (amici, parenti, gruppi, attività lavorative e sociali...) su cui i due potranno, ciascuno per sé, fare affidamento, una volta rimasti soli.

Lavorare con bambini e adolescenti

Il counseling con i minori

Il lavoro con i minori è certamente diverso da quello che il counselor può svolgere con gli adulti, perché comporta il mettere in gioco (a volte letteralmente!) tecniche per guadagnare la fiducia dei giovani clienti, e per esplorarne il mondo in maniera delicata e nello stesso tempo coinvolgente.

Per iniziare a farlo, come sappiamo, il counselor ha bisogno del consenso scritto di entrambi i genitori, con i quali interagisce durante il percorso di counseling e che può invitare in studio durante i colloqui, in modo da trasformare le consulenze da individuali in familiari.

Counseling con i bambini

Lavorando con i bambini, il counselor usa alcune delle tecniche già illustrate, ma deve aggiungerne di nuove, per entrare meglio in relazione con i bisogni, le modalità espressive e i livelli di sviluppo dei suoi giovanissimi clienti. Si serve dunque di tutta la sua flessibilità, la sua creatività e la sua empatia per esplorare la personalità e la vita familiare, scolastica e sociale del bambino attraverso il colloquio e il gioco, adattandosi naturalmente al contesto, alla situazione e alle caratteristiche del minore.

Può servirsi, ad esempio, di *metafore* ispirate al mondo narrativo familiare al bambino (favole, fiabe, racconti, poesie, canzoni, film, cartoni animati), così da trasmettere messaggi e insegnamenti in modo indiretto e simbolico, poco invasivo e quindi più facilmente accettato. La metafora può anche essere costruita con la collaborazione del minore, chiedendogli di immaginare una storia o un personaggio che rappresenti il problema o la sua soluzione. Il counselor può inoltre esortare il piccolo a comporre *disegni* che illustrino la sua realtà interna ed esterna: un suo ritratto, scene familiari, la scuola e i compagni, gli amici, lo sport, situazioni problematiche vissute, risorse da mettere in campo; i disegni possono essere analizzati durante il colloquio, per sottolinearne gli aspetti significativi e metterli in relazione con il vissuto reale, favorendo la consapevolezza del bambino.

Il counselor può anche invitare il bambino a *narrare*, in forma orale o scritta, ciò che gli accade, che prova, che desidera o che teme. Durante il colloquio lo ascolta attivamente, ridefinisce i contenuti e le emozioni espresse, pone domande aperte o chiuse per approfondire o chiarire alcuni aspetti e offre feedback e suggerimenti per aiutare il minore a trovare soluzioni o alternative.

Può, infine, usare il *gioco* – linguaggio naturale con cui i bambini esprimono emozioni, pensieri, desideri e paure – in forma libera o strutturata, per entrare in contatto con il piccolo, osservare il suo comportamento, favorirne la libera espressione e stimolarne la creatività.

L'alternanza di queste tecniche può risultare particolarmente utile nel caso in cui il minore provi difficoltà ad articolare, sia a voce che per iscritto, pensieri complessi, o sia restio a confidarsi, magari perché in famiglia o a scuola non ha potuto usufruire di adeguati spazi relazionali di comunicazione: esprimersi in maniera creativa può aiutarlo a superare blocchi e paure.

Counseling con gli adolescenti

> L'adolescenza è un'epoca ricorrente: ogni volta che passiamo da una fase all'altra del ciclo di vita, il ciclo precedente è ormai concluso, ma quello futuro non è ancora iniziato (Sergio Maresca, cit. in Galdo, 2015).

L'adolescenza è la fase più problematica dello sviluppo umano, perché rappresenta una sorta di limbo in cui non si è ancora diventati gli adulti che si vorrebbe essere, ma non si è nemmeno più i ragazzini che si era fino a poco prima; è inoltre il periodo in cui si affronta la difficile fase dello svincolo dalla famiglia. Trattare con i giovani, e nello stesso tempo con i loro genitori, è dunque per il counselor un compito delicato, nel quale dovrà tener conto dei fattori legati al cambiamento fisico e psichico, come un'incontrollata emotività (per cui gli adolescenti attribuiscono un'esagerata importanza a ciò che si dice loro) e la tendenza, tipica di questa fascia di età, a costruirsi un'immagine di sé fissa e focalizzata sui segnali negativi, nonostante gli input positivi che possano provenire dall'ambiente esterno.

L'adolescenza è la fase del ciclo di vita in cui ci si prepara a 'spiccare il volo': a lasciare, cioè, almeno psicologicamente, se non ancora fisicamente, il 'nido' familiare, per sviluppare una propria identità adulta fatta di nuovi pensieri e nuove azioni. Come abbiamo visto a proposito della separazione dalla famiglia, svincolarsi dai genitori è un processo indispensabile per lo sviluppo di ogni individuo 'sano': l'adolescente manifesta in maniera chiara il suo desiderio di rendersi, almeno in parte, indipendente. E il counselor deve tenerne conto, evitando, per quanto possibile, setting in cui i giovani possano sentirsi a disagio, costretti ad affrontare i loro problemi in presenza dei familiari. Galdo evidenzia al riguardo uno dei 'confini' dell'orientamento sistemico-relazionale:

> Certo, anche l'approccio relazionale ha dei limiti. Mettiamo ad esempio la situazione dove la problematica è sostenuta da un adolescente, che vuole svincolarsi dalla famiglia. Qui probabilmente l'approccio relazionale puro è un non senso. Non posso, infatti, dare un doppio messaggio del tipo: "sono consapevole che vuoi svincolarti, ma ti chiedo di venire con la famiglia" (Galdo, 2000).

L'adolescenza è l'età dell'incoscienza, del divertimento estremo, degli istinti, delle sfide e quindi della ribellione, contro chiunque: genitori, insegnanti, ideologie, percorsi di studio. L'adolescente entra in conflitto con le norme fino a quel momento accettate e con gli adulti che gliele impongono; percorre strade nuove in opposizione a quelle che gli sono state già tracciate. Lo fa per necessità: la ribellione rappresenta la sua ferma volontà di crescere e farcela da sé, e nello stesso tempo è una richiesta di aiuto e di attenzioni, a cui bisogna rispondere con comprensione e supporto. Il compito è ancor più delicato nel caso di figli di genitori separati: l'adolescente, già di per sé 'diviso' dai genitori dalla sua ricerca di autonomia, vivendo il distacco tra i genitori si trova in una fase di doppia separazione.

Quando riscontra in un giovane atteggiamenti oppositivi e antisociali, il counselor – come sottolinea Rollo May – deve trattenersi dal provare ad arginarli: non solo perché, per il suo stesso ruolo, non può esprimere giudizi morali, ma perché il suo compito è incanalare in maniera costruttiva le energie dei clienti.

> Non di rado accade che lo studente, con la testa piena di obiettivi accademici personali, trovi necessario ribellarsi contro qualcosa. In questo caso il *counselor* non può dirgli di non lottare, ma può aiutarlo a chiarire per che cosa lottare. [...] Probabilmente è vero che tutti i giovani giungono a una fase della vita in cui devono ribellarsi, mettere in atto la loro sfida, dichiararsi autonomi, anche se questo reca dolore a loro stessi e agli altri. Di questo non dobbiamo spaventarci troppo. È un segno di vitalità, di forza, di potenzialità; è una prova del flusso creativo delle spinte istintuali. Se gli adulti li inducono alla rimozione, faranno loro più male che bene. Tuttavia il *counselor* ha la possibilità di suggerire altri canali di espressione: i giovani devono poter gettare il loro seme, ma non deve essere il seme di una pianta *selvatica*. Lasciateli dunque seminare, ma fate in modo che i semi di cui dispongono vengano usati nel modo più costruttivo possibile (May, 1989, n. ed. 2014, p. 122).

Counseling con i genitori degli adolescenti

Per i cambiamenti che porta con sè, l'adolescenza è un difficile momento di transizione sia per i giovani che per i loro genitori, che si trovano ad affrontare una fase del ciclo di vita con problematiche nuove, del tutto diverse da quelle fino a quel momento sperimentate in famiglia. I figli, fino a pochi mesi prima territorio ben conosciuto, si trasformano all'improvviso in alieni, diversi dal bambino o dalla bambina che erano. Può capitare allora che la coppia genitoriale, o uno solo dei due, non accetti il cambiamento e cerchi di opporvisi, generando situazioni di conflitto. Ma un genitore può anche cercare di incanalare le energie del figlio o della figlia adolescente in una determinata direzione, per poter rivivere la propria adolescenza proiettandola su di lui o su di lei.

Qualunque sia la reazione dei genitori al comportamento dei figli adolescenti, è importante che il counselor li supporti affinché restino figure di riferimento autorevoli, a cui i ragazzi possano rivolgersi in caso di necessità. Deve inoltre far capire loro che, nel momento in cui il sistema famiglia si evolve per la crescita dei figli, devono iniziare a relazionarsi con i ragazzi in modo diverso da prima.

Lavorare con i gruppi

Il counselor in ufficio

La figura del counselor è largamente impiegata anche nel settore aziendale, pubblico e privato: già da vari decenni, infatti, si è notato che il benessere psicofisico dei lavoratori influenza direttamente il loro rendimento in ufficio, e dunque la 'salute' (e i profitti) dell'azienda. Nei contesti in cui si lavora in team, gli interventi di counseling si pongono una serie di obiettivi, importanti tanto per la serenità del singolo individuo quanto per l'armonia del gruppo e per la stabilità dell'azienda: primo fra tutti, creare un clima interno disteso, in cui i dipendenti si sentano ascoltati, compresi e valorizzati.

Per raggiungere quest'obiettivo, il counselor aziendale – usando le tecniche e gli strumenti di cui dispone – attua interventi per favorire il dialogo tra i lavoratori, e tra gli impiegati e le figure apicali e di coordinamento, per prevenire o risolvere conflitti, malintesi e difficoltà comunicative. Nel caso siano già presenti situazioni di stress, con conseguenti sindromi ansiose, depressive e da burnout, o sopraggiungano problematiche personali e lavorative, il counselor offre il suo sostegno, individuando le cause del malessere e aiutando i dipendenti a gestire le difficoltà, come pure i cambiamenti, le sfide e le opportunità che si presentano nel contesto lavorativo.

In un contesto aziendale, il lavoro del counselor può avere inoltre lo scopo di far emergere i talenti, stimolando la crescita professionale e personale degli impiegati e il potenziale creativo; di attrarre candidati, propensi a farsi assumere in un ambiente che cura il benessere dei dipendenti e offre dei benefit; di aiutare a migliorare le competenze relative all'ascolto, all'empatia, alla collaborazione, alla leadership, al problem solving e alla gestione delle emozioni.

La leadership situazionale

Per quanto un counseling di gruppo sia senz'altro differente da uno individuale, familiare o di coppia, il lavoro che il counselor si appresta a svolgere dev'essere preceduto, così come avviene negli altri tipi di consulenza, da un'indagine sulla 'storia' del team e sulla fase che sta attraversando, per definire in quale momento del ciclo di vita si trovi. Se il gruppo esiste già da tempo, infatti, non può essere valutato solo in base al suo presente, ma va osservato in divenire e guidato con lo stile di leadership adatto alla fase che lo contraddistingue.

Il counselor può applicare in questo caso la teoria della *leadership situazionale*, un modello elaborato da Paul Hersey e Ken Blanchard nel 1969 con il nome di Life Cycle Theory of Leadership (teoria del ciclo di vita della leadership) e trasformato negli anni Settanta nel Situational Leadership® Model [110].

Secondo questa teoria, i gruppi di lavoro attraversano ciclicamente alcune fasi, che – con un lieve adattamento rispetto all'originale – potremmo così descrivere:

1. *Fase di orientamento*. I membri del gruppo iniziano a conoscersi e a collaborare, ma hanno ancora bisogno di una guida decisa, che gli dica cosa fare: lo stile di leadership è *direttivo*.
2. *Fase di insoddisfazione*. Emergono problemi; si sente l'esigenza di migliorare le relazioni tra i membri, di esporre le difficoltà: perché si superi questo stadio, lo stile di leadership dev'essere *supportivo*, offrendo il giusto sostegno perché il sistema possa autoripararsi.

---

[110] La *teoria della leadership situazionale* di Hersey e Blanchard (The Situational Leadership® Model) sostiene la necessità di adattare lo stile di leadership a una situazione o a un obiettivo, al fine di soddisfare le esigenze del team. Secondo questa teoria, il leader deve adattare il proprio comportamento al livello di maturità e di autonomia dei membri del team, che varia a seconda della situazione. Il modello prevede quattro stili di leadership – direttivo, persuasivo, partecipativo e delegante – ed è ampiamente usato in ambito aziendale e formativo.

3. *Fase di svolta*. Il gruppo è ormai affiatato, inizia a comparire un linguaggio comune fatto di soprannomi e modi di dire caratterizzanti: lo stile di leadership diventa *persuasivo* e si orienta verso il *coaching*, per guidare il lavoro dei singoli e dei sottogruppi.

4. *Fase di produzione*. Il gruppo riesce a lavorare in modo efficace, avendo chiaro l'obiettivo finale (*mission*) da raggiungere e le tappe per arrivarvi, che raffigura in un diagramma (*project work*): lo stile di leadership in questa fase può essere *delegante*.

5. *Fase di disorientamento*. Il gruppo incontra nuove difficoltà: lo stile di leadership torna a essere *direttivo* e il ciclo ricomincia.

STILI DI LEADERHIP

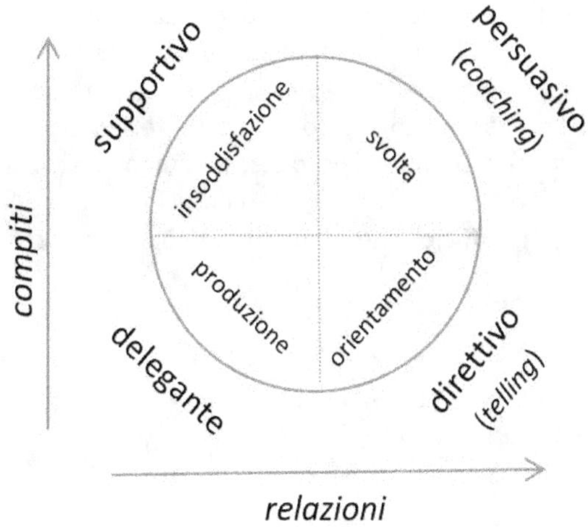

La metacomunicazione

Creare un clima positivo all'interno di un gruppo – che sia un team di lavoro, una squadra sportiva o una classe di studenti – è essenziale per ottenere buone prestazioni da ciascuno. Lo stile manageriale del modello statunitense, pur efficace da alcuni punti di vista, per il suo elevato grado di competitività non si rivela adatto quando sorge la necessità di risolvere i conflitti e armonizzare le differenze: è richiesto allora un diverso tipo di intervento, che può essere quello del counselor.

Di fronte a un'evidente mancanza o difficoltà di comunicazione, il counselor dovrebbe in primo luogo occuparsi delle relazioni di indifferenza o disconferma (ricordate la mappa relazionale?), con l'obiettivo di trasformarle in relazioni che funzionino, almeno dal punto di vista lavorativo. Per far ciò, potrebbe suggerire ai membri del team di usare la *metacomunicazione*[111] (= comunicazione relativa alla comunicazione) ogni volta che entrano in contatto con colleghi dal comportamento scostante. Facendoglielo notare in maniera assertiva, con una frase come: "Non hai risposto al mio saluto. Mi spieghi perché?", si potrebbe ottenere un effetto disarmante, nel senso letterale del termine. Un approccio così diretto non è, ovviamente, consigliabile nelle relazioni dei subordinati con i superiori, che vanno curate con l'aiuto del counselor, per evitare che arrivino a momenti di esagerata tensione, il che potrebbe avvenire se gli atteggiamenti di indifferenza dei capi diventassero una costante. Il *doppio messaggio* "esisti, infatti ti do ordini; ma nello stesso tempo non esisti, infatti ti ignoro" crea ambivalenza, disagio e confusione ed è alla base di molti conflitti in ufficio, che il lavoro del counselor permetterà di evitare.

Il gruppo creativo o generativo

Quando si opera in team, qual è il numero ideale di persone per far funzionare il lavoro di squadra e ottenere risultati? Possiamo

---

[111] Il concetto di *metacomunicazione* è stato introdotto dagli psicologi della Scuola di Palo Alto per esprimere le complesse dinamiche della comunicazione e le sue disfunzioni ed è definita da Gregory Bateson come "l'insieme di tutti gli indici e proposizioni scambiati in relazione alla (a) codifica e (b) relazione tra i comunicatori" (Bateson, 1976). Ad esempio, nel fare un'affermazione usando la comunicazione verbale, possiamo contraddirne il significato letterale con il linguaggio non verbale (tono di voce, gesti, postura...).

scoprirlo applicando un po' di matematica a un principio del counseling sistemico-relazionale:

> Ogni gruppo è creativo in funzione del numero di persone che lo compongono e del numero di relazioni duali e relazioni triadiche che si formano (Galdo, 2015).

Partiamo da una similitudine: così come una coppia che 'funziona' può essere definita una coppia "creativa" o "generativa", anche un gruppo al cui interno vi sia armonia, condivisione, collaborazione può essere molto produttivo ed essere definito un *gruppo generativo*. Non tutti sanno, però, che per ottenere i migliori risultati è necessario che il gruppo sia formato da almeno tre persone, ma da non più di 12-15. Più basso è, infatti, il numero di componenti di un gruppo, più alta è la percentuale di relazioni duali e triadiche che possono formarsi, dando luogo a una maggiore potenzialità creativa. La percentuale di relazioni duali o triadiche è dunque del 100% se il gruppo è formato da tre membri, ma supera di poco l'1,70% nei gruppi da 15, per scendere drasticamente intorno allo 0% nei gruppi che superano le 15 persone, che subiscono dunque un decremento del potenziale generativo. Il counselor terrà dunque conto di questo fattore, suggerendo la formazione di team poco numerosi.

La Tecnica del Gruppo Nominale

Durante il lavoro di squadra, ci sono momenti in cui è necessario prendere delle decisioni attraverso un confronto tra i membri del team. Come essere sicuri che il risultato di un brainstorming o di una discussione di gruppo sia effettivamente valido per gli scopi che ci si era prefissi? E come prendere la decisione giusta, quando le opinioni espresse sono divergenti? In questi casi, viene in aiuto la *Tecnica del Gruppo Nominale*: un tipo di intervista collettiva ideata da Delbecq e Van de Ven nel 1971 e chiamata così perché il gruppo è presente solo nominalmente, ma la sua interazione è mediata da un 'supervisore': nel nostro caso, il counselor.

La Nominal Group Technique (NGT)[112] è particolarmente utile quando si tratta di valutare le decisioni di un pool di esperti nutrito – 8-12 persone – i cui membri vengono fatti interagire tra loro dapprima in forma scritta, e poi orale, con la mediazione di una persona al di fuori del team, in grado dunque di mantenere l'obiettività. Nella prima fase dell'intervista, viene data a ciascuno la possibilità di esprimere, su un foglio, la propria opinione e le conoscenze sull'argomento oggetto della decisione; i fogli vengono poi scambiati tra i membri del gruppo affinché tutti i pareri possano essere condivisi, chi legge può aggiungere un commento non giudicante. La seconda fase è dedicata a una discussione guidata delle idee messe per iscritto, che ha lo scopo di trovare un punto di incontro in una decisione condivisa, secondo il principio per cui, se si raggiunge un largo consenso su un tema, la decisione presa è valida e attendibile.

La Tecnica del Gruppo Nominale può essere usata vantaggiosamente in qualsiasi tipo di gruppo e in diversi contesti, non solo in azienda: è possibile, ad esempio, praticarla con una classe di studenti, o effettuarla telematicamente, in videoriunione o sfruttando un canale accessibile a tutti membri del gruppo, come un social network.

Il gruppo classe

L'esperienza del counselor può rivelarsi molto utile anche nella gestione di un gruppo particolare: il gruppo classe, in cui il sistema che si crea tra studenti e docente/i può risentire di dinamiche che ne impediscono il buon funzionamento e rendono difficile la trasmissione dei saperi (e di conseguenza l'apprendimento). In tal caso, il counselor può intervenire in prima persona in funzione di

---

[112] Per un approfondimento sulla NGT si leggano l'articolo https://nuovadidattica.wordpress.com/agire-valutativo/12-metodi-quantitativo-sperimentali-qualitativo-ermeneutici-e-misti-nella-valutazione-educativa-e-nella-ricerca-valutativa/tecnica-del-gruppo-nominale/ e il saggio di J.N. Horton https://associationofanaesthetists-publications.onlinelibrary.wiley.com/doi/pdf/10.1111/j.1365-2044.1980.tb03924.x.

supporto, affrontando il disagio in *circle time*[113] strutturati, richiesti dall'organizzazione scolastica. Può però accadere che l'intervento del counselor sia indiretto, se un docente richiede una consulenza per ottenere aiuto nella gestione della classe. Per migliorare l'interazione tra l'insegnante e gli allievi, il counselor può evidenziare una serie di strategie, volte a coinvolgere maggiormente gli studenti e ad avvicinarsi al loro mondo.

Partendo dal principio che il docente debba rapportarsi con gli studenti senza prevenzioni – non lasciandosi dunque influenzare dalle notizie già ricevute sulla classe – il counselor invita l'insegnante a non pensare alla didattica come punto di partenza, ma a subordinarla alla necessità di instaurare in primo luogo una relazione positiva con gli allievi. Per far ciò, se necessario, può organizzare ogni tanto un *circle time*, per creare momenti di condivisione e di conoscenza delle dinamiche interne al gruppo.

Una volta che si sia creato un clima positivo in classe, il docente sviluppa una didattica il più possibile coinvolgente per tutti, interagendo continuamente con gli alunni durante la lezione e incuriosendoli con argomenti che possano suscitare il loro interesse, attingendo anche alle loro subculture e ai loro hobby (danza, musica, sport...). Citando tematiche vicine alla vita dei giovani, riesce a far meglio comprendere i concetti da studiare, a guadagnarsi la fiducia degli studenti e ad avvicinarsi al loro mondo.

Altre strategie che il counselor potrebbe indicare ai docenti desiderosi di instaurare un buon rapporto con il gruppo classe sono il coinvolgimento degli alunni più vivaci, a turno, in piccoli compiti di responsabilità; il permettere di esprimersi con sincerità per iscritto, assegnando, come traccia per un tema, una lettera indirizzata a un insegnante o invitando a concludere i propri

---

[113] Il *circle time*, detto così perché le sedie dei partecipanti vengono disposte in cerchio, è un momento strutturato di ascolto attivo e di condivisione, in cui ci si può esprimere liberamente senza il timore di essere giudicati. Attraverso una serena comunicazione e discussioni guidate, i membri del gruppo classe imparano a riconoscere e a gestire le emozioni e a risolvere i conflitti, in modo che in classe si possa recuperare un clima positivo.

componimenti con riflessioni personali; l'attivazione di una didattica al passo con i tempi, che utilizzi tecniche innovative come la flipped classroom, la lezione partecipata, il cooperative learning e così via.

Il counseling come professione

Per avere molti clienti, dovrete perderne molti.
(Gennaro Galdo[114])

Una professione trasversale

Quella del counselor viene considerata una professione "trasversale", in quanto può essere esercitata in settori lavorativi molto diversi tra loro e da professionisti differenti. Si può offrire consulenza in ambito aziendale e organizzativo, soprattutto nel campo delle Risorse Umane e del Team Building; supporto per il disagio giovanile, la dispersione, l'orientamento nel mondo scolastico e universitario; sostegno in tutti gli ambiti legati all'assistenza e alla cura della persona.

La formazione del counselor può essere poi un percorso certificato a sé, che consenta di acquisire un titolo con cui iniziare un'attività lavorativa in proprio o presso una istituzione, o un modo di migliorare competenze professionali già consolidate in chi opera nel campo della relazione di aiuto, come medici e infermieri, psicologi e pedagogisti, educatori e insegnanti, nutrizionisti, assistenti sociali, operatori socio-sanitari e socio-assistenziali.

La normativa sul counseling

Il 18 maggio 2000 il Consiglio Nazionale dell'Economia e del Lavoro (CNEL)[115] ha inserito ufficialmente quella del counselor tra le

---

[114] Gennaro Galdo, lezione di counseling, ISPPREF, Napoli, 15 marzo 2016.

[115] Il Consiglio Nazionale dell'Economia e del Lavoro (CNEL) – che già in passato aveva invitato le associazioni di counseling a iscriversi a una banca dati a scopo statistico – è chiamato a esprimere il suo parere, ai sensi dell'art. 26 c. 4 del D.lgs. 206/2007, sulle associazioni professionali non regolamentate che abbiano presentato istanza al Ministero della Giustizia. Nel campo del counseling, il CNEL ha espresso parere positivo sull'A.N.CO.RE

"professioni non regolamentate", ossia tra le professioni che si possono esercitare senza possedere uno specifico titolo di studio, né richiedono l'iscrizione a un ordine, a un collegio o a un albo professionale. Il counseling non è infatti una professione organizzata, poiché non è mai stata emanata una legge che la istituisca e non esiste un ordine professionale ufficiale. Vi sono comunque albi privati – come il Registro dei Counselor della Società Italiana di Counseling (S.I.Co.) o l'Albo del Coordinamento Nazionale dei Counsellor Professionisti (CNCP) – in cui è possibile essere inseriti, previo il soddisfacimento dei requisiti richiesti e il pagamento di una quota.

Dopo un lungo iter che ha visto in campo sia la Sinistra, con il Ministro della Giustizia Piero Fassino, sia il Centro, con Michele Vietti della Commissione Vietti, sia la Destra, con il Ministro della Giustizia Roberto Castelli, e che ha incontrato l'opposizione degli psicologi nonostante l'Antitrust sottolineasse la necessità di una riforma delle professioni, il Parlamento Italiano ha emanato la legge 14 gennaio 2013, n. 4 *Disposizioni in materia di professioni non organizzate* in ordini o collegi (G.U. n. 22 del 26 gennaio 2013), grazie alla quale il counseling, che fa parte delle attività economiche a cui si riferisce l'art. 1 c. 2 della legge[116], è stato inserito tra le professioni intellettuali libere da un iter formativo specifico.

- Associazione Nazionale Counselor Relazionali (il 28 febbraio 2013 all'unanimità), sul CNCP - Coordinamento Nazionale Counsellor Professionisti (il 12 maggio 2010 a maggioranza), sulla S.I.Co. - Società Italiana di Counseling (28 febbraio 2013 all'unanimità). Ha invece espresso parere negativo all'unanimità su REICO e SICOOL.
L'elenco completo è su https://www.cnel.it/Comunicazione-e-Stampa/Attivit%C3%A0-del-CNEL/Altre-Banche-Dati/Professioni-non-regolamentate-Non-pi%C3%B9-alimentata/Associazioni-professionali-parere-del-CNEL.

[116]"Ai fini della presente legge, per «professione non organizzata in ordini o collegi», di seguito denominata «professione», si intende l'attività economica, anche organizzata, volta alla prestazione di servizi o di opere a favore di terzi, esercitata abitualmente e prevalentemente mediante lavoro intellettuale, o comunque con il concorso di questo [...]." Articolo 1 comma 2, legge 4/2013.

Si lascia dunque ai singoli professionisti l'iniziativa di qualificarsi attraverso un percorso di certificazione svolto presso un'associazione professionale di categoria (ex art. 7, c. 1, legge 14 gennaio 2013, n. 4), o con la cosiddetta autoregolamentazione volontaria (ex art. 6, c. 1, legge 14 gennaio 2013, n. 4).

A tutela degli utenti, la legge n. 4/2013 riconosce ai professionisti non organizzati, quindi anche ai counselor, la possibilità di riunirsi in associazioni professionali private, volte a garantire trasparenza, correttezza e qualità dei servizi erogati. Le associazioni, tramite i propri rappresentanti legali, possono dichiarare di essere in possesso dei requisiti di qualità e – previo controllo e certificazione emessa non più dall'UNI, ma dall'Organismo di Certificazione (OdC) – possono essere iscritte in un elenco, tenuto dal Ministero dello Sviluppo Economico, oggi Ministero delle Imprese e del Made in Italy. Alcune di queste associazioni rilasciano un'attestazione degli standard di qualità ai propri iscritti.

Aspetti fiscali

Per svolgere la sua attività professionale in conformità con l'attuale normativa fiscale nazionale, esercitando i propri diritti e doveri, il counselor dovrebbe consultare un fiscalista, che lo indirizzi verso il regime fiscale più adatto al suo caso[117]. Se, infatti, lavora in maniera non continuativa e non abituale, sotto la direzione di un committente, svolge una *prestazione lavorativa occasionale*[118]; se

---

[117] Secondo l'art. 1 c. 5 della legge 4/2013, "La professione è esercitata in forma individuale, in forma associata, societaria, cooperativa o nella forma del lavoro dipendente".

[118] La "prestazione lavorativa occasionale" è un contratto di lavoro che consente di svolgere attività saltuarie e occasionali senza dover necessariamente aprire una Partita IVA. È stato introdotto in Italia con l'articolo 54 bis "Disciplina delle prestazioni occasionali. [...]. Contratto di prestazione occasionale" del decreto legge 24 aprile 2017, n. 50, modificato in sede di conversione in legge 21 giugno 2017 n. 96, e prevede dei limiti economici: il principale è che ciascun prestatore, con riferimento alla totalità degli utilizzatori, non deve superare i 5000 € di compensi annui. Chi li supera

lavora in modo saltuario e non organizzato, senza sottostare a un committente e quindi in totale autonomia, svolge un *lavoro autonomo occasionale*[119]. In entrambi i casi, la normativa (sui cui è indispensabile informarsi; qui si offrono solo spunti per orientarsi) non obbliga all'apertura di una Partita IVA.

Se invece il counselor esercita la sua attività in modo continuativo e abituale (anche se non in via esclusiva: potrebbe ad esempio avere un impiego part-time), da *libero professionista* (quindi non in maniera occasionale), è tenuto ad avere un'iscrizione all'Agenzia delle Entrate e un numero di Partita IVA. Per richiederlo, deve indicare sul Modello AA9 il codice ATECO identificativo dell'attività da esercitare; poiché, come già detto, il counseling è una professione "non organizzata", non è collegata a un codice specifico e occorre individuarne uno adatto. Il codice ATECO 88.99.00, riferito alle "Altre attività di assistenza sociale non residenziale non classificate altrove", è quello attualmente consigliato per l'attività di counseling.

In ogni caso, il counselor deve adempiere alle normative fiscali, contabili, contributive e assistenziali che regolano le entrate dello Stato. Deve tenere una contabilità dei suoi guadagni, che nella maggior parte dei casi potrà essere il "regime semplificato" ex art.

---

deve iscriversi alla Gestione Separata INPS e versare i contributi previdenziali (ma è ancora possibile non aprire una Partita IVA).
Il testo della legge è sulla Gazzetta Ufficiale del 23 giugno 2017: gazzettaufficiale.it/eli/gu/2017/06/23/144/so/31/sg/pdf.

[119] "Lavoratore autonomo occasionale" è chi esercita un lavoro in maniera saltuaria, non organizzata, completamente autonoma. "Il lavoratore autonomo occasionale, dunque, si obbliga a compiere dietro corrispettivo un'opera o un servizio con lavoro prevalentemente proprio, senza vincolo di subordinazione, né potere di coordinamento del committente, e in via del tutto sporadica" (dal sito web La legge per tutti, consult. 2023). Chi esercita un lavoro occasionale in autonomia non è tenuto ad aprire una Partita IVA, "in quanto l'attività è priva del requisito della professionalità, ossia dell'abitualità e dell'organizzazione nel suo svolgimento", ma deve emettere ricevuta in doppia copia, rispettando le norme di legge:
https://www.laleggepertutti.it/135333_ricevuta-lavoro-autonomo-occasionale-come-si-compila#Ricevuta_lavoro_autonomo_occasionale_come_compilarla).

18 del DPR 600/1973 (applicabile entro un certo limite di fatturato annuo, modificato negli anni e portato, con la legge n. 197 del 29 dicembre 2022, art. 1, comma 276, a 500.000 € per le prestazioni di servizi).[120] Molto più complesso è il "regime ordinario", che però si applica solo in alcuni casi e difficilmente sarà obbligatorio per un counselor. La legge 388/2000 (art. 13 della legge Finanziaria 2001) ha introdotto il "regime delle nuove attività produttive", un regime fiscale agevolato rivolto a persone fisiche o imprese familiari che inizino una nuova attività e siano in possesso di determinati requisiti; se il counselor li soddisfa, potrebbe optare per questo regime, che è però applicabile una sola volta, per tre anni.

Se la sua attività si configura come lavoro autonomo occasionale o prestazione occasionale, il counselor deve rilasciare ai clienti ricevute che attestino i compensi, compilate in base alle norme di legge; se svolge la professione con la Partita IVA, deve emettere fatture. In ogni documento scritto, in base alla legge sulle professioni non organizzate, deve riportare la dicitura: "Professione esercitata ai sensi della legge 14 gennaio 2013, n. 4 (G.U. n. 22 del 26 gennaio 2013)".

Deve inoltre indicare nella dichiarazione dei redditi annuale l'importo lordo percepito e la ritenuta di acconto, in modo che i compensi vadano a confluire nel reddito imponibile ai fini IRPEF. In base all'articolo 13 del DPR n. 917/86 (Testo Unico delle Imposte sui Redditi o TUIR), se prestatore d'opera occasionale può detrarre una percentuale che decresce all'aumentare del reddito, non cumulabile con altre detrazioni e non rapportata al periodo di lavoro.

Non essendo di natura sanitaria, le attività di counseling non godono dell'esenzione IVA prevista per alcuni tipi di prestazioni mediche, infermieristiche e tecnico-sanitarie. Per la stessa ragione,

---

[120] Un altro tipo di regime fiscale semplificato per le Partite IVA – applicabile solo a coloro che lo avevano già scelto entro il 31 dicembre 2015 – è il "regime dei minimi", introdotto dalla legge 244/2007 e riformato dal decreto legge 98/2011; applicabile per cinque anni, si rivolge a giovani imprenditori, disoccupati e lavoratori in mobilità che intraprendono una nuova attività.

le spese sostenute per i colloqui di counseling non usufruiscono della detrazione fiscale prevista dal TUIR per le prestazioni mediche e le psicoterapie.

Ambiti lavorativi

Il counselor è una figura richiesta sia nel settore pubblico che in quello privato. Può scegliere di lavorare in maniera autonoma, offrendo le sue consulenze a una clientela privata, o dipendente, all'interno di un ente o di un'azienda. Può effettuare colloqui in presenza (in uno studio professionale o in ambienti messi a disposizione da aziende, enti pubblici, istituti scolastici e universitari...) o a distanza, attraverso sistemi di videochiamata. E può anche combinare le due modalità, alternando incontri dal vivo a consulenze tramite canali virtuali: telefonate, videochiamate, e-mail.

Ecco qualche informazione per il counselor che desideri svolgere la sua attività all'interno di un sistema organizzato, come un'azienda o un'istituzione.

Il counseling in azienda

Oggi, sempre più spesso, i counselor sono chiamati a fornire la loro consulenza in ambito aziendale, con effetti benefici per la produttività: negli Stati Uniti, dove la pratica è particolarmente diffusa, le aziende che si avvalgono di counselor hanno visto diminuire del 50% le ore di lavoro perse, grazie alla riduzione dell'assenteismo[121]. Del resto, l'introduzione della figura del counselor in azienda risponde alla "legge della varietà necessaria" (Law of Requisite Variety[122]) dello psichiatra inglese, e pioniere della

---

[121] Gennaro Galdo, "Il counseling aziendale", seminario ISPPREF, Napoli, 16 marzo 2016.

[122] La legge della varietà necessaria enuncia che "Maggiore è la varietà di azioni a disposizione di un sistema di controllo, maggiore è la varietà di perturbazioni che è in grado di compensare" ("The larger the variety of actions available to a control system, the larger the variety of perturbations it is able to compensate"). Per informazioni si consulti il sito Principia

cibernetica, William Ross Ashby, in base alla quale, per governare un sistema complesso come quello aziendale, occorre riprodurre al suo interno la stessa varietà di funzioni presente nell'ambiente esterno, secondo l'enunciato *"only variety can destroy variety"*: "solo la varietà può eliminare la varietà". È il principio di cui si avvalgono le istituzioni che si occupano di cura e assistenza, come i centri antiviolenza, che offrono all'utenza le competenze di psicologi, avvocati, esperti nell'orientamento lavorativo; i centri di psicoterapia, dove i pazienti possono rivolgersi a counselor, psicologi, psicoterapeuti, psichiatri, mediatori familiari, esperti di disturbi alimentari; gli ospedali, in cui il malato trova specialisti nelle diverse professionalità sanitarie.

Agostino Russo (psicologo, mediatore familiare, esperto in marketing e comunicazione e counselor professionista avanzato con esperienza in grandi multinazionali) consiglia di proporsi alle aziende in primo luogo attraverso un incontro con il titolare, inviando successivamente il proprio curriculum. Durante il colloquio di lavoro, oltre a fornire il proprio profilo professionale, l'aspirante counselor aziendale dovrà informarsi sui principali problemi dell'azienda e sulle risorse a disposizione per risolverli, per ottenere una panoramica il più dettagliata possibile delle carenze e delle potenzialità dell'ambiente. Questo gli consentirà, quando sarà operativo, di elaborare, meglio se con l'aiuto di un supervisore, strategie su misura per l'azienda.

Il counseling nelle organizzazioni

Le competenze del counselor possono essere preziose anche all'interno delle organizzazioni, che richiedono di essere supportate principalmente in tre fasi: durante la ricerca delle risorse umane e materiali necessarie per sviluppare la propria azione; nella costruzione di reti con altre organizzazioni; nei momenti di cambiamento o di crisi.

Cybernetica alle pagine web http://pespmc1.vub.ac.be/REQVAR.html e http://pespmc1.vub.ac.be/ASC/LAW_VARIE.html.

Per quanto riguarda la ricerca di risorse, il counselor può aiutare a individuare quelle disponibili, che possono essere sostanzialmente di due tipi: formali, composte da esperti con competenze tecniche professionali, e informali, costituite dai cosiddetti *natural helper*, cioè gli amici, i parenti, i conoscenti vicini all'organizzazione e disposti a prestare il proprio aiuto. Il counselor si impegna nel coordinare gli aiuti, integrando gli interventi professionali con le risorse naturali della comunità.

La formazione di reti è particolarmente importante nel settore organizzativo[123], dal momento che una rete (l'insieme dei collegamenti tra persone, istituzioni pubbliche, enti privati con finalità sociale, associazioni ecc.) costituisce la base per creare una vera e propria comunità in grado di prendersi cura dei problemi che sorgono al suo interno e di collaborare per risolverli. In una rete, il counselor svolge una funzione di coordinamento e di integrazione degli interventi sociali con quelli sanitari, didattici, formativi, in modo da favorire, tra i livelli istituzionali, una cooperazione in cui ogni 'nodo' della rete conserva la propria identità e nello stesso tempo si arricchisce dell'esperienza degli altri; verifica che ciascuna parte sia consapevole degli obiettivi comuni e del tipo di impegno (e del tempo, che può essere anche lungo) necessario per raggiungerli; favorisce un'organizzazione del lavoro flessibile e improntata alle esigenze dell'utenza, piuttosto che burocratica e centrata sulle istituzioni.

Durante le fasi di cambiamento o di crisi, infine, il counselor – cosciente che le organizzazioni sono neghentropiche, cioè in grado di autoripararsi – aiuta a (ri)trovare le risorse utili per far superare le difficoltà; con interventi mirati, migliora l'adattamento di singoli membri del team o di piccoli gruppi alle trasformazioni in atto, portando vantaggi a tutta l'organizzazione. Si noti che, in quest'ambito, il confine tra l'intervento del counselor e l'azione di

---

[123] La legge 328/2000, "Legge quadro per la realizzazione del sistema integrato di interventi e servizi sociali" (si veda la pagina web https://www.parlamento.it/parlam/leggi/00328l.htm), regola la formazione di reti tra le organizzazioni.

altre figure di supporto come il coach, il tutor o il mentore non è ben definito. In realtà, ciascun tipo di relazione di aiuto ha le sue specificità e il suo stile, che è ad esempio decisamente direttivo nel *coaching* (si decide sin dal primo momento l'obiettivo da raggiungere in base al punto di partenza), lo è in misura minore nel *mentoring* (un leader più anziano prende in carico un leader più giovane).

Il counseling a scuola

> Come la maggioranza degli insegnanti sa, e troppo spesso dimentica, in aula non agisce come protagonista la persona del docente, bensì l'insieme delle relazioni e delle modalità comunicative connesse che vengono a stabilirsi tra i soggetti costituenti il sistema didattico (l'insegnante e gli allievi) nel contesto dato. È questo il didatta virtuale, cioè immateriale, che gestisce la lezione, sia a livello di contenuto che a livello di relazione (Galdo, 2011 p. 1).

Tra tutti i campi di applicazione del counseling, quello scolastico è senz'altro uno dei più indicati per evidenziare le dinamiche che si creano all'interno di un sistema; in particolare, di un sistema che in teoria – data la giovane età dei suoi componenti – dovrebbe essere flessibile: nel quale dunque sia possibile provocare facilmente dei cambiamenti e studiarli.

Un sistema classe può essere il luogo ideale di osservazione delle interazioni e delle relazioni sociali tra pari; ma può anche essere il campo di battaglia di relazioni sbilanciate, come quelle che possono crearsi tra studenti 'leader', 'gregari' e compagni meno inseriti nel gruppo o addirittura vittimizzati; tra la figura che dovrebbe in maniera naturale svolgere il ruolo direttivo, l'insegnante, e un gruppo classe che invece, per un gioco di rovesciamento delle parti, assume il controllo della lezione. In situazioni come queste, per ripristinare l'equilibrio tra i diversi ruoli e una comunicazione efficace, può essere di grande aiuto avvalersi della consulenza di uno *school counselor*, il professionista che si occupa di sostenere gli studenti, i genitori, gli insegnanti e il personale scolastico nelle situazioni di difficoltà e di disagio o di accompagnarli nelle fasi di cambiamento e di orientamento.

L'intervento del counselor scolastico viene richiesto per motivi diversi, per singoli individui o gruppi, che possono essere specifiche classi o anche l'intero corpo insegnanti. In ogni caso, entrando in un ambiente composito come quello di una scuola, qualunque sia il problema per cui è stato chiamato, il counselor sistemico inizia con l'osservare le dinamiche relazionali. La sua è una prospettiva allargata, che non tiene conto dei soli comportamenti disfunzionali che sono stati portati alla sua attenzione, né dei soli individui presenti nella scuola, ma di tutti coloro che interagiscono – dirigente, docenti, alunni, ma anche genitori ed educatori che, nel tempo extrascolastico, si prendono cura dei ragazzi – e del clima generale, con il circuito di azioni e reazioni che ne deriva.[124]

Con il colloquio individuale, il counselor offre supporto agli alunni che attraversano momenti di crisi legati a insuccessi nello studio o a situazioni personali e familiari, e se necessario ai genitori; come pure ai docenti che risentono dello stress lavoro-correlato e rischiano di diventare vittime di *burn-out*, o riscontrano difficoltà di interazione con alunni e colleghi. Con il *circle time* in aula, lo school counselor aiuta i docenti a migliorare la gestione del gruppo classe e degli alunni 'difficili'; spinge i ragazzi a riflettere su episodi di bullismo e di intolleranza tra pari, riducendo gli atteggiamenti di sfiducia, chiusura, sospetto e litigiosità; con dibattiti, esercitazioni e giochi potenzia la creatività e stabilisce regole chiare e concrete che invogliano la partecipazione, portando al miglioramento delle relazioni; favorisce la maturazione e l'autostima; alimenta il confronto, la prosocialità[125] e il senso di appartenenza alla comunità

---

[124] Rossella Pirozzi, "Il counseling scolastico", seminario ISPPREF, Napoli, 17 febbraio 2015.

[125] La prosocialità è la competenza che favorisce comportamenti positivi e volti a portare benefici ad altri, anche quando si sa che non si riceverà alcuna ricompensa.

scolastica. Se tra il corpo docente e lo staff dirigenziale si verificano incomprensioni che pregiudicano la serenità lavorativa, il counselor assume la funzione di mediatore.

Rendendo i docenti consapevoli dei canali sensoriali e aiutandoli a individuare il canale prevalente, che rispecchia il modo in cui ogni insegnante si rivolge alle proprie classi, il counselor fa riflettere sugli stili didattici e sulla necessità di adeguarli ai propri studenti. Un insegnante uditivo, ad esempio, privilegia la lezione frontale; poiché solo un quinto delle persone ha come canale preferenziale quello legato ai suoni (Baldassar, 2015), in una classe di una ventina di alunni la voce del docente riesce a produrre effetti significativi solo in quattro o cinque ragazzi, mentre gli altri tendono a distrarsi. Ristrutturando la lezione in modo da dare più spazio alle attività visive (schemi, mappe, esercizi, immagini, video) e cinestesiche (lezioni coinvolgenti e interattive), si potranno avere risultati migliori.

Altrettanto importante è la funzione di orientamento dei giovani, e di supporto agli adulti, nella delicata fase di scelta del percorso di studi. Il counselor verifica se siano presenti situazioni di disagio dovute a precedenti scelte scolastiche sbagliate, aiuta gli studenti a riflettere sulle proprie capacità e potenzialità e a conciliare tendenze e attitudini con la realtà del mercato del lavoro in evoluzione; guida padri e madri verso l'esercizio di una genitorialità competente, che non condizioni le libere scelte dei figli. Può infine "formare i formatori", suggerendo agli insegnanti spunti per discussioni in classe sull'orientamento.

Con il suo intervento – in accordo con le indicazioni dell'Organizzazione Mondiale della Sanità che promuovono la cultura della prevenzione e le azioni per il benessere complessivo dell'individuo – il counselor scolastico aiuta a prevenire il disagio giovanile nelle sue varie forme: dispersione scolastica, aggressività e bullismo, dipendenze e nuove dipendenze, disturbi del comportamento alimentare, stati depressivi. Il suo ruolo è quello di facilitatore: usando tecniche di counseling come il joining, l'ascolto attivo, il role-playing o la ridefinizione in positivo, lo school counselor favorisce lo sviluppo delle abilità sociali e relazionali, l'accettazione e il rispetto dell'altro, l'identificazione con i modelli virtuosi, la collaborazione e la solidarietà, l'aumento dell'autostima. Promuove azioni concrete per migliorare la comunicazione, la qualità della vita degli studenti e il loro inserimento nel contesto educativo; guida percorsi di crescita e di apprendimento e avvia processi di empowerment; lavora in rete, creando connessioni tra i soggetti coinvolti nella vita scolastica.

Nei luoghi di istruzione e di formazione, il counselor sistemico-relazionale può dunque giocare un ruolo fondamentale. Offrire ai giovani ascolto e supporto per i problemi personali e di relazione, mostrando come sia possibile risolverli, può costituire un primo passo perché i ragazzi affrontino con più strumenti (le abilità emotive, relazionali e cognitive definite nel 1993 dalle *life skills* dell'OMS) il mondo degli adulti. Ciò nonostante, allo stato attuale, la presenza del counselor nelle istituzioni scolastiche – come quella di altri professionisti della relazione di aiuto – è limitata a sporadici interventi per periodi definiti, in genere molto brevi, o al ruolo di referente dello sportello d'ascolto gratuito (magari soltanto nella fase di tirocinio, se counselor in formazione).

Cartella del counselor

Cartella del counselor

Informativa sul trattamento dei dati personali

La/il sottoscritta/o viene informata/o che i suoi dati personali (dati identificativi, dati sensibili ecc.) riportati nella presente cartella non verranno divulgati e saranno trattati esclusivamente ai fini dell'attività svolta dal Counselor, con modalità cartacee o informatizzate, ai sensi e per gli effetti del D.Lgs n. 196 del 30 giugno 2003 ("Codice in materia di protezione dei dati personali"), che ne autorizza il trattamento per motivi strettamente connessi all'attività professionale esercitata. Il conferimento dei dati è facoltativo e un eventuale rifiuto non preclude il rilascio della prestazione. All'interessata/o spettano inoltre tutti i diritti all'art. 7 del D.Lgsl 196/2003 ("Diritto di accesso ai dati personali ed altri diritti"), tra i quali l'aggiornamento, la rettifica o la cancellazione – parziale o totale – dei suoi dati personali. Il Counselor è il Titolare e il Responsabile del trattamento dei dati.

Città, li ..../........../......... FIRMA (O SIGLA) PER ACCETTAZIONE ....

DATI DEL CLIENTE

NOME .... COGNOME ....

NATA/O A .... (..........) IL ..../........../........ ETÀ ....

INDIRIZZO

....

CELLULARE 1 .... CELLULARE 2 .... TEL. CASA .... TEL. UFFICIO ....

STATO CIVILE .... TITOLO DI STUDIO ....

CONDIZIONE LAVORATIVA ....

DATI DELLA CONSULENZA

DATA RICHIESTA ..../......./...... MODALITÀ telefonata ☐ - colloquio ☐ - richiesta dell'inviante ☐ DATA 1° APPUNTAMENTO ....../......./......

INIZIATIVA PERSONALE ☐ (INFO DA ....)

INVIANTE ☐ ....

PRECEDENTI CONTATTI...

PRESENTI AL 1° APPUNTAMENTO ....

TIPO DI CONSULENZA

COUNSELING INDIVIDUALE ☐ | COUNSELING INDIVIDUALE CON COINVOLGIMENTO DEI FAMILIARI ☐ | COUNSELING DI COPPIA ☐

COUNSELING FAMILIARE ☐ | COLLOQUI DI SOSTEGNO ☐ | GRUPPI DI SOSTEGNO ☐ | PREPARAZIONE A UNA TERAPIA SPECIFICA ☐
(..)

PREPARAZIONE ALL'INVIO IN UNA STRUTTURA SPECIFICA ☐ (...)

PROBLEMA E INTERVENTI

DEFINIZIONE DEL PROBLEMA (da parte del **cliente**) E SUE MANIFESTAZIONI ....

....

....

....

DEFINIZIONE DEL PROBLEMA (da parte dei **familiari**) E SUE MANIFESTAZIONI ....

....

....

....

DEFINIZIONE DEL PROBLEMA (da parte di **altri**: amici, colleghi, vicini...) E SUE MANIFESTAZIONI ....

....

....

....

RIDEFINIZIONE DEL PROBLEMA (da parte del **counselor**) ....

....

....

....

OBIETTIVI (da concordare con il **cliente**) ....

....

....

N. DI INCONTRI (da concordare con il **cliente**) ....

PROGETTO DI INTERVENTO ....

....

....

....

....

PROCESSO DI INTERVENTO (CON TECNICHE E STRUMENTI UTILIZZATI)

GENOGRAMMA DEL CLIENTE in data ..../........./.........

NOTE ....

SCHEDA DEL PERCORSO DI COUNSELING

Incontri			Elementi emersi				Obiettivi
N°	Data	Partecipanti	*Informazioni*	*Persone*	*Risorse*	*Difficoltà*	futuri
1.							
2.							
3.							
4.							
5.							
6.							
7.							
8.							
9.							
10.							
11.							
12.							
13.							
14.							
15.							

Il cliente conclude il percorso dopo .... mesi in data ..../........./......... per ....

SCHEDA DEL 2° PERCORSO DI COUNSELING (*qualora il cliente necessiti di un nuovo ciclo di incontri*)

Il cliente ritorna dopo .... mesi ☐ | anni ☐ in data ..../........./......... per ....

Incontri			Elementi emersi				Obiettivi
N°	Data	Partecipanti	*Informazioni*	*Persone*	*Risorse*	*Difficoltà*	futuri
1.							
2.							
3.							
4.							
5.							
6.							
7.							
8.							
9.							
10.							
11.							
12.							
13.							
14.							
15.							

Il cliente conclude il 2° percorso dopo .... mesi in data ..../........./......... per ....

Ringraziamenti

Questo libro non esisterebbe, e io non sarei diventata una counselor professionista, se un giorno non avessi rincontrato per caso, o forse per serendipità, la persona che, con il suo sorriso e il suo incoraggiamento, mi ha invogliato a intraprendere questo percorso, in cui poi mi è stata maestra: grazie, Antonella!

Grazie anche a Luciana, che – convincendomi a varcare la soglia dell'istituto in cui sono stata formata – ha fornito la 'spinta' determinante per fare il primo passo.

E grazie al mio geniale maestro Gennaro (ho scelto, qui, di usare solo i nomi, ma è citatissimo, con i suoi lavori e seminari, in queste pagine), per avermi non solo insegnato a essere counselor, ma anche per avermi permesso di lavorare con lui, da 'collega', al progetto di follow-up del Duke Health Profile.

Grazie agli altri didatti che hanno contribuito alla mia formazione con lezioni, incontri, conversazioni: Laurita, Vita, Regina, Filippo, Renato, Roberta; e a tutti i relatori che, nell'Istituto di Psicologia e Psicoterapia Relazionale e Familiare ISPPREF, mi hanno illuminato con i loro seminari.

Grazie, infine, alle mie compagne e ai miei compagni di corso: Laura, Emanuela, Maria, Angela, Fabrizia, Anna, Elena, Pierangela, Tina, Flavia, Chiara S. e tutti gli altri con cui ho condiviso un triennio di studi; e al mio piccolo gruppo di ricerca, in particolare a Rossella, Giulia e Chiara E., con cui ho avuto il piacere di vivere serenamente l'esperienza del tirocinio.

Tutto quello che c'è in questo libro l'ho imparato grazie a voi.

Riferimenti utili

Per consentire un maggiore approfondimento dei temi trattati, le bibliografie contengono anche testi di psicologia.

Bibliografia

Counseling come professione di aiuto

Binetti Paola, Bruni Rosa (2003), *Il counselling in una prospettiva multimodale*, Ed. Scientifiche Ma.gi., Roma.

Bone Diane (1988), *L'arte di ascoltare. Come ottenere molto di più nello studio e nel lavoro diventando buoni ascoltatori*, "Trend", Franco Angeli, Milano.

Calvo Vincenzo (2007) *Il colloquio di counseling*, Il Mulino, Bologna.

Carkhuff Robert (1987) *L'arte di aiutare. Manuale*, Erickson, Trento.

Carkhuff Robert (1987) *L'arte di aiutare. Quaderno di Esercizi*, Erickson, Trento.

Danon Marcella (2000), *Counseling. L'arte di aiutare ad aiutarsi*, RED Edizioni, Como.

Danon Marcella (2000), *Counseling. Una nuova professione d'aiuto*, RED Edizioni, Como.

Danon Marcella (2014), *Counseling. La professione che promuove la crescita personale*, RED Edizioni, Como.

Di Fabio Annamaria (1999), *Counseling. Dalla teoria all'applicazione*, Giunti, Firenze.

Di Fabio Annamaria (2003), *Counseling e relazione d'aiuto: linee guida e strumenti per l'autoverifica*, Giunti, Firenze.

Di Fabio Annamaria, Sirigatti Saulo (a cura di) (2005), *Counseling. Prospettive e applicazioni*, Ponte alle Grazie, Firenze.

Feltham Colin, Dryden Windy (1995-2008), *Dizionario di counseling*, a cura di Edoardo Giusti, Sovera Edizioni, Roma.

Ferrucci Gianni (2001), *La relazione d'aiuto*, Ed. Scientifiche Ma.gi., Roma.

Freshwater Dawn (2004), *Le abilità di counseling*, McGraw-Hill, Milano.

Giusti Edoardo, Mattacchini Carlo, Merli Giuliana, Montanari Claudia (1993), *Counseling professionale. Dalla consulenza psicopedagogica alla terapia*, Quaderni ASPIC Edizioni Scientifiche, Roma.

Giusti Edoardo, Montanari Claudia, Spalletta Enrichetta (2000), *La Supervisione clinica integrata. Manuale di formazione pluralistica in Counseling e Psicoterapia*, Masson, Milano.

Giusti Edoardo, Spalletta Enrichetta (2012), *Psicoterapia e counseling: comunanze e differenze*, "Psicoterapia e counseling", Sovera Edizioni, Roma.

Hough Margaret (1999), *Abilità di Counseling. Manuale per la prima formazione*, Erickson, Trento.

Knowdell Richard, Chapman ElwoodN. (1995), *Aiutare gli altri a capire e risolvere i problemi*, "Trend", Franco Angeli, Milano.

Langs Robert (2000), *Le regole di base della psicoterapia e del counselling*, "Psicoanalisi", Giovanni Fioriti Editore, Roma.

Marchino Luciano, Mizrahil Monique (2007), *Counseling. Trasformare i problemi in soluzioni*, Frassinelli, Milano.

Maslow Abraham (1971), *Verso una psicologia dell'essere*, Astrolabio-Ubaldini, Roma.

Maslow Abraham (1992), *Motivazione e personalità*, Armando, Roma.

May Rollo Reece (1970), *Psicologia esistenziale*, Astrolabio-Ubaldini, Roma.

May Rollo Reece (1971), *L'amore e la volontà*, Astrolabio-Ubaldini, Roma.

May Rollo Reece (1989), *The Art of Counseling*, Gardner Press, New York (ed. ital. *L'arte del counseling. Il consiglio, la guida, la supervisione*, Astrolabio-Ubaldini, Roma, 1991, n. ed. 2014).

Meier Scott T., Davis Susan R. (1993), *Guida al Counseling*, FrancoAngeli, Milano.

Meier Scott T., Davis Susan R. (1994), *Guida al Counseling. In 40 regole fondamentali cosa fare e non fare per costruire un buon rapporto d'aiuto*, FrancoAngeli, Milano.

Meier Scott T., Davis Susan R. (1994), *Guida al counseling. In 61 regole fondamentali cosa fare e non fare per costruire un buon rapporto d'aiuto*, "Strumenti per il lavoro psico-sociale ed educativo", Franco Angeli, Milano.

Miglionico Achille (2000), *Manuale di comunicazione e Counselling*, Centro Scientifico Editore, Torino.

Mucchielli Roger (1987), *Apprendere il counselling. Manuale pratico di autoformazione alla relazione e al colloquio d'aiuto*, con CD-ROM, Erickson, Trento.

Murgatroyd Stephen (1995), *Il counseling nella relazione d'aiuto*, Sovera Edizioni, Roma.

Nanetti Franco (2003), *Il Counseling, modelli a confronto*, Quattroventi, Urbino.

Sanders Pete (2003), *Counseling consapevole. Manuale introduttivo*, La Meridiana, Molfetta.

van Kaam Adrian (1985), *Il Counseling. Una moderna terapia esistenziale*, Città Nuova, Roma.

Viparelli Giuseppe (2007), *La lezione del silenzio*, in Giordano A., Laudato F., Nardini G. (a cura di), *Ospedale ospitale*, Franco Angeli, Milano (2012).

Counseling aziendale

Blanchard Ken (2007), *La leadership per l'eccellenza*, Sperling & Kupfer, Milano.

Johnson Spenser & Blanchard Ken (2009), *L'One minute manager*, Sperling & Kupfer, Milano.

Reddy Michael (2004), *Il counseling aziendale. Il Manager come Counselor*, "Psicoterapia Counseling", Sovera Edizioni, Roma.

Counseling educativo e scolastico

Bonino Silvia, Cattelino Elena, Ciairano Silvia (2003), *Adolescenti e rischio. Comportamenti, funzioni e fattori di protezione*, Giunti, Firenze.

Cacciamani Stefano (2002), *Psicologia per l'insegnamento*, Carocci, Roma.

Cancrini Luigi, Guida Elvira (1988), *L'intervento psicologico nella scuola*, N.I.S., Roma.

Canevaro Andrea, Chieregatti Arrigo (1999), *La relazione di aiuto. L'incontro con l'altro nelle professioni educative*, Carocci, Roma.

Caravita Simona (2004), *L'alunno prepotente. Conoscere e contrastare il bullismo nella scuola*, Editrice La Scuola, Brescia.

Confalonieri Emanuela, Grazzani Gavazzi Ilaria (2002), *Adolescenza e compiti di sviluppo*, Unicopli, Milano.

Fuligni Carla, Romito Patrizia (2002), *Il Counselling per adolescenti. Prevenzione, intervento e valutazione*, Psicologia, McGraw-Hill, Milano.

Galimberti Umberto (2007), *L'ospite inquietante. Il nichilismo e i giovani*, Feltrinelli, Milano

Giori Franco (1998), *Adolescenza e rischio. Il gruppo classe come risorsa e prevenzione*, Franco Angeli, Milano.

Gordon Thomas (1991), *Insegnanti efficaci. Il metodo Gordon. Pratiche educative per insegnanti, genitori, studenti*, Giunti, Firenze.

Gordon Thomas (1994), *Genitori efficaci. Educare figli responsabili*, La Meridiana, Molfetta.

Luterman David (1983), *Il Counseling per i genitori dei bambini audiolesi*, Tecniche, Milano.

Maggiolini Alfio (1997), *Counseling a scuola*, Franco Angeli, Milano.

Mariani Ulisse, Schiralli Rosanna (2002), *Costruire il benessere personale in classe*, Erickson, Trento.

Noonan Ellen (1997), *Counselling psicodinamico con adolescenti e giovani adulti*, Idelson-Gnocchi srl, Napoli.

Palmonari Augusto (a cura di) (1996), *Psicologia dell'adolescenza*, Il Mulino, Bologna.

Petter Guido (1992), *La preparazione psicologica degli insegnanti*, La Nuova Italia, Firenze.

Petter Guido (1999), *Psicologia e scuola dell'adolescente*, Giunti, Firenze.

Petter Guido (2006), *Il mestiere di insegnante. Aspetti psicologici di una delle professioni più interessanti e impegnative*, Giunti, Firenze.

Pierotti Alfredo, Falasco Elena, Arcicasa Luisa (2005) *I sistemi relazionali nella classe. Gestire le interazioni secondo l'approccio psicologico di Palo Alto*, Erickson, Trento.

Pietropolli Charmet Gustavo (2000), *I nuovi adolescenti*, Raffaello Cortina, Milano.

Polito Mario (2000), *Attivare le risorse del gruppo classe. Nuove strategie per l'apprendimento reciproco e la crescita personale*, Erickson, Trento.

Rossi Ilo, Bastianelli Sebastiano (1988), *Counseling e approccio clinico in adolescenza*, Clueb, Bologna.

Spalletta Enrichetta, Quaranta Carla (2002), *Counselling scolastico integrato*, Sovera Edizioni, Roma.

Vegetti Finzi Silvia, Battistin Anna Maria (2001), *L'età incerta. I nuovi adolescenti*, Mondadori, Milano.

Zanetti Maria Assunta (a cura di) (2007), *L'alfabeto dei bulli*, Erickson, Trento.

Counseling familiare e di coppia

Addazi Anna Maria (1988), *Il genogramma ovvero la mappa della famiglia trigenerazionale*, in Andolfi Maurizio et al., *La famiglia trigenerazionale*, Bulzoni, Roma.

Andolfi Maurizio et al. (1988), *La famiglia trigenerazionale*, Bulzoni, Roma.

Beavers Robert W. (1986), *Il matrimonio riuscito. Un approccio sistemico alla terapia della coppia*, Astrolabio-Ubaldini, Roma.

Berrini Roberto, Cambiaso Gianni (2001), *Illusioni di coppia. Sto con te perché posso stare senza di te*, "Le Comete", Franco Angeli, Milano.

Bertrando Paolo (1997), *Nodi familiari*, Feltrinelli, Milano.

Bianchi Elide, Giusti Edoardo (2012), *Ricerche sulla longevità dei rapporti di coppia per consolidare l'amore e recuperare l'intimità*, Con dvd, "Psicoterapia e counseling", Sovera Edizioni, Roma.

Bogliolo Corrado et al. (2012), *Dalla scultura alla rappresentazione spaziale della famiglia. Trasmissione transgenerazionale, evocazioni, emozioni nella formazione e in psicoterapia*, "Scaffale aperto/ Psicologia", Armando, Roma.

Bowen Murray (1976), *Family reaction to death*, in Guerin P. J. (a cura di), *Family Therapy: theory and practice*, Gardner Press, New York.

Bowen Murray (1978), *Family therapy in clinical practice*, Gardner Press, New York.

Bowen Murray (1979), *Dalla famiglia all'individuo. La differenziazione del sé nel sistema familiare*, Astrolabio-Ubaldini, Roma.

Bowen Murray (1980), *Key to the use of genogram*, in Carter Elizabeth A. & McGoldrick Monica (a cura di), *The family life cycle: A Framework for family therapy*, Gardner Press, New York.

Carter Elizabeth A., McGoldrick Monica (1976), *Family therapy with one person and the therapist's own family*, in Guerin P. J. (a cura di), *Family Therapy: theory and Practice*, Gardner Press, New York.

Carter Elizabeth A., McGoldrick Monica (1980) (a cura di), *The family life cycle: A Framework for family therapy*, Gardner Press, New York.

Carter Elizabeth A., McGoldrick Monica (1986), *Il ciclo di vita della famiglia*, in Froma Walsh (a cura di), *Stili di funzionamento familiare*, Milano.

Carter Elizabeth A., McGoldrick Monica (1988) (a cura di), *The Changing Family Life Cycle: Framework for Family Therapy*, Gardner Press, New York.

Castellano Rosetta, Velotti Patrizia, Zavattini Giulio Cesare (2010) *Cosa ci fa restare insieme*, Il Mulino, Bologna.

Chang Jeff (2010), "The Reflecting Team: A Training Method for Family Counselors", in The Family Journal: Counseling and Therapy for Couples and Families, n. 18, gennaio 2010, pp. 36-44, SAGE Publications, Thousand Oaks.

Cigoli Vittorio, Galimberti Carlo, Mombelli Marina (1988), *Il legame disperante. Il divorzio come dramma di genitori e figli*, Raffaello Cortina, Milano.

Cusinato Mario, Salvo Pierandrea (1998) *Lavorare con le famiglie. Programmi, interventi e valutazione*, Carocci, Roma.

Delle Donne Annarita (1989), *Tre generazioni a confronto: il genogramma nella ricerca e nella pratica clinica*, in "Rassegna di Psicologia e Sociologia" n. 1-2, gennaio-giugno 1989.

Elkaim Mony (1992), *Se mi ami, non amarmi*, "Programma di psicologia psichiatria psicoterapia", Bollati Boringhieri, Torino.

Galdo Gennaro (2000), *Il percorso terapeutico in Terapia Familiare: tappe e strumenti* in Galdo, Maresca, Trapanese et al., *Pensiero nomade ed esperienze relazionali. Psicologia e Psicoterapia familiare: dall'epistemologia alla pratica nella clinica, nella formazione, nella ricerca* (2000), ISPPREF, Napoli, testo inedito, pp. 12.1-12.25. VEDI ANCHE
<www.isppref.it/files/Percorso_Terapeutico.pdf>

Galdo Gennaro (2006), "L'altra faccia della luna: uno studio di fattibilità sul follow-up in Terapia Familiare", articolo inedito, ISPPREF, Napoli.

Galdo Gennaro, De Crescenzo Donatella, Verrilli Maria Adelaide (2000), *Psicoterapeuta... Come? Intervista a Gennaro Galdo*, in Galdo, Maresca, Trapanese et al., *Pensiero nomade ed esperienze relazionali. Psicologia e Psicoterapia familiare: dall'epistemologia alla pratica nella clinica, nella formazione, nella ricerca* (2000), ISPPREF, Napoli, testo inedito, pp. 7.1-7.15.

Galdo Gennaro, Maresca Sergio Maria, Trapanese Gemma (2000), "La famiglia del terapista familiare: i presupposti, l'epistemologia, la pratica didattica, alcuni dati preliminari di ricerca", in Galdo, Maresca, Trapanese et al., *Pensiero nomade ed esperienze relazionali. Psicologia e Psicoterapia familiare: dall'epistemologia alla pratica nella clinica, nella formazione, nella ricerca* (2000), ISPPREF, Napoli, testo inedito, pp. 8.3-8.19.

Galdo Gennaro, Maresca Sergio Maria, Trapanese Gemma et al. (2000), *Pensiero nomade ed esperienze relazionali. Psicologia e Psicoterapia familiare: dall'epistemologia alla pratica nella clinica, nella formazione, nella ricerca*, ISPPREF, Napoli, testo inedito.

Galdo Gennaro, Maresca Sergio Maria, Trapanese Gemma, Vitiello Annibale (2000), *Crisi nelle scienze, crisi nelle terapie: per una epistemologia relazionale*, in Galdo, Maresca, Trapanese et al., *Pensiero nomade ed esperienze relazionali. Psicologia e Psicoterapia familiare: dall'epistemologia alla pratica nella clinica, nella formazione, nella* ricerca (2000), ISPPREF, Napoli, testo inedito, pp. 3.1-3.17.

Gambini Paolo (2007), *Psicologia della famiglia. La prospettiva sistemico-relazionale*, "Psicologia", Franco Angeli, Milano.

Gerson Randy (1984), *The family recorder: computer generated genograms*, Humanware Software, Atlanta.

Gerson Randy, McGoldrick Monica (1985), *Genograms in family assessment*, Humanware Software, Atlanta.

Gillini Gilberto, Zattoni Gillini Mariateresa (2000), *Un'ipotesi di consulenza formativa, Il Counseling per l'operatore familiare*, Franco Angeli, Milano.

Guerin Philip J. (a cura di) (1976), *Family Therapy: theory and Practice*, Gardner Press, New York.

Guerin Philip J., Pendergast E. A. (1976), *Evaluation of family system and genogram,* in Guerin P. J. (a cura di), *Family Therapy: theory and practice*, Gardner Press, New York.

Gulotta Guglielmo (1976), *Commedie e drammi nel matrimonio*, con illustrazioni di Alfredo Chiappori, Feltrinelli, Milano.

Gurman Alan S. e Kniskern David P. (1995), *Manuale di terapia della famiglia*, "Manuali di psicologia psichiatria psicoterapia", Bollati Boringhieri, 1995.

Haley Jay Douglas (1973), *Uncommon Therapy. The Psychiatric Techniques of Milton Erickson, M.D.*, W.W. Norton & Co., New York (ed. ital. *Terapie non comuni. Tecniche ipnotiche e terapia della famiglia*, Astrolabio Ubaldini, Roma, 1976).

Haley Jay Douglas (1987), *Cambiare le coppie*, Astrolabio-Ubaldini, Roma.

Hoffman Lynn (1994), *Una posizione riflessiva per la terapia familiare*, in "Connessioni", n. 8.

Laing Ronald David, Esterson Aaron (1964) *Normalità e follia nella famiglia. Undici storie di donne*, Einaudi, Torino.

Loriedo Camillo, Vella Gaspare (1989), *Il paradosso e il sistema familiare*, "Programma di Psicologia, Psichiatria, Psicoterapia", Bollati Boringhieri, Torino.

Malagoli Togliatti Marisa, Lubrano Lavadera Anna (2002), *Dinamiche relazionali e ciclo di vita della famiglia,* "Aspetti della psicologia", Il Mulino, Bologna.

Mariotti Mario, *La famiglia ed il bambino*, in Malagoli Togliatti Marisa, Telfener Umberta, *Dall'individuo al sistema*, Bollati Boringhieri, Torino.

McGoldrick Monica, Garcia Preto Nydia, Carter Betty (2020), *The Expanding Family Life Cycle. Individual, Family and Social Perspectives*, Pearson College Division.

Meltzer Donald, Harris Martha (1986) *The Educational Role of the Family: A Psychoanalytical Model*, Karnak Books, London (ed. ital. *Il ruolo educativo della famiglia*, Centro Scientifico Editore, Torino).

Milani Paola (1993), *Progetto genitori. Itinerari educativi in piccolo e grande gruppo*, Erickson, Trento.

Minuchin Salvador (1974), *Families and Family Therapy*, Harvard University Press, Cambridge, (ed. ital. *Famiglie e terapia della famiglia*, Astrolabio-Ubaldini, Roma, 1977).

Minuchin Salvador, Reiter Michael D., Borda Charmaine (2014), *The Craft of Family Therapy. Challenging Certainties*, Routledge, Taylor & Francis Books, London and New York (ed. ital. *L'arte della terapia della famiglia*, Astrolabio-Ubaldini, Roma, 2014).

Montàgano Silvana, Pazzagli Alessandra (1989), *Il genogramma. Teatro di alchimie familiari*, "Psicologia sociale e clinica familiare", Franco Angeli, Milano (nuova ed. 2012).

Nardone Giorgio (2002), *Modelli di famiglia*, Ponte alle Grazie, Firenze.

Neuburger Robert (2001), *La coppia: il suo mito, il suo terapeuta. Un modello sistemico-relazionale con le nuove crisi di famiglia e di coppia*, Franco Angeli, Milano.

Norsa Diana (2007), *Equivoci di coppia. Il gioco del tormento e delle passioni in amore*, Baldini Castoldi Dalai Editore.

O'Leary Charles (1999), *Counselling alla coppia e alla famiglia. Un approccio centrato sulla persona*, Erickson, Trento.

Parkinson Lisa (1987) *Separazione, divorzio e mediazione familiare*, Erickson, Trento.

Parkinson Lisa (2000), *La mediazione familiare*, Erickson, Trento.

Quaglia Rocco (2000) *Il disegno del cerchio familiare. Test grafico proiettivo*, UTET, Torino.

Romano Bruno (2014), *Psicologia della famiglia. La prospettiva sistemico-relazionale*, materiale didattico inedito in formato digitale .PPTX, ISPPREF, Napoli.

Scabini Eugenia (1985), *L'organizzazione famiglia tra crisi e sviluppo*, Franco Angeli, Milano.

Scabini Eugenia, Iafrate Raffaella (2003), *Psicologia dei legami familiari*, Il Mulino, Bologna.

Sponchiado Eva (2001), *Capire le famiglie*, Carocci, Roma.

Stroh Becvar, Dorothy & Becvar, Raphael J. (2° ed 1999), *Systems Theory and Family Therapy: A Primer*, University Press of America, Lanham MD.

Telfener Umberta (2007), *Le forme dell'addio. Effetti collaterali dell'amore*, Castelvecchi, Roma.

Vallario Luca (2011), *La scultura della famiglia. Teoria e tecnica di uno strumento tra valutazione e terapia*, "Psicoterapia della famiglia", Franco Angeli, Milano.

Visani Enrico, Di Nuovo Santo, Loriedo Camillo (a cura di) (2014), *Il FACES IV. Il modello circonflesso di Olson nella clinica e nella ricerca*, "Psicoterapia della famiglia", Franco Angeli, Milano.

Walsh Froma (1986), *Stili di funzionamento familiare: come le famiglie affrontano gli eventi della vita*, "Psicologia sociale e clinica familiare" vol. 4, Franco Angeli, Milano.

Walsh Froma (1993), *Normal Family Processes: Growing Diversity and Complexity*, "The Guilford Family Therapy Series", Guilford Press, New York (ed. ital. Milano, 1996).

Walsh Froma (2000), *Ciclo vitale e dinamiche familiari. Tra ricerca e pratica clinica*, "Psicologia sociale e clinica familiare", Franco Angeli, Milano, 4° ed.

Whitaker Carl Alanson (1984), *Il gioco e l'assurdo: la terapia esperienziale della famiglia di Carl Whitaker*, a cura di Vella Gaspare e Trasarti Sponti W., Astrolabio-Ubaldini, Roma.

Willi Jurg (VI ed. 1987), *La collusione di coppia*, Franco Angeli, Milano.

Counseling geriatrico

Faccini Maria (1995), *Psicogeriatria. Il Counseling psicologico della terza età*, Quaderni ASPIC Edizioni Scientifiche, Roma.

Counseling gestaltico

NOTA126

Clarkson Petruska (1992), *Gestalt Counseling. Per una consulenza psicologia proattiva nella relazione d'aiuto*, Sovera Edizioni, Roma.

Marino Giorgio (1992), *Gestalt Counseling. Fasi di un momento terapeutico individuale in gruppo*, Quaderni ASPIC Edizioni Scientifiche, Roma.

---

[126] Il Gestalt counseling nasce, con Edoardo Giusti, dall'unione dell'approccio non-direttivo del counseling rogersiano con la semi-direttività della psicologia della Gestalt. Ha molti elementi in comune con il counseling sistemico-relazionale, anche se si avvale in aggiunta di alcune tecniche diverse, della partecipazione a gruppi di etero-sostegno in un contesto protetto e di sedute di training autogeno e meditazione.

Counseling motivazionale

Miller William R., Rollnick Stephen (2° ed. 2004), *Il colloquio motivazionale. Aiutare le persone a cambiare*, Erickson, Trento.

Rollnick Stephen, Mason Pip, Butler Chris (2013), *Cambiare stili di vita non salutari. Strategie di counseling motivazionale breve*, Erickson, Trento.

Counseling narrativo

Batini Federico, Del Sarto Gabriel (2005) *Narrazioni di narrazioni*, Erickson, Trento.

Milner Judith, O'Byrne Patrick (2000), *Il counselling narrativo. Interventi brevi centrati sulle soluzioni*, Erickson, Trento.

Zagaroli Antonella (1994), *Counseling e poesia. Linguaggio poetico e comprensione di sé*, Quaderni ASPIC Edizioni Scientifiche, Roma.

Counseling organizzativo

Biggio Gianluca (2007), *Il counseling organizzativo. Origini, specificità, sviluppi applicativi della relazione d'aiuto nelle organizzazioni,* in *Individuo gruppo organizzazione*, Raffaello Cortina, Milano.

Counseling orientativo

Ferraro Fausta, Petrelli Diomira (a cura di) (2000), *Tra desiderio e progetto. Counseling all'Università in una prospettiva psicoanalitica*, FrancoAngeli, Milano.

Fondazione RUI (1982), *L'orientamento e il Counseling nelle Università della Comunità Europea*, Palombi, Roma.

Counseling rogersiano

Rogers Carl R. (1942), *Counselling and psychotherapy* (ed. ital. *Psicoterapia di consultazione*, Astrolabio-Ubaldini, Roma, 1971).

Rogers Carl R. (1970), *La terapia centrata sul cliente: teoria e ricerca*, Martinelli, Firenze.

Counseling sanitario

Bellotti Giorgio G. et al. (1995), *Il Counseling nell'infezione e nella malattia da HIV*, Istituto Superiore di Sanità, Roma.

Bert Giorgio, Quadrino Silvana (1998), *Il medico e il counseling*, Il Pensiero Scientifico, Roma.

De Mei Barbara et al. (1994), *Il Counseling pre e post-test nell'infezione da HIV. Linee guida per la conduzione di corsi di formazione*, Istituto Superiore di Sanità, Rapporti ISTISAN, Roma.

Fontana David (1996), *Stress counseling. Come gestire gli stati personali di tensione*, Sovera Edizioni, Roma.

Giusti Edoardo, Masiello Lucia (2003), *Il Counseling Sanitario*, Carocci Faber, Roma.

Paladino Mario, Cerizza Tosoni Teresa (a cura di) (2000), *Il Case Management nella realtà socio-sanitaria italiana*, Franco Angeli, Milano.

Paladino Mario, Cerizza Tosoni Teresa (a cura di) (2001), *Guida al counseling nel case management*, Franco Angeli, Milano.

Sorrentino Anan Maria (1987), *Handicap e riabilitazione*, N.I.S., Roma.

van der Kolk Bessel (2014), *The Body Keeps the Score: Brain, Mind, and Body in the Healing of Trauma*, Viking Penguin, New York (ed. ital. *Il corpo accusa il colpo. Mente, corpo e cervello nell'elaborazione delle memorie traumatiche*, "Le conchiglie", Raffaello Cortina, 2015).

Counseling sistemico e teoria dei sistemi

Andolfi Maurizio (1994), *Il colloquio relazionale*, Accademia di Psicoterapia della famiglia, Roma.

Barker Philip (1987), *L'uso della metafora in psicoterapia*, Astrolabio-Ubaldini, Roma.

Bateson Gregory (1972), *Steps to an Ecology of Mind: Collected Essays in Anthropology, Psychiatry, Evolution, and Epistemology*, University of Chicago Press, Chicago (ed. ital. *Verso un'ecologia della mente*, Adelphi, Milano, 1976).

Bateson Gregory (1979) *Mind and Nature, a Necessary Unity*, Dutton, New York (1° ed. ital. trad. da G. Longo *Mente e Natura. Un'unità necessaria,* Adelphi, Milano, 1984).

Bert Giorgio, Quadrino Silvana (1989), *L'arte di comunicare. Teoria e pratica del counselling sistemico*, CUEN, Napoli.

Boscolo Luigi, Bertrando Paolo (1993), *I tempi del tempo. Una nuova prospettiva per la consulenza e la terapia sistemica*, Bollati Boringhieri, Torino.

Boyd Richard e Kuhn Thomas S. (1979), *Metaphor and tought*, a cura di A. Ortony, Cambridge University Press, Cambridge (ed. ital. *La metafora nella scienza*, Feltrinelli, Milano, 1983).

Bryce Nessa Victoria (2014), "Creatività. Il momento dell'intuizione", in *Mente e Cervello*, n. 120, dicembre 2014, Gruppo Editoriale L'Espresso, Roma, pp. 26-29.

Capra Fritjof, (1996), *The web of life. A New Scientific Understanding of Living Systems*, Anchor Books, New York (ed. ital. *La rete della vita*, "BUR", Rizzoli, Milano, 1996).

Edelstein Cecilia (2007), *Il counseling sistemico pluralista: dalla teoria alla pratica*, Erickson, Trento.

Emery Frederick Edmund (a cura di) (1989), *La teoria dei sistemi. Presupposti, caratteristiche e sviluppi del pensiero sistemico*, Franco Angeli, Milano.

von Foerster Heinz (1982), *Observing systems*, Intersystem publications (ed. ital. *Sistemi che osservano*, Astrolabio-Ubaldini, Roma, 1987).

von Foerster Heinz, Pörksen, Bernhard (2001), *La verità è l'invenzione di un bugiardo. Colloqui per scettici*, Meltemi, Roma.

Fonzi Ada, Negro Sancipriano Elena (1975), *La magia delle parole: alla riscoperta della metafora*, Einaudi, Torino.

Formenti Laura, Caruso Antonio, Gini Daniela (a cura di) (2008), *Il diciottesimo cammello. Cornici sistemiche per il counselling*, "L'intervento psicosociale", Raffaello Cortina, Milano.

Galdo Gennaro, Massa, Antonella (2009), "Dalla valutazione in itinere al follow-up: una proposta di ricerca-intervento per gli operatori delle UU.OO.SS.MM.", testo articolo inedito, ISPPREF, Napoli.

Galdo Gennaro (2011), "La mappa relazionale: istruzioni per l'uso del didatta immateriale", articolo inedito, ISPPREF, Napoli.

Gamba Cinzia (2013) *L'approccio sistemico-relazionale e il counselling*, in L. Regoliosi (a cura di), *Il counselling psicopedagogico*, Carocci, Roma.

Gordon Thomas (2005), *Relazioni efficaci. Come costruirle, come non pregiudicarle*, La Meridiana, Molfetta.

Johnson Spenser (2007, 1° ed. 2000), *Chi ha spostato il mio formaggio?* Sperling & Kupfer, Milano.

Hall A.D. & Fagen R.E. (1956), *Definition of System*, in *General Systems*, vol. 1, pp. 18-28. Riedito in Buckley, W. (2008), *Systems Research for Behavioral Science: A Sourcebook*, pp. 81-92.

Loriedo Camillo, Picardi Angelo (2005), *Dalla teoria generale dei sistemi alla teoria dell'attaccamento. Percorsi e modelli della psicoterapia sistemico-relazionale*, "Pratica clinica", Franco Angeli, Milano.

Malagoli Togliatti Marisa, Telfener Umberta (a cura di) (1983), *La terapia sistemica*, Astrolabio, Roma.

Malagoli Togliatti Marisa, Telfener Umberta (1991), *Dall'individuo al Sistema*, Bollati Boringhieri, Torino.

Malagoli Togliatti Marisa, Angrisani Patrizia, Barone Maurizio (2000), *La psicoterapia con la coppia. Il modello integrato dei contratti. Teoria e pratica*, Franco Angeli, Milano.

Malaguti Elena (2007), *Educarsi alla resilienza*, Erickson, Trento.

Maturana Humberto Romesín, Varela Francisco (1987), *The tree of knowledge*, Shambhala (ed. ital. *L'albero della conoscenza*, Garzanti, Milano, 1987).

Maturana Humberto Romesín (2005), *The origin and conservation of self-consciousness: Reflections on four questions by Heinz von Foerster*, "Kybernetes" n. 34, 1/2, pp. 54-88.

Merton Robert K. & Barber Elinar G. (1992), *The travels and adventures of Serendipity. A study in historical semantics and the sociology of* science (ed. ital. *Viaggi e avventure della Serendipity*, Il Mulino, Bologna, 2002.

Parkerson, George R. Jr., Broadhead W.E., Tse Chiu-Kit J. (1990), "The Duke Health Profile. A 17-item measure of health and dysfunction", in *Medical Care*, n. 28, novembre 1990, pp. 1056-1072.

Piroli Sabrina (2006), *Counselling sistemico. Ascoltare, domandare, coevolvere*, Uni.Nova, Parma.

Selvini Palazzoli Mara, Boscolo Luigi, Cecchin Gianfranco, Prata Giuliana (1975), *Paradosso e controparadosso*, "Psicologia clinica e psicoterapia, Raffaello Cortina, Milano.

Selvini Palazzoli Mara, Boscolo Luigi, Cecchin Gianfranco, Prata Giuliana (1980), *Ipotizzazione, circolarità, neutralità. Tre direttive per la conduzione della seduta*, "Terapia familiare", vol.7, pp. 5-19.

Siebert Al (2005), *The Resiliency Advantage: Master Change, Thrive Under Pressure, and Bounce Back From Setbacks*, Berrett-Koehler Publishers, Oakland (ed. ital. *Il vantaggio della resilienza. Come uscire più forti dalle difficoltà della vita*, Amrita, Torino, 2009).

Singh Jagjit (1976), *Linguaggio e cibernetica- Teoria dell'informazione*, EST Mondadori, Milano.

Ugazio Valeria (1988), *La comunicazione non verbale durante il colloquio*, in Ugazio Valeria (a cura di), *Il colloquio in psicoterapia clinica e sociale*, Franco Angeli, Milano.

Verrastro Valeria (2007), *Psicologia della comunicazione. Un manuale introduttivo*, "Psicologia", Franco Angeli, Milano.

von Bertalanffy Ludwig (1968), *General System Theory: Foundations, Development, Applications*, George Braziller, New York (revised edition 1976; 1° ed. ital. *Teoria generale dei sistemi*, Isedi, Milano, 1971; altra ed. "Oscar Saggi", Mondadori, Milano, 1984).

Vopel Klaus W. (1991), *Giochi interattivi*, voll. 1-6, "Sussidi di gruppo", Editrice Elle Di Ci.

Watzlawick Paul (1976), *La realtà della realtà. Confusione, disinformazione, comunicazione*, "Psiche e coscienza", Astrolabio-Ubaldini, Roma.

Watzlawick Paul, Beavin-Bavelas Janet Helmick, Jackson Donald deAvila (1967), *Pragmatics of Human Communication*, W.W. Norton & Co., New York (ed. ital. *La pragmatica della comunicazione umana. Studio dei modelli interattivi, delle patologie e dei paradoss*i, Astrolabio-Ubaldini, Roma, 1971).

Watzlawick Paul, Weakland John H., Fisch Richard (1974), *Change. The principles of problem formation and problem resolution*, W.W. Norton & Co., New York (ed. ital. *Change. Sulla formazione e la soluzione dei problemi.* Astrolabio-Ubaldini, Roma, 1974).

Watzlawick Paul (2007), a cura di Ray, Wendel A. e Nardone, Giorgio, *Guardarsi dentro rende ciechi. Scritti scelti con cinque saggi inediti*, Ponte alle Grazie, Milano, 2007; n. ed. TEA, Milano, 2022 (ed. Usa *Insight May Cause Blindness and Other Essays*, Zeig, Tucker & Theisen, Phoenix, 2009).

Counseling sociale

Di Fabio Annamaria (1997), *Il Counseling. Uno strumento di formazione per gli operatori del Q.4*, Tipografia del Comune di Firenze.

Giusti Edoardo (1995), *Counseling. Applicazioni e settori di intervento per l'operatore tecnico socio-assistenziale*, Quaderni ASPIC Edizioni Scientifiche, Roma.

Kadushin Alfred (1980), *Il colloquio nel servizio sociale*, Astrolabio-Ubaldini, Roma.

Margarone Angela (1994), *Apprendere sperimentando. Il tirocinio professionale dell'assistente sociale*, N.I.S., Roma.

Counseling strategico

Littrell John M. (2001), *Il counseling breve in azione* (libro + 2 VHS), ASPIC Edizioni Scientifiche, Roma.

Nardone Giorgio, Watzlawick Paul (1990), *The art of change: strategic therapy and hypnotherapy without trance*, Jossey-Bass, San Francisco (ed. ital. *L'Arte del cambiamento. La soluzione dei problemi psicologici personali e interpersonali in tempi brevi*, Ponte alle Grazie, Milano, 1990, 1996, 1999; n. ed. TEA, Milano, 2010).

Altre letture consigliate

Bandler Richard (1986), *Usare il cervello per cambiare. L'uso delle submodalità nella programmazione neurolinguistica*, Astrolabio-Ubaldini, Roma.

Berman Linda (1993), *La fototerapia in psicologia clinica*, Erickson, Trento.

Berne Eric (2017), *Ciao!... E poi? La psicologia del destino umano*, Bompiani, Milano.

Canestrari Renzo (1984), *Manuale di psicologia generale*, CLUEB, Bologna.

De Masi Domenico (1990), *L'emozione e la regola. I gruppi creativi in Europa dal 1850 al 1950*, Laterza, Bari-Roma; n. ed. Rizzoli, Milano, 2005.

Demetrio Duccio (1996), *Raccontarsi. L'autobiografia come cura di sé*, Raffaello Cortina, Milano.

Demetrio Duccio (1997), *Il gioco della vita*, Guerini, Milano.

Demetrio Duccio (1998), *Pedagogia della memoria*, Meltemi, Roma.

Francescato Donata (1989), *Psicologia di comunità*, Feltrinelli, Milano.

Gardner Howard (1983), *Formae mentis*, Feltrinelli, Milano.

Gardner Howard (1992), *What parents can do to help their kids learn better: An interview with Dr. Howard Gardner*, in "Bottom Line/Personal", 30 giugno 1992, pp. 9-10.

Giannelli Maria Teresa (2006), *Comunicare in modo etico. Un manuale per costruire relazioni efficaci*, "Individuo gruppo organizzazione", Raffaello Cortina, Milano.

Giusti Edoardo, Piombo Isabella (2003), *ArteTerapie e Counseling espressivo*, ASPIC Edizioni Scientifiche, Roma.

Hales Dianne e Hales Robert E. (1995), *Caring for the Mind. The Comprehensive Guide To Mental Health*, Bantam Book, New York (ed. ital. *La salute della mente*, "Uomo, cervello, ambiente", Longanesi, Milano, 1998).

Hillmann James (1997), *Il codice dell'anima*; Adelphi, Milano.

Lazarus Arnold Allan Arnie (1989), *The Practice of Multimodal Therapy: Systematic, Comprehensive, and Effective Psychotherapy*, Johns Hopkins University Press, Baltimore (ed. ital. *La terapia multimodale. Una psicoterapia sistematica, articolata ed efficace*, 1989, Astrolabio-Ubaldini, Roma).

Linares Juan Luis, Campo Campo (2003), *Dietro le rispettabili apparenze. I disturbi depressivi nella prospettiva relazionale*, Franco Angeli, Milano.

Meltzer Donald (1981) *La comprensione della bellezza e altri saggi di psicoanalisi*, Loescher, Torino.

O'Hanlon, Beadle (2004), *Psicoterapia breve*, Franco Angeli, Milano.

Pani Roberto, Biolcati Roberta, Sagliaschi Samanta (2009), *Psicologia clinica e psicopatologia per l'educazione e la formazione*, "Manuali", Il Mulino, Bologna.

Pancheri Paolo (1980), *Stress, emozioni, malattia: introduzione alla medicina psicosomatica*, "Biblioteca della EST", Mondadori, Milano.

Hansen Alvin H. (1997), *L'arte dell'attore. Counseling e professione*, Gutenberg, Roma.

Rosenberg Marshall Bertram (2012), *Il linguaggio giraffa. Una comunicazione collegata alla vita*, Esserci, Reggio Emilia.

Rosenberg Marshall Bertram (2017), *Le parole sono finestre (oppure muri). Introduzione alla comunicazione nonviolenta*, Esserci, Reggio Emilia.

Schatzman Morton (1977), *La famiglia che uccide. Un contributo psicoanalitico alla discussione sul caso Schreber*, Feltrinelli, Milano.

Schellembaum Peter (2002), *La ferita dei non amati*, RED Edizioni, Como.

Silverman Phyllis R. (1993) *I gruppi di mutuo aiuto*, Erickson, Trento.

Spitz René (1972), *Il primo anno di vita del bambino*, Giunti-Barbera, Firenze.

Bibliografia digitale online

Callegari Alessandra (consult. 2015), *Counseling: un po' di storia. Dagli Stati Uniti all'Europa*.
<www.counseling-bioenergetica.it/counseling/counseling-un-po-di-storia.html>

CNCP (consult. 2015), *Definizioni*.

<http://www.cncp.it/1/67/92/Definizioni.htm>

De Santis Giulio (2010), *Cenni sulla teoria dei sistemi.*
<http://giuliodesantis.com/2010/12/27/teoria-dei-sistemi-psicologo-milano-bologna-san-benedetto-del-tronto/>

De Santis Giulio (2010), *Il Mental Research Institute di Palo Alto (MRI).*
<http://giuliodesantis.com/2010/12/27/il-mental-research-institute-di-palo-alto-mri-psicologo-milano-bologna-san-benedetto-del-tronto/>

Di Salvo Salvatore (consult. 2014), *Depressione, ansia e panico: la terapia psicologica*, Associazione per la Ricerca sulla Depressione.
<www.depressione-ansia.it/pubblicazioni-gratis/libri-da-scaricare-gratis/>

Esposito Giuseppe (consult. 2016), *Il disegno simbolico dello spazio di vita familiare (Family Life Space)*, Facoltà di Medicina e Psicologia dell'Università "La Sapienza", Roma.
<http://www.psicologia1.uniroma1.it/repository/389/Presentazione_Family_Life_Space.pdf>

Ferrario Paolo (consult. 2015), a cura di, *Gli assiomi della comunicazione, da Paul Watzlawick, J. H. Beavin, D. D. Jackson, Pragmatica della comunicazione umana, casa editrice Astrolabio, 1971, con le vignette di Alfredo Chiappori tratte da Guglielmo Gulotta, Commedie e drammi nel matrimonio*, Feltrinelli, 1976.
<http://mappeser.com/2012/04/16/gli-assiomi-della-comunicazione-secondo-paul-watzlawick/>

Gabbriellini Simone (2005), *Watzlawick e la pragmatica della comunicazione umana: un breve percorso.*
<http://www.gianfrancobertagni.it/materiali/psiche/comunicazione.pdf>

Galdo Gennaro (consult. 2014), *Appunti per la terza cibernetica.*
<www.psicoterapia.it/rubriche/print.asp?cod=13288>

Galdo Gennaro (consult. 2015), *Il percorso terapeutico in Terapia Familiare: tappe e strumenti.*
<www.isppref.it/files/Percorso_Terapeutico.pdf> VEDI ANCHE Galdo (2000) in Galdo, Maresca, Trapanese (2000).

Gandini Isabella, Orofino Ivano (2020), *Le tecniche oltre il colloquio*, in *Programma del Corso triennale post lauream in Counselling Professionale ad orientamento sistemico socio-costruzionista*, Centro Panta Rei Sardegna Cooperativa Sociale, Cagliari.
<https://www.assocounseling.it/docs/programmicorsi/PANTAREIS ARD_3.pdf>

Giubbini Giulia (consult. 2015), *La teoria dei giochi e l'equilibrio di Nash.*
<http://arjelle.altervista.org/Tesine/GiuliaG/teoriagiochi.ht m>

Grussu Alessandro (consult. 2015), *René Spitz: relazione madre-bambino e sindrome da "ospedalismo".*
<http://www.alessandrogrussu.it/txt/Spitz.pdf>

Indeed, Team editoriale (2023, consult. 2024), *Cosa fa il counselor: Mansioni, competenze, sbocchi lavorativi.*
<Cosa fa il counselor: mansioni, competenze, sbocchi lavorativi | Indeed.com Italia>

Kounesky Edward F. (2000), *Over 500 FACES Studies & References.*
<www.facesiv.com/>

Kounesky Edward F. (2000), *The family circumplex model, FACES II, and FACES III: Overview of research and applications*, University of Minnesota, Twin Cities.
<www.facesiv.com/pdf/faces_and_circumplex.pdf>

Kounesky Edward F. (2001), *Circumplex Models and FACES: Review of Literature.*
<www.facesiv.com/>

Limido Anna (consult. 2015), *La leadership situazionale*, Ufficio Sviluppo Organizzativo Università di Ferrara.

<www.unife.it/ateneo/sviluppo-organizzativo/allegati-1/formazione/competenze-trasversali-responsabili/>

Loriedo Camillo (1994, consult. 2015), "Psicoterapia Relazionale", in AA.VV., *Enciclopedia Treccani*, Istituto della Enciclopedia Italiana, Roma.
<http://www.treccani.it/enciclopedia/psicoterapia-relazionale_(Enciclopedia-Italiana)/#>

Marino Elena (consult. 2017), "Decalogo della competenza genitoriale", Aiges
<http://www.aiges.org/blog/2015/03/decalogo-della-competenza-genitoriale/>

Mason, Marco (2018, consult. 2023), *Le fasi del ciclo di vita della famiglia.*
<https://www.marcomason.com/wp-content/uploads/2018/08/Articolo-Fasi-ciclo-di-vita.pdf>

Mastromarino, Raffaele (2016) "Lettera ai soci giugno 2016" in AA.VV., *Newsletter n. 4 del 16 giugno 2016*, CNCP, Roma.
<http://www.cncp.it/public/articoli/17/Newsletter%20CNCP%2020_06_2016.pdf> *Lettura riservata ai soci CNCP*

Mellace Marco G. (2014, consult. 2016), *Paradosso e controparadosso.*
<http://www.marcogmellace.it/paradosso-e-controparadosso/>

Mininno Rosa (2007), *Nuove dipendenze. Complessità e possibilità di intervento*, Rete Nuove Dipendenze Patologiche.
<www.retenuovedipendenze.it/docs/approfondimenti/2007%20Mininno%20-%20Nuove%20Dipendenze.pdf>

Olivetti Enrico (2014) (a cura di), *Dizionario latino* online.
<www.dizionario-latino.com/

Ongaro Errico (2008), *Responsabilità e CibernEtica di Heinz von Foerster nella complessità del discorso terapeutico*. Tesi di Laurea del Corso di Psicologia Clinica presso l'Università di Bergamo.
<https://vdocuments.mx/von-foerster.html>

Pardi Francesco (1998), "Sistemi, teoria dei", in AA.VV., *Enciclopedia Treccani - Enciclopedia delle scienze sociali*, Istituto della Enciclopedia Italiana, Roma.
<http://www.treccani.it/enciclopedia/teoria-dei-sistemi_(Enciclopedia_delle_scienze_sociali)/>

Scabini Eugenia (1994), "Psicologia del ciclo di vita", in AA.VV., *Enciclopedia Treccani - V Appendice*, Istituto della Enciclopedia Italiana, Roma.
<http://www.treccani.it/enciclopedia/psicologia-del-ciclo-di-vita_%28Enciclopedia_Italiana%29/>

Tafà Mimma (2009), *Buone pratiche per la valutazione della genitorialità: raccomandazioni per gli psicologi*, Dipartimento di Psicologia Dinamica e Clinica - Università La Sapienza di Roma.
<www.ordpsicologier.it/public/genpags/bigs/interventoprofssaTafa.pdf>

Toso Chiara (consult. 2015), *Il "dilemma del prigioniero" e l'impossibile solidarietà.*
<http://arjelle.altervista.org/Tesine/Chiara/dilemma.htm>

Treccani AA.VV. (consult. 2015)
<http://www.treccani.it/vocabolario/comunicazione/>
<http://www.treccani.it/vocabolario/equivicino_(Neologismi)/>

Viparelli Giuseppe (2007), *La lezione del silenzio.*
<http://www.giuseppeviparelli.it/blog/blog_single/1/la-lezione-del-silenzio>

Wikipedia AA.VV. (consult. 2014)
<it.wikipedia.org/wiki/Counseling>
<it.wikipedia.org/wiki/Pensiero_laterale>
<it.wikipedia.org/wiki/Relazione_interpersonale>
<it.wikipedia.org/wiki/Storia_del_counseling>

Wikipedia/ Wikiquote AA.VV. (consult. 2015)
<http://it.wikipedia.org/wiki/Doppio_legame_(psicologia)>
<http://it.wikipedia.org/wiki/Emozione>
<http://it.wikipedia.org/wiki/Gioco_a_somma_zero>
<http://it.wikipedia.org/wiki/Metacomunicazione>

<http://it.wikipedia.org/wiki/Psicologia_sistemica>
<http://it.wikiquote.org/wiki/Emozione>
<https://it.wikipedia.org/wiki/Psicopatologia>
<https://it.wikipedia.org/wiki/Storia_del_counseling>

Wikipedia AA.VV. (consult. 2016)
<https://it.wikipedia.org/wiki/Teoria_dell%27apprendimento_sociale>

Wikipedia AA.VV. (consult. 2020)
<https://it.wikipedia.org/wiki/Omeostasi>

Associazioni professionali italiane di categoria

AICCeF Associazione Italiana Consulenti Coniugali e Familiari
Sede legale: Via Agostino Tolosano 60, 48018 Faenza RA
Segreteria: Maurizio Qualiano, cell. 389-5933725, tel. 0546-682214, mar e mer h. 14:00-17:00
Sedi regionali: Faenza, Grosseto, Napoli, Roma
Sito web: https://aiccef.it/
E-mail: info@aiccef.it, segreteria@aiccef.it

L'AICCeF è iscritta nell'elenco delle Associazioni rappresentative a livello nazionale delle professioni non regolamentate con decreto del Ministro della Giustizia, di concerto con il Ministro degli Affari Europei, del 5 settembre 2013 ed è riconosciuta dal Ministero delle Imprese e del Made in Italy tra le Associazioni professionali che rilasciano l'attestato di qualità dei servizi.

AICo Associazione Italiana di Counseling*
Sede legale: via A. De Valentini 25, 34100 Trieste TS
Segreteria: Anna Pais, cell. 333-1306553, lun-ven h. 14:30-16:00
Sedi regionali: Ancona, Cesenatico, Pordenone, Roma, Sesto Fiorentino, Trieste
Sito web: https://www.aicounselling.it/it/home
E-mail: segreteria@aicounselling.it

ANCoRe Associazione Nazionale Counselor Relazionali*
Sede legale: via Brigida Postorino 7, 00135 Roma RM

Segreteria: Roberta Barbiera, cell. 345-8035280, lun e gio h. 9:00-12:00, mar e mer h. 15:00-18:30
Sito web: https://ancore.org/
E-mail: presidenza@ancore.org, segreteria@ancore.org, sportelloutente@ancore.org
PEC: associazioneancore@pec.it

AssoCounseling*
Sede legale: Via Giotto 3, 50121 Firenze FI
Segreteria: Tommaso Valleri, tel. 055-240799, lun-ven h. 9:30-13:30, mar e gio anche 14:00-16:00
Scuole riconosciute da Assocounseling:
https://www.assocounseling.it/scuole/elencoscuole.asp
Sito web: https://www.assocounseling.it/
E-mail: segreteria@assocounseling.it, sportelloutente@assocounseling.it
PEC: segreteria@pec.assocounseling.it

CNCP Coordinamento Nazionale Counsellor Professionisti
Sede legale: via Giovanni da Procida 36, 00162 Roma RM
Segreteria: Patrizia Belloi, cell. 320-4972457, tel. 06-55136683, lun h. 10:30-13:30, mar-ven h. 10:30-13:30 e 14:30-17:30
Sedi regionali:
https://www.cncp.it/13/I_coordinamenti_regionali.htm
Sito web: https://www.cncp.it/
E-mail: info@cncp.it, segreteriacentrale@cncp.it, formazionepermanente@cncp.it
PEC: associazionecncp@pec.net
Skype: counsellingcncp

FAIP Counseling*
Sede legale: via Carducci 83, 65122 Pescara PE
Segreteria: cell. 334 -6824099, FAIP Comunica cell. 350-1059250, mar, mer e gio h. 10:30-13:00
Sito web: https://www.faipcounseling.it/
E-mail: segreteria@faipcounseling.it, sportelloutente@faipcounseling.it
PEC: faipcounseling@pec.it

SICo Società Italiana di Counseling
Sede legale: v.le della Grande Muraglia 145, 00144 Roma RM
Segreteria: tel. 06-45491064, lun, mer e ven h. 14:30-17:30
Sito web: http://www.sicoitalia.it/online/
E-mail: segreteria.sico@gmail.com, sico@sicoitalia.it
Pec: sicoitalia@pec.it

* *Associazioni professionali di categoria riunite nella Federcounseling (www.federcounseling.it/), la federazione italiana di counseling nata il 18 aprile 2013.*

Associazioni professionali estere di categoria

BACP British Association for Counselling & Psychotherapy
Sede legale: BACP House, 15 St John's Business Park,
  Lutterworth, Leicestershire LE17 4HB, Regno Unito
Segreteria: tel. +44-01455-883300, lun-ven h. 10:00-16:00
Sito web: www.bacp.co.uk/
E-mail: bacp@bacp.co.uk
Twitter: @BACP

EAC European Association for Counselling
Sede legale: 23 Cranwell Ct, Newcastle upon Tyne NE3 2UX, Regno Unito
Segreteria: tel. +44-191-2864701, +44-191-2713014
Facebook: https://www.facebook.com/EAC1992/
E-mail: info@eac.eu.com

EBCC European Board for Certified Counsellors
Sede legale: Taurus Business Center, Rua José Saramago 5A, E39,
1675-180 Pontinha, Portogallo
Sito web: https://europeanbcc.eu/
E-mail: contact@europeanbcc.eu

NBCC National Board for Certified Counselors
Sede legale: 3 Terrace Way, Greensboro, North Carolina 27403, USA
Segreteria: tel.: +1-336-5470607, fax: +1-336-5470017
Sito web: https://www.nbcc.org/
E-mail: nbcc@nbcc.org

L'Autrice

Chiara Santoianni, scrittrice, giornalista, counselor e docente, pubblica dal 1984 e ha collaborato a numerosi quotidiani e periodici italiani. È autrice del saggio *Popular music e comunicazioni di massa* (ESI, 1993), dei manuali *Sicurezza informatica a 360°* (Edizioni Master, 2003) e *Come creare un webinar di successo* (Amazon, 2022), del libro per ragazzi *Vita spericolata di un giovane internauta* (Amazon, 2021, 1a ed. 2012). Ha scritto inoltre il romanzo umoristico *Il lavoro più (in)adatto a una donna* (Cento Autori, 2011) e i romanzi di chick lit *Il diario di Lara* (ARPANet, 2009), *Provaci ancora, Lara!* (ARPANet, 2012) – vincitori delle edizioni 2008 e 2012 del concorso ChickCult –, *Cocktail di cuori* e *Missione a Manhattan* (Cento Autori, 2015 e 2016). È autrice e curatrice della raccolta di racconti di chick lit *Volevo fare la casalinga (e invece sono una donna in carriera)* (Albus 2012) e della collana di Cento Autori "A cuor leggero" (2015). Inoltre, è autrice delle guide turistiche *Enogastronomia, Turismo Balneare, Turismo Giovanile, Turismo Enogastronomico* (Electa Napoli, 2004-2006); co-autrice delle guide di viaggio *Pacific Coast* (Edimar, 1999) e *Napoli. Costa e isole* (De Agostini, 2002). Suoi racconti sono contenuti nei volumi collettivi *Lavoro in corso* (Albus Edizioni, 2008), *Timing semiserio per un matrimonio quasi perfetto* (ARPANet, 2011), *Non proprio così* (Giulio Perrone, 2011), *ManifestAmi* (2013). Ha scritto per anni la rubrica *Numerando* per la rivista d'informatica "Internet Magazine". Ha inoltre ideato e realizzato il sito web <u>Chiara's Angels</u> – finalista al Premio DonnaèWeb e all'Italian eContent Award 2006 – e il blog di recensioni librarie <u>Spazio Autrici</u>. La sua passione, oltre alla scrittura, è la tecnologia in tutte le sue forme.

9 798880 427093